William Blake

(1757 ~ 1827)

Fundación "la Caixa"

WILLIAM BLAKE

visiones de mundos eternos

(1757 ~ 1827)

2 de febrero ~ 7 de abril de 1996

Sala de Exposiciones de la Fundación "la Caixa"

Serrano, 60. Madrid

Edita
Fundación "la Caixa"

PATRONATO

PRESIDENTE
José Juan Pintó Ruiz

VICEPRESIDENTE
José Vilarasau Salat

SECRETARIO
Ricardo Fornesa Ribó

VICESECRETARIO
Pere Esteve Abad

VOCALES
Juan Antolí Segura
Pilar Carrera Castillón
Josep María Fañanás Vizcarra
María Teresa de Miguel Gasol
Joaquim de Nadal Capará
Alejandro Plasencia García
Manuel Raventós Negra
Juan Vilalta Boix

DIRECTOR GENERAL
Luis Monreal Agustí

EXPOSICIÓN

COMISARIO
Robin Hamlyn

COORDINACIÓN GENERAL
Mª Asunción Cabrera

DIRECCIÓN DEL MONTAJE
Ángel Bados

TRANSPORTE
Masterpiece, Nueva York
MOMART, Londres
TEMA S.A., Madrid
TTI, S.A., Madrid

SEGUROS
Blackwall Green, Londres
Gil y Carvajal, Madrid
Huntington T. Block, Washington D.C.

CATÁLOGO

COORDINACIÓN
Asunción Cabrera
Casilda Mora
María Zozaya

DISEÑO GRÁFICO
Adela Morán
Montserrat Gómez

AUTORES
Francisco Calvo Serraller
Estrella de Diego
Robin Hamlyn

TRADUCTORES
Gabriel Sánchez Espinosa
Rusell B. Sacks
Elvira Villena

CRÉDITOS FOTOGRÁFICOS
Alex Keighley, Dunmow
Nigel Luckhurst, Cambridge
Lynn Rosenthal, Filadelfia
John Webb, Londres
Cortesía The National Portrait Gallery, Londres
Cortesía Trustees of the Victoria & Albert, Londres
Biblioteca Nacional, Madrid
Birmingham Museum and Art Gallery
© The British Library, Londres
© Fitzwilliam Museum, Cambridge
© Manchester City Art Galleries
© Philadelphia Museum of Art
© Rosenbach Museum & Library, Filadelfia
© The Tate Gallery, Londres
© Trustees of the British Museum, Londres

FOTOMECÁNICA
Fotomecánica Día, Madrid

IMPRESIÓN
tf Artes Gráficas, Madrid

CUBIERTA: Detalle de *Newton*, 1795. Tate Gallery, Londres

© de la edición 1996 Fundación "la Caixa"
Via Laietana, 56. 08003 Barcelona

ISBN: 84 - 7664 - 537 - 6   D.L.: M - 2143 - 1.996

AGRADECIMIENTOS

Paul Banks, Suffolk

Shelley M. Bennett, California

Biblioteca Nacional, Madrid

Birmingham Museum and Art Gallery

The British Library, Londres

The British Museum, Londres

The Britten-Pears Library & Britten-Pears Foundation, Suffolk

Gilbert A. Calaway, Agregado Cultural de la Embajada de Estados Unidos en Madrid

Jane Carr, Londres

Melva Croal, Manchester

Juan Dávila

Jacqueline Dugas, California

Felsted School, Essex

Fitzwilliam Museum, Cambrigde

Richard Gardner, Embajador de los Estados Unidos en Madrid

Carlota Gelmetti, Londres

Glasgow University

Richard Gray, Manchester

Antony Griffiths, Londres

Anne d'Harnoncourt, Filadelfia

Margot Heller, Southampton

Timothy Hobbs, Glasgow

Huntington Art Collections, California

Innis Howe Shoemaker, Filadelfia

Gregory Jecman, Washington

Stephen Keynes, Londres

Connie Kimmerte, Filadelfia

Kai Kin Yung, Londres

David Knight, Essex

Susan Lambert, Londres

Ann de Lara, Londres

Manchester City Art Galleries

Mr. and Mrs. C.E. Mather III

Claire Messenger, Londres

David Morgan Evans, Londres

National Gallery of Art, Washington

National Gallery of Victoria, Melbourne

National Portrait Gallery, Londres

W.F. Northam, Cambridge

Bernard Nurse, Londres

Edward J. Nygren, California

Warwick Pearson, Embajador de Australia en Madrid

Ann Percy, Filadelfia

Philadelphia Museum of Art

Timothy Potts, Melbourne

Earl A. Powell III, Washington

Joseph J. Rishel, Filadelfia

Stephen P. Roberts, Essex

José Rodríguez-Spiteri Palazuelo, Director General de Política Exterior para Europa

The Rosenbach Museum and Library, Filadelfia

Elena María de Santiago, Madrid

David Scrase, Cambridge

Nicholas Serota, Londres

Helen Simpson, Southampton

Kim Sloan

Elizabeth Smallwood, Birmingham

Graeme Smith, Melbourne

Thyrza Smith, Cambridge

Society of Antiquaries of London

Southampton City Art Galleries

Laura Steward, Filadelfia

The Tate Gallery, Londres

Jasper Thorogood, Essex

Stephen K. Urice, Filadelfia

The Victoria & Albert Museum, Londres

David Weston, Glasgow

Stephen Wildman, Birmingham

Nancy Wulbrecht, Filadelfia

Wendy van Wyke Good, Filadelfia

Irena Zdanowicz, Melbourne

ÍNDICE

PRESENTACIÓN

En 1809, cuando William Blake expuso por primera vez, Robert Hunt, crítico del *Examiner,* escribió de él que era "un loco desgraciado a quien por su inocuidad se le consentía no estar recluido en un manicomio" y que sus dibujos y grabados eran "las efusiones dementes de un cerebro enfermo". Pocos de sus contemporáneos apreciaron el genio de Blake. Sin embargo, su obra estaba llamada a ejercer una gran influencia en el arte posterior. Redescubierto por los pre-rafaelistas en 1862, Blake se convirtió en un punto de referencia para los artistas del finales del siglo XIX. Su mundo poético atrajo a autores como Dostoievski y André Gide. Los surrealistas le convirtieron en uno de los precursores del arte fantástico, junto a El Bosco, Arcimboldo, Goya o Fuseli. Su influjo llega hasta los movimientos contraculturales de los setenta, que adoptaron los símbolos que representan la rebelión contra el demiurgo y una nueva comunicación del hombre con la naturaleza.

La figura de Blake es compleja. Junto al ocultista y el gnóstico, existe un Blake racionalista, educado en la escuela de los librepensadores y lector de Voltaire. Nortrop Frye y Harold Bloom subrayaron su apego a la tradición literaria inglesa. Pero al mismo tiempo, Blake fue un poeta y un artista innovador. Inventó una forma de expresión artística que combinaba el dibujo y el texto, y hacía que se iluminaran mutuamente. Buscó una base común para la escritura y el dibujo, y, al final de su vida, creó imágenes parecidas a las de la escritura ideográfica china, que son a la vez figuras y jeroglíficos.

Dos razones principales han motivado la exposición "William Blake". Su carácter de precedente de algunos de los movimientos artísticos del siglo XX y el hecho de que su obra no está representada en ningún museo ni colección española. La muestra reúne más de 180 dibujos, acuarelas y grabados procedentes del Fitzwilliam Museum de Cambridge, la Tate Gallery y el British Museum de Londres, la National Gallery of Victoria de Melbourne y la National Gallery of Art de Washington. La Biblioteca Nacional de Madrid contribuye a la exposición con dos ejemplares de la obra de José Joaquín de Mora, *Meditaciones poéticas,* cuya poesía está inspirada en una selección de los grabados que Blake realizó para el poema "The Grave". La exposiciòn presenta desde los trabajos que Blake realizó en sus años de aprendiz de grabador, hasta algunas de sus obras más destacadas del periodo de madurez, como *Europa, una profecía* —uno de sus libros iluminados—, y un grupo de más de veinte acuarelas de la serie de cien que Blake realizó para ilutrar la *Divina comedia* de Dante.
La Fundacion "la Caixa" quiere agradecer al comisario de la exposición, Robin Hamlyn, su acertada selección de obras que nos permitirá hacer un recorrido de toda la trayectoria artística de Blake, y muy especialmente a Stephen Keynes, cuyo eficaz apoyo al proyecto ha sido fundamental para poder hacer realidad esta exposición, así como a las instituciones museísticas que han colaborado en la muestra, haciendo posible exhibir en nuestro país unas obras que por su fragilidad no se hallan expuestas al público de manera permanente.

Luis Monreal
Director General
Fundación "la Caixa"

WILLIAM BLAKE

(1757-1827)

Robin Hamlyn

Una formación visionaria

William Blake, el tercero de los seis hijos de James y Catherine Blake, nació en Londres el 28 de noviembre de 1757. Fue bautizado en la parroquia de St. James, en Piccadilly, el 11 de diciembre de 1757. Según Alexander Gilchrist, primer biógrafo de William Blake, su padre James Blake fue un próspero mercero y comerciante en lencería, que tuvo tienda abierta en Broad Street, cerca de Golden Square y no muy lejos de lo que hoy es Piccadilly Circus, en lo que era el corazón de una bulliciosa área comercial y residencial, muy típica del Londres de entonces, con sus plazas elegantes y calles principales, residencia de las clases altas y medias, y las tiendas y comercios establecidas en sus límites y cruces. James Blake, activo en su negocio desde antes del nacimiento de William, se había casado con Catherine Hermitage en 1752. En los años 1782-1784 proveyó de productos de mercería a la escuela de oficios de la parroquia de St. James. Murió a finales de junio o principios de julio de 1784, siendo enterrado en un cementerio para disidentes religiosos. La madre de Blake había estado casada en primeras nupcias con otro mercero, Thomas Hermitage, también de filiación religiosa disidente, que murió en 1751. Los disidentes eran aquellos cristianos que no estaban de acuerdo con los artículos de fe de la iglesia anglicana, siendo por ello excluidos de muchos ámbitos de la vida inglesa, por ejemplo, del funcionariado. Algún signo del librepensamiento y el radicalismo político, hacia el que se inclinaban los disidentes de forma natural en razón de su discriminación social, puede verse en el hecho de que tanto el primer marido de Catherine Hermitage, como su segundo esposo James Blake, votaron por el candidato antigubernamental en las elecciones parlamentarias del año 1749. Estos escasos detalles relativos a la familia Blake nos pueden dar algunas pistas acerca de la trayectoria librepensadora, independiente y radical que William Blake habría de seguir durante toda su vida.

Otra faceta de la fe cristiana no conformista de Blake, patente en su vida y obra, es que gran parte de los escritos que fluyeron de su creencia se caracterizan por la narración de experiencias carismáticas en forma de sueños y visiones simbólicos, expresión del descubrimiento y confirmación de su fe religiosa. John Bunyan (1628-1688), uno de los más famosos predicadores disidentes ingleses, autor de la alegoría *The Pilgrim's Progress: in the Similitude of a Dream*, comenzó su narración refiriendo cómo "mientras dormía soñó un sueño". El filósofo y místico sueco Emanuel Swedenborg (1688-Londres, 1772), de cuya Iglesia de la Nueva Jerusalén Blake firmaría su manifiesto en 1789, declaró que durante su estancia en Londres en 1745 fue llamado a la función sagrada por el Señor mismo, quien se le manifestó en persona y le abrió los ojos al mundo espiritual, permitiéndole hablar con ángeles y con espíritus. Los extensos escritos de Swedenborg, con su explicación palabra por palabra de los textos bíblicos y sus profecías, consisten en la revelación de "las maravillas que había visto en el mundo de los espíritus y de los ángeles". En este contexto hay que situar al Blake visionario que afirmó haber asistido a apariciones; es el caso de "The Anciano de los días" (cat. 28a) cuya figura se le apareció en lo alto de la escalera de su casa, o de las "cabezas visionarias" (cat. 55). No obstante, al hablar del Blake visionario no deberíamos dejar de tener en cuenta que en estos años este tipo de actitudes mentales no eran nada inusuales. James Barry (1741-1806), amigo de Blake, solía recomendar a sus estudiantes en la Royal Academy, de la que fue profesor de pintura entre 1782 y 1799, que "volvieran a casa... encendieran las lámparas y se ejercitasen en el poder creativo de su arte, acogiendo a Homero y a Tito Livio, a todos los grandes caracteres antiguos y modernos como sus compañeros y consejeros".

Sabemos poco de la niñez de Blake. Según Gilchrist, tan pronto como pudo sostener un lápiz, comenzó a dibujar y a copiar viejas estampas. Benjamin Heath Malkin, conocido de Blake, le oyó decir en los primeros años del XIX cómo se había educado artísticamente viendo pintura en casas de aristócratas y caballeros, y en los palacios reales, así como asistiendo a subastas de cuadros. Seguramente algunas de las visitas a casas principales le llegó a través de los negocios de su padre; observamos, no obstante, que los comienzos artísticos de Blake, especialmente la copia de estampas, sigue muy de cerca la trayectoria de los jóvenes aspirantes a artistas de su tiempo. Malkin realizó un esbozo cronológico de estos primeros años de Blake, dando por sentado que el joven William tuvo en todo momento el apoyo de su padre en sus aspiraciones artísticas. Sin embargo, al hablar de "arte" deberíamos distinguir entre las aspiraciones del propio Blake y las ambiciones paternas. William, con seguridad, quería alcanzar las cimas del arte; James Blake, tendría pensado para su hijo una carrera más pragmática y enraízada en el ambiente comercial. Por esto, a los diez años —a finales de 1767 o comienzos de 1768—, William Blake fue enviado a una escuela de dibujo dirigida por Henry Pars (1734-1806), en el Strand, muy cerca del Támesis. Dicha escuela había sido fundada en los años cincuenta por la Society of Arts, una institución dedicada al fomento de las artes, la industria y el comercio en Gran Bretaña. El plan de estudios de la escuela, centrado en el dibujo y el modelado con aplicaciones comerciales, tenía una finalidad sumamente práctica.

Sus alumnos, tal como presumía un anuncio de 1762, eran "muy apropiados para todas aquellas artes e industrias en las que fueran necesarios gusto y ornamentación, y en las que fuera esencial un buen conocimiento del dibujo". Para James Blake, familiarizado por su negocio con tejidos estampados, este periodo con Pars permitiría a su hijo desarrollar su habilidad con el objeto de encontrar un trabajo en este ramo comercial. En la escuela de Pars, los alumnos —entre los que había algunas niñas—, copiaban a lápiz de grafito, lápiz negro y clarión, dibujos, estampas y vaciados de estatuas de la antigüedad clásica, y como refiere Malkin, Blake "pronto adquirió los fundamentos del dibujo".

Llegado a este punto, es extraño que no encontremos ninguna mención del paso del joven Blake hacia un estudio más serio de la antigüedad —como podría haber hecho haciendo uso de los vaciados de esculturas clásicas de la colección del duque de Richmond, a los que tenían libre acceso los jóvenes artistas a través de algunas sociedades artísticas londinenses—, o de su participación en los premios de dibujo, diseño y composición ofrecidos anualmente por la Society of Arts, premios en los que solían participar regularmente los alumnos de Pars. Ganar uno de estos premios era un importante primer paso para cualquier estudiante que quisiera atraer la atención de los industriales con vistas a obtener un empleo. Sabemos, no obstante, que James Blake le compró a su hijo algunos vaciados. Debieron ser de pequeño formato y, entre ellos, hubo copias de al menos dos vaciados de la colección Richmond. La decisión de proseguir sus estudios en privado puede ser una primera pista de un cierto ensimismamiento y apartamiento de Blake con respecto de sus colegas artistas. En este sentido, Malkin comenta que el joven Blake se gastó su dinero en comprar estampas —entre otras de Rafael, Miguel Ángel y Durero—, que copiaba y guardaba con pasión, esta actitud "recibía la condena de sus compañeros, que solían burlarse de su gusto mecánico".

Esta circunstancia no buscada de sentirse excluido al haber tomado alguna decisión poco convencional, se convertirá en un motivo recurrente de la vida de William Blake. Hacia 1770 comienza a distinguirse con claridad la imagen de un Blake solitario, pero autosuficiente. Gilchrist sitúa su primera visión hacia 1765-1767, entre los ocho y los diez años de edad: "un día paseando, el niño elevó su mirada y vio un árbol lleno de ángeles, cuyas alas brillaban como estrellas entre las ramas". Esta descripción sigue tan a la letra una de las convenciones del arte religioso —aquella que sitúa en árboles a los ángeles y *putti* portadores de mensajes celestiales—, que uno cae en el escepticismo y piensa que la visión infantil probablemente debió mucho a su creciente familiaridad con algunas estampas antiguas. Esta experiencia podría, entonces, fecharse más adelante en su niñez. Quizás su padre —tan escéptico como nosotros—, explicó el suceso como un juego de la luz entre las hojas susurrantes, pues cuando William contó a sus padres su experiencia, James Blake le quiso dar unos azotes por "contar una mentira", castigo del que sólo le salvó la intercesión materna.

Como se ha sugerido, los estudios de William en la escuela de Pars nos dan cierta sensación de inconclusión. Si hubiera asistido a ésta de manera regular, es indudable que no habrían dejado de mencionarse sus éxitos, ya que obviamente tenía una gran habilidad. Debió de preferir trabajar solo y la naturaleza introvertida de sus estudios se subraya por el hecho de que tuvo un cuaderno de dibujo —perdido—, que contuvo las "copias que realizaba a partir de estampas a la edad de catorce años". Con casi quince, en agosto de 1772, Blake entró como aprendiz del grabador James Basire. En estos años, William se había ido interesando cada vez más por la palabra escrita, tanto en sus vertientes de lectura, como de escritura. Podemos poner en relación su "visión" de los ángeles en el árbol con este nuevo interés. Blake ya escribía poemas en los años 1768-1769; Malkin, concretamente, se refiere a uno escrito antes de los catorce años, esto es, antes del final de 1771. Esta actividad parece indicar que posiblemente hubo un cambio en las prioridades de Blake durante el tiempo que suponemos estuvo con Pars. El hecho de que estos versos hayan sobrevivido nos manifiesta que pudo creerse más poeta que artista o, mejor dicho, dibujante. Más aun, la impresión —aunque sin ver la luz pública— de estos poemas en 1783 bajo el título de *Esbozos poéticos*, puede verse como un reconocimiento retrospectivo de su mayor interés en ese periodo del final de los sesenta y principios de los setenta hacia la escritura, que hacia sus dibujos. Su cuaderno de dibujo perdido puede fecharse en torno al año 1771. La imagen más temprana que poseemos —también una copia—, salida de la mano de William Blake data del año 1773, cuando ya estaba trabajando bajo la dirección de Basire (cat. 1). En cuanto a sus prioridades tenemos sus palabras acerca de las que consideró experiencias decisivas en su primer desarrollo artístico. La obra del poeta John Milton (1608-1674), le vino como una revelación: "Milton me amó en la niñez y me mostró su rostro". Las obras de Rafael (1483-1520), supusieron un descubrimiento: "Con alegría puedo afirmar que nunca, desde mi más tierna infancia, me fue desconocido".

UNA SÓLIDA BASE ARTÍSTICA

El 4 de agosto de 1772, William Blake firmó un contrato de aprendizaje por un periodo de siete años con el grabador James Basire (1730-1802). Llama la atención que Blake no transitase otro camino abierto a aquellos que aspiraban a practicar las artes mayores; nos referimos a intentar ingresar en la recién fundada Royal Academy. Quizá, en el caso de haberse considerado esta posibilidad, la habilidad de Blake como dibujante no le hubieran bastado para obtener una plaza. Por otro lado, es posible que James y Catherine Blake, cargados de hijos, simplemente necesitaban algo más de espacio en su casa ubicada sobre la tienda. En tanto que aprendiz, William habría de vivir en casa de Basire en todo momento, excepto en Semana Santa y Navidad; asímismo, Basire le pagaría las ropas que necesitase. Para James Blake, que había sido aprendiz de un pañero, esta situación era de lo más familiar. El aprendizaje de William con Basire se vería como el siguiente paso lógico hacia los ámbitos tanto de las artes mayores, como del comercio y la industria. Debieron considerar el hecho de que, no obstante las habilidades literarias del joven Blake, ganarse la vida con la literatura era del todo imposible, eso sin contar con que en el campo de la escritura no existía ninguna senda educativa semejante al aprendizaje en un taller. El suicidio solitario en su pobre habitación londinense, en el mes de agosto de 1770, del joven prodigio de diecisiete años Thomas Chatterton, sólo pudo haber confirmado a los Blake —que debieron conocer la noticia de su muerte— el sinsentido de perseguir una carrera literaria. Sabemos por Macklin que la estampa fue el medio por el que William accedió a conocer el gran arte. Debió percibir que, a pesar de sus concesiones comerciales, el grabado le ofrecía una oportunidad de emular las obras de los grandes maestros que tanto admiraba. Además, Basire consintió en admitirlo como aprendiz por una suma sensiblemente más baja de la que hubieran exigido otros grabadores —y ni que decir tiene, que la que hubiera requerido cualquier pintor, en el caso de que Blake hubiera querido ser alumno en el estudio de uno de éstos—. La decisión tuvo que haber sido tomada con urgencia, pues Basire se quedó sin un aprendiz en abril de 1772 y otro iba a marchársele a mediados de agosto del mismo año.

William, a sus catorce años, fue un aprendiz entusiasta. Años después siempre hablaría bien de Basire. Sin duda, tuvo que cambiar su anterior libertad por un régimen de vida muy reglado bajo Basire, quien se había propuesto enseñarle el "arte y el misterio" del grabado. Basire era un buen maestro. En su obituario se le describe como "abierto de ideas" y "sincero e íntegro". Basire sobresalió en el grabado a buril, es decir, grabando directamente sobre la lámina de cobre, en lugar de utilizar el aguafuerte y otros métodos más mecánicos, como el grabado de puntos, como hacía la mayoría de los grabadores de su tiempo. La técnica utilizada por Basire había caído en desuso por su lentitud y laboriosidad, siendo inapropiada al ritmo de producción del floreciente mercado de estampas. No obstante, debido a su énfasis en la importancia de la línea como definidora de la imagen, esta técnica coincidía —en palabras del mismo Blake—, con su propio "gusto mecánico", tal como lo practicaba en sus obras de estudio, que debió mostrar a Basire antes de ser admitido como aprendiz.

La estancia de William junto a Basire resulta crucial para comprender su desarrollo artístico. El hallazgo más importante de Blake, bien representado en nuestra exposición, la conjunción de texto e imagen en una misma lámina que posteriormente adquiriría la forma de libro iluminado, deriva de todo lo que aprendió junto a Basire —véanse aquí al respecto las obras cat. 17, 19, 26 y 28—. Blake consiguió producir y publicar estos libros iluminados, que se revelarían no obstante sin interés comercial, gracias a que podía ganarse la vida como grabador de reproducción utilizando sus habilidades técnicas más convencionales. Aunque Blake no comenzó su aprendizaje teniendo la ambición de llegar a ser un pintor de historia, al final de este periodo, la historia y su acompañante el mito se habían convertido para él en una senda por la que llegar a la verdad y en un medio por el que ésta podía ser comunicada a otros.

El ejemplo más antiguo que conocemos de la aplicación de sus habilidades técnicas que tan bien le servirían durante el resto de su vida, es una estampa de 1773 (cat. 1), que a partir de una anotación que Blake hizo en un muy retocado segundo estado realizado entre 1810 y 1820 se denomina *José de Arimatea entre las rocas de Albión*. La figura de un hombre con una túnica suelta y un gorro frigio está copiada, con algún pequeño cambio, de la figura gigantesca de un hombre sin identificar que marcha hacia el espectador en el lado derecho del fresco de la *Crucifixión de San Pedro* de Miguel Ángel —terminado en 1549—, que se encuentra en la Capilla Paulina del Vaticano. Los aspirantes a artistas que querían aprender anatomía, perspectiva, composición y claroscuro comenzaban copiando estampas de los grandes maestros. Un buen ejemplo del resultado de este aprendizaje lo vemos en las acuarelas pintadas por Blake en 1785 con el tema de la vida de José (cat. 14), que dejan ver la influencia de Rafael tomada indirectamente a través de algunas estampas. Por el contrario, los grabadores de reproducción, oficio que Blake estaba aprendiendo junto a Basire, se aproximaban a las estampas con muy diferente actitud. La finalidad de su maestría consistía en una reproducción lo más fiel posible de la obra del artista en una lámina de cobre susceptible de ser estampada. La fuente de Blake para el *José* fue probablemente una estampa anónima atribuida a Nicolas Beatrizet (hacia 1515-1560). A pesar de no ser muy admirado por los entendidos en grabado, Beatrizet fue valorado como autor de los grabados realizados a partir de los frescos de Miguel Ángel, cuyas estampas extendieron su fama por toda Europa. Al copiar a Beatrizet, Blake sin lugar a dudas estaba homenajeando a Miguel Ángel. Blake pudo haber creído —como hicieron muchos otros—, que la figura aislada en la Capilla Paulina era, en realidad, el autorretrato de Miguel Ángel. Copiarla significaría un intento de participar en su inspiración y, a la vez, expresión de una ambición muy por encima de la del grabador ordinario, una ambición propia de un pintor de historia en el estilo elevado. Podemos especular acerca de otras razones por las que Blake se interesó por esta figura. Lo poco que sabemos acerca del Blake de los años setenta nos revela que se trataba de un individuo solitario y triste. En una de las "Canciones" de sus tempranos *Esbozos poéticos*, el poeta aparece como alguien que "camina a lo largo del valle oscurecido / con silenciosa melancolía", sentimientos que parecen recogidos en el *José*. Pero por muy pertinentes que sean estas consideraciones, Blake, en este su primer (?) grabado, estaba llevando a cabo las dos tareas básicas del trabajo del grabador de reproducción: la reducción de la imagen y su copia al revés. De este modo, Blake realizó primero una copia reducida, pero proporcionada, del original de Beatrizet, con la intención de que cupiese en su lámina, y entonces transfirió a la lámina de cobre el dibujo con la imagen al revés para que una vez grabado, al estamparse, saliera al derecho, conforme al dibujo original. Aunque aquí no sea del todo evidente, el mismo procedimiento se utilizaba para grabar las inscripciones —firmas, títulos...—, en la lámina de cobre. La habilidad adquirida por Blake en el taller de Basire, explica la facilidad con que ejecutó posteriormente sus libros grabados al aguafuerte y luego iluminados. En el caso de *José*, la lámina de cobre se convierte en un campo de pruebas para otras técnicas de grabado. No es accidental que Blake llenase las áreas en blanco de la figura de Beatrizet-Miguel Ángel con rocas, mar y cielo. Junto a la figura barbada y sólo parcialmente cubierta por la túnica, tomada por Blake de Beatrizet, este grabado posee un revelador conjunto de todos aquellos motivos típicos que un grabador encontraría en cualquier pintura que tuviese que copiar.

A los dos años de haber comenzado su aprendizaje, William Blake fue enviado a hacer unos dibujos de los sepulcros de reyes y reinas medievales en la Abadía de Westminster. Eran dibujos preparatorios para grabar, cuyas estampas finalmente serían publicadas por la Sociedad de los Anticuarios —el principal cliente de Basire—. Al parecer, el que Blake recibiese el encargo se debió al hecho de que no encajaba con el resto de los aprendices. Esto recuerda las burlas de que había sido objeto algunos años antes por su excéntrico interés hacia las estampas antiguas. En esta exposición se muestran dos de los dibujos realizados en la Abadía de Westminster. William Blake, en tanto que aprendiz del grabador Basire no podía firmar las obras que ejecutó —ésa era una prerrogativa de su maestro— y esto explica la modalidad adoptada para la firma en estos dibujos (cat. 2 y 3). El contacto de Blake con la historia real y mítica de Inglaterra, tal como se manifiesta en la Abadía de Westminster, fue intenso y de gran trascendencia para su creación. En el caso del dibujo *Efigie de la condesa Aveline vista desde arriba* (cat. 2), Blake tuvo que haberse metido dentro del sepulcro para dibujar la efigie y para tomar las medidas anotadas a la derecha del dibujo. Más aun, para dibujar los racimos de uva tuvo que haberse recostado al lado de Aveline. Este llamativo encuentro de primera mano con monumentos funerarios medievales, tuvo asimismo algún eco en su narración corta en prosa "El lecho de la muerte", publicada dentro de sus *Esbozos poéticos*. El tema de otro de los dibujos realizados durante su temporada en la Abadía de Westminster, también se relaciona con sus escritos. Se trata del sepulcro del rey guerrero Eduardo III, el vencedor sobre los franceses en la batalla de Crecy. Su monumento le debió inspirar su fragmento dramático en imitación a Shakespeare "Eduardo III". En una breve escena de esta obra, percibimos un tono y una caracterización aplicables al resto de la obra de Blake. En la víspera de la batalla, uno de los caballeros de Eduardo y su criado, de nombre William, conversan acerca de la naturaleza de la ambición. El diálogo se concluye siendo William descrito por su amo como "un completo moralista", a lo que éste responde con "me viene una historia a la cabeza, que os contaré si me lo permitís".

Hacia el final de su aprendizaje, William Blake realizó, durante su tiempo libre, una serie de pequeños dibujos ilustrando episodios de la historia de Inglaterra (cat. 4), de los que empezó a grabar dos de ellos. Esta serie da testimonio de su interés por los temas de la tiranía y la libertad, ya desde una base histórica o mítica, mostrando asimismo cómo Blake concibe el arte en todo momento desde una dimensión política y polémica. A pesar de la escala modesta de este ciclo, su representatividad y consistencia temática nos señalan a un artista ambicioso y con aspiraciones en todo punto comparables a las de los más destacados pintores de historia de este tiempo, nos referimos a James Barry (1741-1806) y al pintor de corte Benjamin West (1738-1820). Sus esfuerzos pictóricos armonizaban también con la actitud bárdica que había adoptado en sus escritos: "¡Tened cuidado, orgullosos!, porque seréis humillados...", escribió en su "Prólogo al Rey Juan".

La génesis de *Albión se levantó*, es una de las instancias más claras de la participación de Blake en el curso de los sucesos históricos, de su posición en ellos en tanto que individuo y de su respuesta consiguiente. Su biógrafo Gilchrist registra su "tan recordada participación forzada" en los motines anticatólicos organizados por Lord Gordon, que tuvieron lugar en Londres en 1780. Blake se vio de pronto en medio de la masa del populacho que fue a quemar la cárcel y libertar a los presos. Su presencia en una situación de cierto peligro, de gran frenesí visual y de reconocida importancia histórica —estos motines fueron los más violentos que jamás hasta entonces se habían visto en Gran Bretaña—, constituyen un extraordinario contrapunto a la vida tan imaginativa que siempre había llevado; imaginación solamente estimulada por las efigies marmóreas de los reyes en la Abadía de Westminster y los volúmenes de historia. Su reacción a los motines de Gordon —en los que lo imaginado se hizo real—, encontró su expresión más refinada en la figura extática de *Albión se levantó* — siendo "Albión" el nombre antiguo de Inglaterra—, surgida, por primera vez, como grabado a buril en blanco y negro en 1780.

A comienzos de octubre de 1779, a los veintiún años de edad, William Blake fue admitido como estudiante en la Royal Academy. La Academia, que había sido fundada en 1768, era la única institución en Londres dedicada a la enseñanza de las bellas artes y donde se podían exponer obras de arte. Todo joven artista con serias aspiraciones estaba obligado a pasar por sus aulas. Por tanto era inevitable que Blake, dado su grado de desarrollo artístico, sintiera la necesidad de profundizar allí sus estudios. No sabemos exactamente cuánto tiempo asistió a la Academia, pero es de suponer que este periodo lo ocuparía en las disciplinas habituales. Se conservan dibujos y algunos fragmentos de dibujos que demuestran que realizó copias de vaciados de estatuas de la antigüedad, del natural (cat. 6) y estudios de anatomía. Su asimilación del estilo neoclásico se puede observar en las tres acuarelas que ilustran *La historia de José* (cat. 14a-c), donde el tema, la composición congelada, la paleta de color y una de las poses de José (cat. 14b) —copia directa de una de las figuras del grupo clásico de las Niobes—, son prueba palpable de su aceptación de la estética académica. Estas obras fueron admitidas en la exposición que la Academia celebró en 1785, donde sólo llamaron la atención de un crítico de periódico, que las juzgó de forma negativa, escribiendo de ellas que "la gracia no consiste en el estiramiento de piernas y brazos".

No obstante, durante este periodo entre 1779 y 1785, a pesar de su aparente aceptación de la ortodoxia académica, en realidad Blake se iba distanciando de los principios sostenidos tanto por la Academia, como por la buena sociedad. El dibujo del natural se le hizo odioso por su "apariencia mórbida y su olor a decadencia física", quizás como resultado de que los modelos posaban en posturas copiadas de esculturas clásicas. En esta época comienza, asimismo, su rechazo de la pintura al óleo —el único medio considerado apropiado por la Academia para la ejecución de la pintura de historia en el gran estilo—, debido a su efecto de "pérdida y ocultamiento del contorno" del dibujo de las figuras. Gracias a su amistad con el escultor John Flaxman (1756-1826), Blake entró a formar parte de un pequeño círculo literario, algunos de cuyos miembros le sufragaron la impresión de sus *Esbozos poéticos* en 1783. En este círculo recitó alguno de sus poemas y canciones, entre ellos "Jueves Santo" (cat. 17n), pero su asistencia fue haciéndose menos frecuente al sentir que su "rigor y firmeza de carácter" estaban fuera de lugar en una compañía tan elegante. En 1783, no sabemos debido a qué circunstancia, perdió la oportunidad de viajar a Roma para continuar allí sus estudios, a pesar de que alguno de sus colegas ensalzase sus dibujos hasta la altura de los de Miguel Ángel. A comienzos de 1786 se disolvió la sociedad para la edición y venta de estampas que había formado con su antiguo compañero del taller de Basire, James Parker, quedando en nada las esperanzas de fama y prosperidad que había depositado en este proyecto editorial. El único proyecto de estos años que se convirtió en realidad, fue su matrimonio con Catherine en agosto de 1782, tras el cual, poco a poco, fue situándose como grabador de oficio (cat. 10, 11 y 12).

MITOLOGÍA Y NUEVOS MÉTODOS

Si en su fragmento dramático de aire shakespeariano "Eduardo III", el personaje de William es el de un imparable narrador de historias, todas con su punta de intención, sabemos que el propio Blake nunca se resistió a recitar sus propias canciones. Paralelamente, así como los comentarios del personaje de William eran refrenados por su amo el caballero, las opiniones moralistas de Blake en cierta medida no lograban traspasar cierta barrera de fría censura en su círculo literario. La impresión de los *Esbozos poéticos* fue su primer intento de encontrar un público más amplio para sus escritos. El paso de Blake no tenía precedente en Inglaterra entre el resto de pintores y grabadores. Los pintores solamente publicaban sus escritos de estética; el ejemplo más obvio, es el del presidente de la Royal Academy, Sir Joshua Reynolds, que imprimía cada año sus discursos a los estudiantes de la Academia, consecuencia natural de su propósito de establecer una gran escuela nacional de arte en Gran Bretaña. Hasta los años 1787-1788, en que escribió *Tiriel*, Blake se conformó con publicar sus poemas al modo convencional —al que volvería a regañadientes en 1791 con la impresión del primer libro de su poema *La Revolución Francesa*—. Con *Tiriel*, Blake comenzó a reflexionar acerca del modo de excluir a extraños del proceso de difusión de sus obras.

Tiriel es el ejemplo superviviente más antiguo de la creación en texto e imagen de una mitología blakeana, pudiendo ser considerado como el primero de sus libros proféticos, de los cuales *Europa* (cat. 28), se muestra completo en esta exposición. Con una longitud de unos cuatrocientos versos, *Tiriel* nunca fue más allá de la forma manuscrita. El poema nos da una idea muy ajustada de la gran amplitud de lecturas de Blake. La lengua de *Tiriel* está llena de ecos de la Biblia, de Shakespeare y Milton, así como de textos más recientes como los poemas del bardo apócrifo Ossian, falsificados por el escritor escocés James Macpherson (1736-1796), que los dio a luz en 1765. Alguno de los motivos de Tiriel —la ceguera, la mutilación...—, sugieren fuentes de la Biblia y Shakespeare. El rey ciego Tiriel, que recuerda al profeta ciego tebano Tiresias, recibe su nombre del libro de Cornelio Agripa *Los tres libros de la mitología oculta* (1651), que Blake debió conocer. Los padres de Tiriel, Har y Heva, reciben nombres de origen bíblico: "Har" significa "montaña" en hebreo, "Heva" deriva probablemente de "Havvah", es decir "Eva". El nombre del hermano de Tiriel, Ijim, se encuentra en la obra de Swedenborg *La verdadera religión cristiana* (1781), conocida por Blake. Las andanzas y peregrinajes de Tiriel tienen una fuente literaria en, por ejemplo, el *Orlando furioso* de Ariosto (véase cat. 12). *Tiriel* tiene lugar en un pasado distante e impreciso. Sus personajes se mueven de acuerdo con la tonalidad de la acción por un escenario variado de montañas o mesetas desnudas, de bosques oscuros o valles de hermosos árboles. El ciego Tiriel es el anciano rey del reino del Oeste. Las leyes de su padre Har y su propia sabiduría trasnochada han esclavizado a su familia. Sus hijos se rebelan, Tiriel los maldice y abandona. Su ceguera simboliza la ceguera moral y espiritual del gobernante cuyo corazón está poseído por "la locura y el miedo". Ha corrompido del todo a los demás y, en sus últimas palabras, Tiriel, transformado en su imaginación en la maligna serpiente del Edén, reconoce que "no todos los hombres deben recibir la misma ley" y que las semillas de su destrucción surgieron del fruto venenoso de sus equivocados esfuerzos. Tiriel, el rey tirano, el maestro de las maldiciones, prefigura el personaje de Urizén, otro "creador de hombres", que también los liga y esclaviza con sus leyes.

Blake realizó una serie de doce dibujos a pluma, tinta y aguada para ilustrar su poema *Tiriel*. La técnica utilizada en los nueve dibujos supervivientes, uno de los cuales está presente en esta exposición (cat. 16), sugiere que pensaba grabarlos de forma semejante a los que ya había realizado con anterioridad para otros editores. Es obvio que Blake veía sus versos impresos en letra de molde convencional. Sin embargo, los grabados, si hubieran sido del mismo tamaño que los dibujos, difícilmente habrían encajado en un volumen en cuarto, al ir dispuestos en los ángulos derechos de la caja de texto. *Tiriel*, tal y como lo concebía Blake, iba a ser una publicación muy cara y difícil de manejar. Además de la oscuridad de este poema épico y del mucho tiempo que hubiera necesitado para grabar las doce ilustraciones, el resultado final hubiera sido una obra de un gran desequilibrio entre el texto y las imágenes. Tanto por la ambición de su tema, como por su resolución formal, *Tiriel* parece anticipar sus posteriores libros iluminados. Por los problemas que presentó, *Tiriel* actuó de catalizador en sus innovaciones en el campo del libro ilustrado.

Aunque no podemos datarla con seguridad, todo indica que *Tiriel* se realizó en los años 1787-1788. De lo que no hay duda es de la fecha en que Blake comenzó sus experimentos con vistas a encontrar un nuevo método de imprimir e ilustrar sus escritos, ya que al final de su pieza dramática o "Revelación" de dos hojas *El fantasma de Abel* de 1822, puso las palabras: "W. Blake estereotipó por vez primera en 1788". En términos usuales de imprenta, la palabra "estereotipia" se utiliza para describir una lámina de metal con tipos fijos, formando una pieza inalterable, que ha sido obtenida a partir de un molde de tipos móviles. El proceso utilizado por Blake, como veremos, era muy diferente, pero esta definición es útil para entender cómo Blake concebía el aspecto final de sus láminas de cobre —o de la parte de éstas que contenía texto—. Lo que más se acerca a un comentario del propio Blake acerca de su descubrimiento —lo que en inglés se conoce por "relief etching"—, nos ha llegado a través de alguien que lo conoció y que publicó algunas notas sobre su método en 1828, notas que fueron aprovechadas por Gilchrist en su *Life of Blake* de 1863. En *El fantasma de Abel* parece haber una oscura alusión al modo en que hizo su descubrimiento, pues incluye la aparición en su "forma divina" del fantasma de su hermano muerto, en figura de Abel. William y su hermano Robert, fallecido en 1787, fueron, en palabras de un biógrafo que conoció a su viuda Catherine, "como plantas que crecían una junto a otra, enredando los brotes de sus mentes creadoras". Blake siempre asoció la inspiración de su nuevo método de estampación con la figura de su hermano Robert:

> *Blake, después de mucho reflexionar acerca del modo de dar a luz sus poemas ilustrados sin estar sujeto a los gastos de imprenta, vio a su hermano Robert en una de sus visiones, quien le indicó el camino a seguir, llevándolo aquél a cabo, escribiendo su poesía y dibujando sus figuras a contorno en la lámina de cobre con un barniz, dejando al aguafuerte morder profundamente las partes dejadas en blanco, de manera que los contornos resultaban como en la estereotipia. Las láminas se estampaban en los colores deseados, pudiendo Blake o su mujer iluminar las figuras, dándoles el aspecto de dibujos.*

Estas notas relacionan las *Canciones de la inocencia* de 1789 (cat. 17), con su exploración de nuevos métodos de estampación. No obstante, vemos ya en *Todas las religiones son una* (cat. 15), uno de sus *Tratados*, los primeros experimentos con este tipo de aguafuerte. Debido al reducido tamaño de las láminas, el texto resulta demasiado grande y son visibles los defectos de estampación causados por una mordida desigual del ácido, que Blake intentó rectificar, repasando las estampas a pluma y tinta negra. Para dar una idea de lo novedoso y original de su método, se ha incluido en la exposición una reproducción por galvanoplastia de una de las láminas de cobre originales de su libro iluminado *Canciones de la inocencia y de la experiencia* (cat. 17e). Esta copia galvanoplástica no es completamente fiel al original en cobre perdido. Las zonas brillantes en relieve de la lámina expuesta corresponden a las zonas de la lámina original de cobre que se reservaron para evitar que fueran mordidas por el aguafuerte. Blake obtuvo este resultado utilizando un barniz resistente al aguafuerte con el que dibujaba y escribía sus textos —al revés— sobre la lámina de cobre. Éstos quedaban en relieve después de la acción del aguafuerte y eran los que recibían la tinta durante el proceso de estampación. En un prospecto que Blake publicó en 1793 para anunciar sus libros iluminados, afirmó que habían sido creados mediante un "método de impresión que combina al pintor con el poeta". Esto sugiere que Blake, con toda probabilidad, utilizó un pincel muy fino para "pintar" con el barniz sus dibujos y textos directamente sobre el cobre. La delicadeza del resultado obtenido con este método puede percibirse en la iluminación con acuarela azul de algunas de las estampas de sus *Canciones de la inocencia y de la experiencia* (cat. 17). Su nuevo método de impresión es una perfecta amalgama de procesos ya utilizados por el artista: la escritura convencional, la escritura al revés para grabar y el uso de los métodos y materiales de la técnica del aguafuerte.

Fuera el que fuese el verdadero alcance de la visión de su hermano Robert, hay que reconocer que su descubrimiento fue el resultado de sus conocimientos de las técnicas tradicionales de grabado y de una continua experimentación. El reconocimiento de este fruto singular —a pesar de todos los descubrimientos de la época, no hay nada semejante en todo el arte del siglo XVIII europeo a este método de grabado al aguafuerte—, debe hacernos modificar nuestra imagen de Blake, transformando el perfecto artesano de los grabados de reproducción en el paradigma del artista romántico. Si bien Blake no consiguió hacerse con un público para su obra, al menos con su invención luchó por llegar al público sin ningún tipo de intermediario, ya fuera editor de estampas o libros, librero o académico.

En *Jerusalén* (cat. 53), Blake dejó escrito: "Debo crear un sistema o ser esclavizado por otro hombre". En consecuencia, nunca cesó de experimentar. Fue natural que quisiera pasar a obras de mayor envergadura, que tuviesen la apariencia de la pintura al óleo. El resultado fueron sus estampaciones a color realizadas a mediados de los años noventa —*El matrimonio del Cielo y el Infierno* (cat. 19) y las *Canciones de la experiencia* (cat. 27)— o monotipos tales como *Newton* (cat. 33) y *Nabucodonosor* (cat. 34). Estas obras constituyen el cénit artístico y técnico de sus experimentos con la estampación en color.

Aunque estas estampas a color de gran formato tienen, por su tema y colorido, un lugar entre las obras maestras al óleo y a la acuarela de los contemporáneos de Blake, hemos de tener en cuenta que su audacia técnica no siempre dio el fruto deseado.

Blake inventó su propio método de pintura al temple, que él, años después, denominaría "al fresco", en la creencia —equivocada— de que había devuelto al arte moderno los procedimientos de los verdaderos pintores —es decir, los fresquistas— del estilo elevado, como Miguel Angel y Rafael, combinando este método con su preferencia por la línea, tal como fue usada por grabadores como Durero. Su ambición era obtener unos "colores trasparentes, no enturbiados por el óleo, y un dibujo de línea firme y marcada que no rompiesen las sombras, cuya misión debería siempre ser mostrar y no esconder la forma".

En *El traslado del cuerpo de Cristo al sepulcro* (cat. 37) y *Alonso de Ercilla y Zúñiga* (cat. 38) podemos observar dos ejemplos de esta técnica con la que Blake intentó emular a los fresquistas. El lienzo recibía una preparación de cola porosa y blanco de España, buscando imitar la base de yeso poroso del verdadero fresco. Sobre esta superficie dibujaba un rápido esbozo a lápiz, sobre el que iba aplicando gruesas capas de cola alternadas con finas pinceladas de acuarela, que se adherían con una goma vegetal. Finalmente, dibujaba cuidadosamente los contornos a pluma y tinta antes y después de aplicar el color —quiero dar aquí las gracias públicamente a Anna South por sus aclaraciones sobre este tema—. El interés de Blake por explorar este procedimiento técnico —menos fiel a los diversos modelos históricos de lo que él hubiera querido—, tuvo mucho de respuesta directa a los pintores académicos, especialmente a su presidente, Sir Joshua Reynolds, que valoraba por encima de todo la pintura al óleo y el claroscuro en todo lo relativo a cuestiones técnicas.

EL INTÉRPRETE

Si tener en cuenta la rica e inventiva vertiente técnica de Blake nos ayuda a perfilar un artista calificado usualmente como "difícil", el conocimiento de la compleja imaginería desarrollada en sus dibujos, sus estampas y sus libros iluminados es ineludible para poder entender y disfrutar su obra artística, una de las cumbres del Romanticismo europeo. En este sentido, la acuarela *Los y Orc* (cat. 21), nos proporciona una inmejorable oportunidad.

Estamos ante una versión anterior de la imagen que aparece en una de las estampas del libro iluminado *América, una profecía*, del año 1793 (véase cat. 26). El asunto, enteramente producto de Blake, es algo oscuro si no se relaciona con el texto de la estampa número veinte del *Primer libro de Urizén* (cat. 30), de fecha algo más tardía, aunque Blake consigue transmitir su atmósfera por medios plásticos convencionales. Las acciones y gestos de las dos figuras sugieren miedo y horror. Al haberlas colocado en un vasto paisaje montañoso, oscuro y lóbrego, de color castaño y gris, Blake nos impone un sentimiento asimilable al de lo sublime, en coincidencia con las teorías estéticas desarrolladas por Edmund Burke en su libro *A philosophical Enquiry into the Origins of our Ideas of the Sublime and Beautiful* (1757). La figura masculina encadenada a la roca nos trae a la mente a Prometeo, castigado por Júpiter por robar el fuego a los dioses. Su postura también recuerda una de las estampas realizadas a comienzos de la década de los noventa para el libro de John Gabriel Steadman (cat. 36b). La escena representada en *Los y Orc* ilustra el episodio consiguiente a los celos de Los hacia Orc, tal como se representan en la estampa veintiuna de *Urizén* (cat. 30c). En Blake, el espejeo constante de referencias cruzadas entre distintas imágenes y textos es un elemento esencial que ha de tenerse siempre en cuenta para desentrañar los significados de los diferentes personajes.

Por los libros iluminados *Milton* y *Jerusalén*, ambos del año 1804 (véanse cat. 52 y 53), sabemos que el Orc masculino es el hijo primogénito de Enitharmon y Los. En la estampa 19 de *Urizén*, es descrito como "el infante de fieras llamaradas" salido de Enitharmon. Cuando Orc tenía catorce años, su padre, que estaba celoso de él, le inmovilizó con "la cadena de los celos" a la ladera de una montaña (a la que se alude en la estampa 3 de *América* y en la estampa 20 de *Urizén*). Tiempo después, el remordimiento lleva a Los y Enitharmon a regresar a la montaña para liberarle. El nombre "Orc" podría ser un anagrama de "cor", pues, como sabemos por el poema manuscrito *Vala, o los cuatro Zoas*, fechable entre 1797 y 1807, Orc era el "infante terrible" que "saltó" del corazón de su madre Enitharmon. Orc y su terrible carácter también pueden relacionarse con la palabra "Orcus", uno de los nombres de Plutón, el dios de los infiernos. Para Blake, Orc representa la energía y la revolución. En *América*, en donde se le menciona por vez primera, es descrito como rojo, un color asociado con la pasión, el terror y la guerra. Su encadenamiento representa la represión de la libertad.

Los fue mencionado por vez primera en *América* y, poco después, en *El libro de Urizén*, ambos de 1794. Es uno de los hijos —junto con Enitharmon—, resultado de la unión de Enión y Tharmas. Nacieron cuando la tierra de Beulah se encontraba en un estado de "oscura confusión" (*Los cuatro Zoas*, "Séptima noche"). Al crecer, Los se convirtió en un ser de enorme fuerza y resistencia física, y de una gran estatura. Los es descrito como poseedor de unos "miembros salvajes" (*El libro de Urizén*, estampa 8) y una "cabeza furiosa" (*Los cuatro Zoas*, "Séptima noche"). Los construyó los hornos de Urizén y fundió los yunques de hierro (*Los cuatro Zoas*, "Cuarta noche"). Cuando nació su hijo Orc, sus miembros se cubrieron de sangre y sudor, lleno de temor "de la más completa extinción y la muerte eterna", a causa del poder de Orc (*Los cuatro Zoas*, "Quinta noche"). El propósito de Los de sojuzgar al "fiero niño" es patente por el modo en que lo encadena. La canción de Los es la del "profeta eterno" (*La canción de Los*, estampa 3). Blake, en *Milton. Un poema*, asocia la imaginación creativa y se asocia a sí mismo con la figura de Los: "...Los había entrado en mi alma... Yo me levanté lleno de furia y poder".

La figura de Orc aparece en seis de los libros de Blake, entre los que se incluyen *América* (cat. 26c) y *Europa* (cat. 28f). Los aparece en ocho libros; al final de *Europa*, Los "llama a todos sus hijos a la lucha de la sangre", es decir, a la Revolución Francesa (cat. 28g).

Otra figura recurrente en los escritos de Blake es la de Urizén, que aparece en ocho de sus libros. Aparece por vez primera con su nombre en las *Visiones de las hijas de Albión*, del año 1793, como "creador de hombres y extraño demonio del cielo" (estampa 5). Urizén es el primer personaje blakeano al que el artista le dedica un libro. Se trata de *El libro de Urizén*, del año 1794, en cuya portada aparece representado (cat. 30a). Según el poema manuscrito *Vala, o los cuatro Zoas*, Urizén, "príncipe de la luz" es hijo primogénito de Vala, diosa de la naturaleza. Urizén creció en la hermosa tierra de Beulah, donde, en alianza con Luvah —un personaje masculino que representa el amor y las emociones—, comenzó sus trabajos, que le llevaron "edades y más edades", consistentes en esclavizar a sus semejantes con su ciencia y su "red de falsa religión" (*Los cuatro Zoas*, "Octava noche").

Urizén tiene un carácter caviloso y lleno de envidia. Su columna vertebral es "vasta" (*El libro de Los*, 1795, estampa 5); sus miembros "son de hielo" (*Los cuatro Zoas*, "Octava noche"); su piel "está cubierta de arrugas" (*Los cuatro Zoas*, "Sexta noche"). Va vestido con ropajes blancos (*Los cuatro Zoas*, "Novena noche") y, en ocasiones, está cubierto de nieve (*Los cuatro Zoas*, "Séptima noche"). Lleva una lanza herrumbrosa, un casco de plata frío (*Los cuatro Zoas*, "Sexta noche") y un "globo de fuego" con el que ilumina su camino (*Los cuatro Zoas*, "Sexta noche"). Su guarida en el cielo, entre nubes, es una cueva (*Los cuatro Zoas*, "Sexta noche"), una roca o un "risco de hierro" (*Los cuatro Zoas*, "Séptima noche"). Urizén, asimismo, tiene bajo su mando un "ejército de horrores" (*El libro de Ahania*, estampa 4). En su soledad, Urizén escribe sin parar, con su "pluma de hierro" (*Los cuatro Zoas*, "Sexta noche"), en sus libros de "bronce, hierro y oro" (*La canción de Los*, estampa 7). De estos libros, el más importante es el primero, hecho de "bronce eterno" (*El libro de Urizén*, estampa 4). Esta actividad característica de Urizén tiene obvias asociaciones bíblicas y cristianas, no sólo en relación con la división de la Biblia en diferentes libros, sino también, en el caso del "libro de bronce", con el libro de la ley de Moisés. En la estampa octava de *América*, se relaciona a Urizén con Moisés al hablar de "la alegría fiera que Urizén pervirtió en diez mandamientos". No olvidemos que el bronce es el metal del que se hacen los ídolos. A veces se muestra a Urizén con el libro de la ley abierto delante de él, como sucede en la portada de *El libro de Urizén* (cat. 30a), recogiéndose un motivo de la iconografía cristiana, en que el apóstol o el fundador de una orden religiosa aparece con un libro abierto, símbolo de su palabra y poder.

Urizén, Los, Orc y otros personajes mencionados más arriba, son algunas de las figuras de nombre extraño, que pueblan los libros épicos de Blake y que en un primer momento nos aparecen rodeadas de una oscuridad impenetrable. No obstante, podemos reconocer a estas tres figuras fundamentales del olimpo blakeano por la continuidad de sus rasgos físicos y de carácter, reiterados en las descripciones, por la acumulación de sus peripecias y por las ilustraciones que el artista hace de ellos. Los representa la imaginación creadora, es "el profeta eterno" y al "tomar posesión" del alma de Blake, le sirve a éste para definir su propio rol profético dentro de su propio sistema. Por supuesto, ya sabemos que Blake expresó claramente sus propósitos como poeta y artista con anterioridad, y en todo momento debemos tener en cuenta estas declaraciones antes de ir más allá de gozar del placer de su dibujo novedoso, su color y su palabra. No sólo escribió que debía "crear un sistema", sino que en *Jerusalén* afirmó que quería "abrir los ojos inmortales del hombre hacia dentro, hacia los mundos del pensamiento". En una carta escrita en 1803 a su mecenas Thomas Butts, Blake se extendió un poco más sobre esto: "Mi definición de la más sublime poesía sería aquella alegoría dirigida a las potencias intelectuales que, al mismo tiempo, se esconde del entendimiento corpóreo". Un contemporáneo algo más joven de Blake, el poeta Samuel Taylor Coleridge (1772-1834) definió la alegoría como "...el empleo de un conjunto de elementos e imágenes de modo que constituyan un todo homogéneo". Tengamos en cuenta que Blake, desde su adolescencia, había estado interesado en la alegoría y en sus posibilidades de expresar lo sublime, a través de la Biblia y de los dioses y héroes de la antigüedad clásica, estudiados estos últimos en la escuela de Pars y en la Royal Academy.

Todo aquel que se aproxime por vez primera al arte de Blake debe considerar que el artista trabajó en todo momento apoyándose en un contexto lingüístico y simbólico que le era familiar. Asimismo, sólo después de tener en cuenta las características de las figuras contenidas en las alegorías podemos empezar a entender las verdades universales que refieren. De este modo, la figura de Urizén en la portada de *El libro de Urizén* debe ser leída sabiendo nosotros que está ocupado en escribir las reglas tiránicas de una falsa religión basada en la razón, religión que limita nuestra energía e imaginación y reprime la revolución. El frontispicio de *Europa* (cat. 28a), que fue denominado "El anciano de los días" por un amigo de Blake tras la muerte de éste, muestra a Urizén, reconocible por su característica larga barba blanca, tal como es descrito en *Los cuatro Zoas*:

Entonces fabricó de hierro, plata, bronce y oro
enormes instrumentos con que medir el universo
y obtener otro mundo más obediente a su voluntad
donde nadie la discutiese, siendo él el rey de todo
y habiendo aherrojado el futuro con su cadena.

Estamos ante la tiranía del materialismo y la razón, ante la sujección de lo infinito propia de los "reyes y sacerdotes" de la tierra. Siendo *Europa* una profecía del impacto de la Revolución Francesa, su frontispicio ejemplifica la condición del hombre al que se hace responsable del "tormento hace tanto tiempo augurado", esto es, de la Revolución (cat. 28d). La persistencia del ataque de Blake al encadenamiento de la mente provocado por la razón en una época que se conoce como la Edad de la Razón, se muestra en el que es, quizá, su otro dibujo más conocido. Nos referimos a *Newton*, realizado tan sólo un año más tarde (cat. 33).

Isaac Newton (1642-1727), el gran matemático y filósofo inglés, había explicado el universo, el movimiento de los planetas y la fuerza gravitatoria en un modelo racional de base matemática. Su reputación, en tiempos de Blake, era inexpugnable. Esta figura encorvada que traza con el compás una estructura geométrica, está muy cerca del Urizén de *Europa*, pero por si existiera una duda, su tratado de 1788 *No hay religión natural* nos ofrece un comentario inmediato e inequívoco. Vemos aquí un hombre barbado arrodillado en el suelo midiendo un triángulo con un compás. Las palabras que acompañan a esta imagen son definitivas: "Aquel que ve el infinito en todas las cosas, ve a Dios. Aquel que mira la razón, sólo se ve a sí mismo". Blake, cuestionador infatigable, tras haberlo descubierto en sí mismo, nos invita, como lo hizo a sus contemporáneos, a buscar y a encontrar al Dios en nosotros mismos.

BLAKE Y GOYA

convergencias y divergencias entre dos mundos

FRANCISCO CALVO SERRALLER

n el, por tantas razones, memorable estudio de Enrique Lafuente Ferrari *Antecedentes, coincidencias e influencias del arte de Goya*, que se publicó en 1947, aunque debía de haber acompañado como catálogo a la exposición celebrada en Madrid quince años antes, en 1932, hay un capítulo titulado "Goya y la pintura inglesa", donde se rastrean influencias y contactos. Pues bien, en dicho capítulo, dando inicialmente por sentado, como después él mismo se encargará de demostrar, que Goya conoció y apreció bastante el arte británico del XVIII, Lafuente Ferrari nos advierte, sin embargo, que las dos grandes generaciones de pintores ingleses de la época no coincidieron con la de Goya, pues, la primera, la formada por Reynolds, Gainsborough o Rommey, nacidos respectivamente en 1723, 1727 y 1724, era anterior al maestro español, que vino al mundo en 1746, mientras que la segunda, la protagonizada por Lawrence, que lo hizo en 1769, era, por su parte, posterior.

Significativamente Lafuente Ferrari no cita en sus tablas cronológicas comparativas a los tres artistas ingleses que tuvieron una relación más directa con Goya y que pertenecían por completo a su generación. Me refiero a Henry Fuseli, suizo naturalizado británico, que nació en 1741 y murió en 1828, lo que significa que sólo era cinco años mayor que Goya y que murió en el mismo año que éste; a John Flaxman (1755-1826) y, por tanto, sólo nueve años más joven que el pintor español; y, en fin, a William Blake (1757-1827), nacido once años después. Como quiera que Lafuente aplicaba el criterio cronológico de generación empleado por Ortega y Gasset, que era establecer un corte cada quince años, es obvio que estos tres artistas británicos no le parecían acreedores al título de "grandes pintores ingleses del siglo XVIII". No menos significativamente, más adelante y en un capítulo diferente al citado de la pintura inglesa, Lafuente Ferrari sí comenta la influencia de Flaxman en Goya, dando con ello la razón a otro estudioso español, Ángel Barcia[1]. "En cuanto a Flaxman —escribe literalmente Lafuente Ferrari—, no solamente debió [Goya] de conocer sus grabados de línea pura, ilustrativos de Homero o de Dante, sino que en algún caso llegó a inspirarse en composiciones suyas, llegando casi a la imitación: fue D. Ángel Barcia el que observó que tres dibujos de Goya, en la Biblioteca Nacional, estaban inspirados en composiciones del maestro inglés... Y aún en otros dibujos más de la Biblioteca Nacional y del mismo tipo de neta línea, expresada por tinta china a punta de pincel, Goya quiere dar una versión a su modo de ese purísimo neoclásico. Esta aproximación tan inesperada entre Goya y Flaxman, no advertida hasta que Barcia llamó la atención sobre tal semejanza, viene a comprobar la insaciable curiosidad de Goya y su deseo de experimentarlo todo, aunque no fuera más que un momento de capricho. Pues sólo un momento puede Goya detenerse en este arte frío y sabio, paralítico y arqueológico, complacido en evocar las escenas de la historia antigua o del poema dantesco, traducidas por los tópicos dibujísticos de la fría concepción estatuaria de la forma y un estático equilibrio de las composiciones. Goya sabe muy bien que no es eso lo que hay que hacer, y que en aquella moda pasajera no puede estar, en modo alguno, el arte del porvenir"[2].

Apenas si he extractado esta larga citada literal de Lafuente Ferrari porque refleja, una vez más, la historia aleatoria del gusto, que influye también, y de qué manera, en los historiadores. Si hoy nos resultan improcedentes estos juicios de valor acerca de la calidad y significado del arte de Flaxman, todavía nos sorprende más la afirmación tajante, pronunciada a través de una interpretación de lo que estimaba o no Goya, de que el arte del porvenir en modo alguno podía ir por allí, y nos sorprende cuando pensamos en David o en Ingres, éste último no sólo vertebrador del llamado "romanticismo de la línea", sino constante influencia en todo el arte de vanguardia, pues su arte tocó de lleno a Degas, pero también a Modigliani, Matisse y al mismísimo Picasso, por sólo citar unos pocos ejemplos destacados, todos los cuales, además, conocía perfectamente Lafuente, que no era un historiador que hubiera dado la espalda a la vanguardia.

Es evidente, así pues, que Lafuente, cuya ausencia de prejuicios académicos era notoria, fue incapaz de ver lo que ahora nosotros nos parece tan obvio, pero también que esta incapacidad visual no le era propia, sino que afectó a todos los historiadores del arte, incluidos los del Reino Unido, hasta, al menos, diez años después de lo publicado por Lafuente Ferrari, cuando, en 1957, tuvo lugar una importante exposición en Washington y se publicó el catálogo de sus obras conservadas en la Tate Gallery por parte de M. Butlin. Más aún: el primer estudio serio llevado a cabo por un historiador del arte de gran prestigio, en torno a las fechas que nos estamos moviendo, fue el de Anthony Blunt —*The Art of William Blake*—, que apareció en 1959, y no sin que el autor dejara de hacer notar, en el mismo prólogo, algunas de sus más fuertes reticencias sobre el artista. Si, por último, hojeamos las grandes historias del arte del siglo XVIII, incluso las dedicadas monográficamente al arte británico de esta época, antes de que se iniciara el movimiento reivindicativo del artista, resulta que nos encontramos que ni el propio Blake, ni los que estaban artísticamente próximos a él, como Fuseli o Flaxman, se tomaban en serio, llegándose incluso en algunos casos a ni siquiera citarlos.

Sin lugar a dudas, el cambio posteriormente operado entre los historiadores y, con ellos, el del mismo público aficionado se debió a la influencia ejercida por el Surrealismo, que defendió el valor y la importancia de todos estos artistas visionarios, hasta entonces considerados simplemente extravagantes. En la actualidad, entendida por lo que viene ocurriendo aproximadamente durante los últimos veinte años, la situación se ha invertido por completo respecto al papel y la significación de estos artistas antes menospreciados, habiendo influido en ello, en no poca medida, y más allá de la cuestión antes citada de los cambios sociales de gusto, la extraordinaria importancia otorgada a los conceptos de lo "sublime" y "pintoresco", ahora considerados claves esenciales en la crisis definitiva del clasicismo.

Curiosamente, el único que demostró ser capaz de librarse hasta el momento presente del vaivén de las modas artísticas fue Goya, sistemática y sucesivamente adorado desde el Romanticismo por todos cuantos movimientos de vanguardia y generaciones de historiadores se han producido hasta, en efecto, la actualidad. La explicación para esta desigual fortuna histórica entre uno y otros parece clara: la objetivamente mayor calidad artística y significación histórica del primero; no obstante, dejando aparte esta cuestión, no puede negarse que estos artistas visionarios influyeron en Goya y que, contra lo afirmado por Lafuente Ferrari, esta influencia no se debió a un simple "capricho" de éste, voraz experimentador a costa de todo, sino que, directa o indirectamente, fue determinante para cuestiones capitales del universo imaginativo goyesco, el que se configura a partir de su madurez y el responsable del extraordinario valor que se le atribuye al pintor español en el mundo contemporáneo.

Ahora bien, si la popularidad alcanzada estas últimas décadas por Blake, Fuseli y Flaxman ha sido considerable, el estudio de las relaciones e influencias en Goya dista aún de ser completo. Sorprende el dato de que la constatación primera de esta influencia, tal y como nos advertía Lafuente Ferrari, provenga de un artículo publicado por Ángel Barcia en ¡1900!, y, aunque dicho dato se siguió repitiendo en la mayor parte de los estudios y catálogos autorizados sobre el pintor español, nadie le concedió importancia hasta prácticamente los últimos veinticinco años.

Sorprende efectivamente la contumacia del olvido porque no se trata sólo de establecer una analogía de mundos, con lo que esto tiene de importancia en un momento en que convergían muy pocos artistas en esta misma dirección, sino de influencias directas, como ocurre, de manera indiscutible, con Flaxman.

¿Cómo se explica, entonces, insisto, este desinterés por el asunto? Ya he aventurado hace un momento una hipótesis, la de que no se concedía demasiado valor artístico a Flaxman, Fuseli y Blake ni siquiera en su propio país hasta hace relativamente poco, con lo que se entiende que la constatación de unas influencias directas entre éstos y Goya, a pesar de su documentada prueba, se interpretase, como lo hizo Lafuente Ferrari, como una especie de capricho irrelevante del voraz experimentador que fue Goya. Con todo, la causa principal para desatender o restar importancia a este asunto fue, una vez más, el mito romántico fraguado a costa del arte español como una manifestación de la espontánea inclinación de nuestro pueblo a la representación realista al margen de cualquier influencia cultural. Esta imagen alcanzó, en el caso de Goya, unos caracteres caricaturescos, que nos lo mostraban como una especie de inculto gañán, cuya indudable genialidad se debía a la fuerza espontánea del instinto. Desmontar esta imagen primaria no ha sido fácil. Para ello primero se tuvo que desentrañar la compleja y profundísima red de relaciones entre lo que Goya pintó y el mundo de la Ilustración española, tal y como lo hizo Edith Helman[3]; luego, se tuvo que asumir que esta actitud receptiva de Goya en relación con los presupuestos ideológicos de la Ilustración, se correspondía con otra semejante, aunque todavía mucho más obvia, en relación con préstamos artísticos tomados del mundo español o de artistas extranjeros que habían trabajado o trabajan en España durante la vida de Goya; por último, fase en la que ahora estamos, se reconoce que estos préstamos tuvieron una área de influencia mucho más extensa que lo que directamente el pintor pudo llegar a conocer en nuestro país.

Era lógico que así fuera, no sólo porque Goya viajó a Italia en 1771 y murió en Burdeos, cuatro años después de haberse instalado en la ciudad francesa, sino por el trato directo con el entonces máximo valedor teórico del Neoclasicismo europeo, Antonio Rafael Mengs, y, sobre todo, por vía cada vez más usada de lo que circulaba publicado, fueran colecciones de estampas o libros. Vemos, por tanto, que Goya estaba bastante al corriente de lo que se hacía artísticamente fuera de España. Conocía muy bien, desde luego, además del arte italiano, el francés, incluso el más contemporáneo, como, por ejemplo, el de David, que era rigurosamente contemporáneo suyo, pues nació en 1748 y murió en 1825; esto es: era sólo dos años más joven que Goya y murió tres años antes.

En este sentido, y a pesar de la célebre afirmación del pintor español de que no conocía otros maestros que "Velázquez, Rembrandt y la Naturaleza", hay que aceptar que poseía una voraz capacidad para asimilar toda suerte de imágenes ajenas o fragmentos de las mismas, como, por otra parte, les ocurre a todos los grandes artistas, a los que literalmente no se les escapa nada interesante de cuanto han visto. Un ejemplo similar e, incluso, aún más voraz visualmente que Goya, fue Picasso, cuya urdimbre de muy diversos aprovechamientos está aún lejos de haber sido completamente descifrada.

El problema que aquí queremos plantear es específicamente el alcance y la significación concretos de la relación que une el arte de Goya con el grupo de artistas británicos de lo sublime, cuyos protagonistas principales fueron, sin duda, Fuseli, Flaxman y Blake. Aunque el gran difusor de las ideas del grupo fue Flaxman, cuyas series de grabados inundaron Europa, es obvio que éste aprovechó para su trabajo muchas de las invenciones de los otros dos, que, a su vez, mantenían una estrecha relación entre sí desde 1787.

Las deudas de Goya con Flaxman son, sin duda, abundantísimas, desbordando lo que ya apreció, en primer lugar, Barcia, y, según creo, también lo posteriormente establecido por otros historiadores. El uso que hizo Goya, por ejemplo, de las ilustraciones de Flaxman para la *Divina comedia* de Dante, publicadas en 1795 con grabados de Piroli, es abundantísimo[4] y, en algún caso, como en el dibujo que se conserva en el Museo del Prado con el número 488 (Gassier-Wilson, 765), se trata directamente de una copia[5]. El que destacó Barcia, un dibujo conservado en la Biblioteca Nacional de Madrid, catalogado con el número 1275 y, como el anterior, fechado en 1795, también estaba inspirado en la obra de Dante; en concreto, toma Goya las seis figuras que ilustran un pasaje del *Infierno*, el de "Los hipócritas", canto 23, ilustración 73, aunque en este caso añadiendo una figura a la aguada, situada en el centro, que es de su propia cosecha. Gassier, por su parte, llamó la atención acerca de dos dibujos preparatorios para los *Caprichos*, los que sirvieron de base para los titulados *¡Pobrecitas!* y *¡Chitón!*, 1797-1798, respectivamente correspondientes con los *Caprichos* números 22 y 28, que están asimismo relacionados con el pasaje antes citado del *Infierno* dantesco según la ilustración de Flaxman, aunque el historiador advierte que, según su opinión, también podría tratarse de una interpretación autónoma del artista español[6]. En el dibujo preparatorio para el *Desastre* número 49, *Caridad de una mujer*, fechable entre 1812-1815, Gassier piensa que la figura de espaldas en primer plano se debe a la misma fuente de Flaxman[7]. Por lo demás, no deja de tener interés que, al igual que Goya, Blake también realizara una acuarela inspirada en el mismo motivo de Flaxman[8].

Sarah Symmons, que se ha ocupado ampliamente del tema de las influencias detectables en Goya y, en especial, las provenientes de los artistas británicos que nos ocupan, también ha puesto en relación el dibujo titulado *Cinco hombres con capas y sombreros* de Goya que se conserva en la Biblioteca Nacional de Madrid, con las figuras de tres ilustraciones de Flaxman para el mismo *Infierno* de Dante: la 1, 2 y 16; mientras que el grabado número 32 de los *Desastres de la guerra*, el titulado *¿Por qué?*, datable entre 1812-1820, le parece una interpretación de la ilustración número 24 de Flaxman del consabido *Infierno*[9]. Por último, en esta misma línea, la citada autora también relaciona el dibujo preparatorio y el correspondiente grabado número 18 de los *Desastres de la guerra*, los titulados *Enterrar y callar*, 1810-1812, con la ilustración número 31 de Flaxman para el mismo pasaje del célebre poema de Dante[10].

Werner Hofmann, en su ensayo "The Death of the Gods", incluido en el catálogo de la exposición de *John Flaxman*, que tuvo lugar en la Royal Academy of Arts de Londres en 1979, estableció unas interesantes analogías no sólo entre Flaxman y Goya, sino también entre este último y Blake. La relación con Flaxman estaba basada, según Hofmann, entre la ya comentada ilustración número 31 del *Infierno* y la número 13 de los *Desastres* de Goya, titulada *Amarga presencia*, así como entre la de *Los gigantes y los titanes* de la *Teogonía* de Hesiodo y la número 30 de los *Desastres* —*Estragos de la guerra*—, o, en fin, entre la ilustración 36 de la *Ilíada* de Homero, la de *El cuerpo de Hector arrastrado por el carro de Aquiles*, con la número 64 de los *Desastres* —*Carretadas al cementerio*—. Las relaciones entre Blake y Goya se basan, también según la versión de Hofmann, en el frontispicio de las *Visiones de las hijas de Albión* (1793) con el grabado número 75 de los *Caprichos* —*¿No hay quien los desate?*—. Pero, más allá de estas coincidencias, analogías o confluencias, interesa lo que señala Hofmann en relación al tratamiento del espacio por parte de estos artistas: "El espacio ya no es definido como un continuo progreso a través de los planos del cuadro, sino a través de desconectados grupos de cuerpos en una elástica o infinita profundidad. El resultado de esta fragmentación del espacio..., es que las figuras forman grupos que ya no pueden ser considerados como multitudes, sino como masas"[11].

Pero las posibles influencias de Flaxman en Goya no se terminan todavía ahí, pues, sin duda, también afectaron a la serie de las *Pinturas negras* de Goya. Personalmente, me llamaron poderosamente la atención hace algunos años la estrecha similitud entre las dos figuras voladoras del *Asmodeo* de Goya, en la citada serie de las *Pinturas negras*, y las ilustraciones de Flaxman para la *Odisea* de Homero y, en particular, la ilustración número 17 que representa la escena de Ulises aterrorizado por los fantasmas "surgidos desde el más profundo infierno", dos de cuyas tres figuras voladoras, situadas en la estampa junto a la espada desenvainada de Ulises, guardan una evidente relación formal con las de Goya; como el cortejo fantasmal del fondo, situado en un plano inferior a las anteriores, también pueden evocar la línea serpenteante de figuras a caballo que asciende hacia el monte en la obra goyesca. El volador embozado de la misma escena de Goya cabe asociarlo igualmente con los que aparecen de esta guisa en la ilustración número 33 de Flaxman para el citado poema homérico, la titulada *Mercurio conduciendo las almas de los pretendientes hacia las regiones infernales;* un tema del embozado que, por lo demás, también nos es mostrado en Flaxman en la ilustración número 6, en este caso para la *Ilíada* de Homero, ilustración que se titula *Júpiter enviando el demonio del sueño a Agamenón.*

Comprendo que esta relación prolija de influencias, analogías o afinidades puede llegar a abrumar y, por tanto, aburrir al lector de estas páginas, pero la creo absolutamente imprescindible para el establecimiento de algo más que una mera coincidencia o, como afirmaba Lafuente Ferrari, un "capricho" goyesco típico de su voracidad icónica. Lo que pretendo insinuar es que el interés de Goya por este momento del arte británico era la consecuencia directa de su creciente atención respecto al culto estético de lo sublime, que tuvo en Fuseli, Blake y Flaxman unos de su más conspicuos y apasionados defensores. Tratando de este asunto, y al margen de los establecimientos puntuales de analogías formales entre la obra de Flaxman y Goya, Priscilla E. Muller, en su amplio estudio *Goya's Blake Paintings. Truth and Reason in Light and Liberty*, resalta la importancia de los contactos intelectuales con el mundo británico de los ilustrados españoles y, en especial, de Leandro Fernández de Moratín, que, incluso, estuvo una temporada en Inglaterra en 1792-1793, de cuyo viaje y experiencias informó a Goya antes de que éste marchara a Andalucía[12]. Ya el propio Xavier de Salas había llamado la atención sobre una nota escrita en unos dibujos de Goya, pero no de su mano, en la que se puede leer: "En 1795 salieron las obras de Flaxman"[13].

En el fondo de esta cuestión, acertó Robert Rosenblum al señalar que la influencia de Flaxman sirvió de catalizador estilístico renovador en la mayor parte de Europa y no sólo por una analogía formal más o menos singular. Refiriéndose a ello, después de señalar que esta alargada influencia de Flaxman sobre el arte del XIX fue mucho más allá de "experimentos excéntricos", escribió literalmente lo siguiente: "Enraizados en la corriente artística reformista de finales del siglo XVIII —se refiere naturalmente a los dibujos de Flaxman—, ofrecieron, por así decirlo, un alfabeto básico para un nuevo lenguaje en que se inspirarían igualmente los mayores artistas de todo el mundo. Su impacto preciso en maestros tan distintos como David, Ingres, Runge y Blake ya ha sido objeto de abundante consideración; con todo, no está de más recordar que su influjo fue tan grande que se puede discernir incluso en un dibujo de Goya, ese genio de finales del siglo XVIII cuya visión directa de la realidad se encuentra probablemente en los antípodas de este estilo conceptual y lineal: en lo que parece ser un rápido bosquejo a la aguatinta de una procesión de monjes españoles encapuchados, descubrimos una transcripción bastante fiel de una de las láminas del *Infierno*, de Flaxman, la procesión de los parsimoniosos hipócritas pisoteando al crucificado Caifás. Si Goya transforma los espacios vacíos y las formas inmateriales de Flaxman en un mundo de trémula luz y substancia, conserva, sin embargo, los ritmos pares y elementales de la ilustración de Dante, así como la comprensión de estos movimientos dentro de una serie de planos huecos y a modo de friso. De hecho, su dibujo ofrece una contrapartida clara a la estructura plana, todavía más severa, y a la solemnidad de movimientos que se advierte en el igualmente flaxmaniano *Descenso del Calvario*, de Blake"[14].

Fred Licht, después de establecer ciertos paralelismos entre Goya y los casos de Fuseli y Blake, también subraya el papel artísticamente revolucionario que vincula a Flaxman y al pintor español[15], cuyo sentido de la realidad hace, no obstante, a diferencia de estos tres artistas británicos, que lo monstruoso parezca viable, como ya lo advirtió Baudelaire[16].

No hay nadie, de todas formas, que se atreva a homologar ni el talento, ni el valor de la obra de Goya con estos otros artistas contemporáneos suyos, lo que no quita el que una mínima excavación de la superficie pictórica, que es lo más personalizador, siga arrojando constantemente sorprendentes convergencias. En este sentido, aunque hasta ahora hemos resaltado más las relaciones de Goya con Flaxman, cuya formidable capacidad de síntesis compensaba su menor potencia imaginativa y nivel intelectual que la que acreditaron sus

dos colegas Fuseli y Blake, cabe asimismo rastrear relaciones entre éstos y aquél no necesaria-
mente interferidas por el ejemplo de Flaxman.

En el *Saturno* de las *Pinturas negras*, como lo ha señalado Priscilla E. Muller[17],
se puede advertir nuevamente una cierta analogía con el *Lucifer* que ilustra Flaxman para el
Infierno, pero también con uno de los dibujos de Blake para la edición de los *Night Thoughts*
de Young, obra ésta que tuvo bastante difusión en el círculo de los ilustrados españoles, aunque parece dudoso que Goya pudiera ver las ilustraciones de Blake, ya que la impresión se
detuvo en cierto momento por falta de fondos[18]. No obstante, puestos a sacar punta a los
parecidos, los hay entre las ilustraciones de la mujer que eleva los brazos al cielo, del canto
III, página 46, de la citada edición de los *Night Thoughts*, con el dibujo del cuaderno de Sanlúcar, hoy en el Prado (número 427), titulado *Joven de espaldas asomada a un balcón, levantando
los brazos*, o, asimismo, entre la ilustración de la página 4 del canto I, que presenta un dur-
miente, con el *Disparate* número 18, el llamado *Disparate fúnebre*. Por otra parte, el *Capricho*
número 72 de Goya, titulado *No te escaparás*, además de poderse también vincular con la ilustración antes citada de los *Night Thoughts*, sobre cuya una cabeza pende una imagen amena-
zante, evoca la de la bailarina que dibuja Blake para ilustrar el pasaje de la "Sexta Noche" del
mismo poema, ilustración número 253.

Algunas de las analogías formales entre Goya y Fuseli también resultan sorprendentes y, según mi opinión, merecen destacarse a guisa de ejemplo, ya que el tema en sí,
he de insistir una vez más, dista aún mucho de haber sido examinado y resuelto de forma con-
cienzuda. Por otra parte, en lo que se refiere a estas relaciones entre Fuseli y Goya, las hipotéticas coincidencias entre ellos probablemente se deban en muchos casos a haberse fijado
ambos en parecidas fuentes antiguas. Hay, de hecho, un posible testimonio en ello cuando se
toma en consideración el posible parentesco formal entre el *Capricho* goyesco número 9, titulado *Tántalo*, y el cuadro *Samuel se aparece a Saul* de la Kunsthaus de Zurich, tal y como fue
puesto en evidencia por Werner Hofmann, el cual razonablemente subraya a continuación
que dicho parentesco no implica que la interpretación artística que hacen cada uno de los
artistas sea de orientación muy diferente[19]. Pues bien, Peter Tomory, al analizar una ilustración que Fuseli hizo para las *Seasons* (1801) de Thomson, la titulada *Celadon y Amelia*, que,
desde luego, guarda una mayor similitud con la antes citada de Goya, pues se trata de un hombre que sostiene el cuerpo yerto de una mujer, ha encontrado la fuente en una antigua piedra dura ilustrada por Winckelmann[20].

De hecho, algo semejante debe ocurrir con otra sorprendente coincidencia
entre ambos, que, además, estuvo posteriormente destinada a tener una fecunda vida propia.
Me refiero a la que hay entre el *Capricho* goyesco número 59 —*¡Y aún no se van!*— y la ilustración que hace Fuseli con el título de *El fantasma de Ondina surgiendo de la urna* para la *Ondina* de Friedrich de la Motte-Fouqué, ilustración datable entre 1819-1822 y, por tanto, obvia-

mente posterior a la de Goya. Sea como sea, la imagen, bien a través de Fuseli, bien de Goya, fue la que inspiró la ilustración que el francés Louis Boulanger hizo para la obra *Les Fantômes. Un spectre au rire affreux* de Victor Hugo, como fue estudiado por Ilse Hempel-Lipschutz[21].

Para terminar, en fin, con este improvisado recuento de analogías formales más o menos estrechas, hay que citar a la *Leocadia* de las *Pinturas negras* de Goya, cuya fuente icónica más clara parece ser, sin lugar a dudas, la de *El poeta* según el grabado de Jusepe Ribera, pero cuyo espíritu guarda una relación directa con los temas elegiacos del Romanticismo británico, para el que la figura de la melancolía desempeña un papel crucial y, en este sentido, está asimismo muy presente en Fuseli y sus colegas.

Ahora bien, al margen de estos "antecedentes", "coincidencias" o "influencias" formales —por parafrasear el oportuno título de Lafuente Ferrari—, entre el mundo de la cultura artística británica de lo sublime, que se manifiesta hacia fines del XVIII y que representan, principalmente, Fuseli, Flaxman y Blake, y el de Goya, subsiste al caso la pregunta esencial del por qué o, si se quiere, de su significado. Casi todos aquellos historiadores del arte y de la literatura que han trabajado sobre las relaciones entre estos dos mundos y han reparado en sus manifestaciones de contactos más claras, no han dejado de reconocer algo obvio: la enorme distancia que, sin embargo, desde muchos puntos de vista, separa el arte de Goya y el de estos artistas ingleses. No es, por tanto, desde un punto de vista convencional, el de la historia de los estilos y sus hipotéticas contaminaciones figurativas, como se puede tratar y resolver la cuestión, sino forzosamente desde una perspectiva cultural, la de la cultura de la Ilustración europea y su eventual crisis, o, todo lo más, desde la estética, que comporta, por su parte, el asunto de la crisis definitiva del clasicismo y el nacimiento del arte de la época contemporánea.

Pero, para llevar a cabo un análisis de esta naturaleza resulta previamente imprescindible el discernimiento de qué ocurrió en España al respecto durante la madurez de Goya, algo que sigue aún en trance de ser investigado de una forma convincente, entre otras cosas porque los esfuerzos de la historiografía artística en torno a Goya se han centrado hasta ahora en aclarar críticamente las fuentes locales de su arte, lo que, dado el aislamiento histórico de España y su pronunciada peculiaridad en el contexto cultural europeo del que estamos hablando, no es una cuestión ni mucho menos baladí.

Una de las pocas excepciones al respecto es la que nos proporciona Valeriano Bozal en sus últimos libros sobre Goya: *Imagen de Goya* (1983) y, sobre todo, *Goya y el gusto moderno* (1994), ya que en este último se aborda con cierta amplitud los temas de la "sensibilidad dieciochesca" y el "pintoresquismo en la pintura española del siglo XVIII", donde se rastrea la evolución de la teoría y la práctica artística española en función de la citada crisis del clasicismo[22]. Que Goya tenía información desde muy temprano acerca de las nuevas ideas artísticas y, en particular, de lo sublime hay constancia, pues, además de otras fuentes indirectas, circularon traducciones españolas del tratado de Longino y de Burke, además de las ideas de Mengs y sus seguidores italianos y españoles al respecto.

En la tercera parte de su libro *Imagen de Goya*, la titulada "Grotesca", Valeriano Bozal ya abordó con amplitud el asunto de la sublimidad en el arte de Flaxman, Fuseli y Blake, comparándolo con la interpretación que hace del mismo Goya, coincidencias y diferencias incluidas. No voy a insistir aquí en su interesante argumentación, que, además, se ve acompañada de un estado de la cuestión y algunas aportaciones personales acerca de las semejanzas detectables entre las imágenes de estos artistas británicos y las de Goya, un poco en la misma línea formal que antes hemos practicado en este mismo texto, salvo en la conclusión final donde se nos señala la singular "resistencia" que Goya demuestra a "trascender la realidad", tal y como hicieron la mayor parte de estos artistas y poetas ingleses.

He aquí, en un resumen antológico, lo que escribió concretamente àl respecto Valeriano Bozal: "Así como Blake y Fuseli crean en sus imágenes, con los elementos que se explicaron, un mundo distinto del empírico, pretendidamente trascendente, los cambios que Goya introduce en la imagen nunca atentan contra la verosimilitud del mundo presentado dramáticamente: lo explican mejor. Y su drama quizá se origine en la lucidez de esa presentación que ve mejor, del sujeto que, percibiendo los aspectos negativos en toda su intensidad, no puede, sin embargo, trascenderlos... La suya [de Goya] no es la posición del moralista o el ilustrado reformador que analiza procedimientos y recursos a fin de cambiar el curso negativo de los acontecimientos. La suya es la posición de la lucidez que, insatisfecha con la mera constatación de los hechos concretos, singulares, intuye en ellos significados de valor universal. Para llegar a este punto ha tenido, primero, que romper con el esquematismo neoclásico que veía el mundo en la perspectiva de un mundo bien hecho, racional e ilustrado, después, con el sujeto empírico que alentaba bajo ese esquematismo, como su soporte último, a fin de replantear su relación con el mundo en términos de una experiencia en la que lo real descubre su significado profundo como significado de la experiencia misma y no al margen de ella. Y si en un primer momento —*Los Caprichos*— proyectó su intencionalidad sobre esa experiencia, a fin de que aquel sentido se evidenciase más claramente, después —*Los Desastres* y las pinturas de la guerra— elimina incluso esa intencionalidad para dejar hablar a la experiencia sola. La imagen del hombre desnudo, la imagen del hombre solo, que tan bien supo captar en *Los Desastres* y en *Los Fusilamientos*, conviene a este Goya, que se adentra ahora, también solo, en *Los Disparates*, ¿su tentación romántica?"[23].

Lo que, por mi parte, quiero finalmente plantear es hasta qué punto este insobornable fondeamiento en lo real por parte de Goya se inscribe en una singular tradición cultural española, de paradójicos resultados estéticos y morales, la del tan cacareado realismo español, y, en fin, si desde esa perspectiva también cabe distinguir el sentido de lo sublime en Goya del que tuvieron el grupo de artistas británicos aquí citados.

Como ha explicado Antal[24], en relación a estos artistas británicos, pero, en especial, fijándose en el caso de Fuseli, las fuentes formales de su arte fueron básicamente manieristas, lo que supone un fuerte contraste con las de Goya[25]. En su *Manifiesto*, escrito alrededor de 1810, Blake se define airadamente contra el naturalismo y contra Rembrandt, las dos fuentes principales de inspiración, junto con Velázquez, que estimaba fundamentales para su arte Goya. "Los hombres creen —afirmaba allí Blake literalmente— que pueden copiar la naturaleza tan correctamente como yo copio la imaginación. Esto último no les cabe en sus mentes: y todas las copias o presuntas copias de la naturaleza, desde Rembrandt hasta Reynolds, prueban que la naturaleza en manos de sus victimarios queda reducida a manchas y borrones"[26].

Estas afirmaciones de Blake nos pueden sonar quizá demasiado a la ortodoxia clasicista tradicional, en este aspecto apenas casi modificada por Mengs, que parece el inspirador de las ideas citadas; no obstante, creo, como lo puso de manifiesto Anthony Blunt, que Blake, y también el propio Fuseli, siguiendo la interpretación del obispo Lowth, identificaron la categoría de lo sublime con el espiritualismo del Antiguo Testamento, donde lo espiritual es precisamente la *sublimación* de la materia[27]. El misticismo protestante obviamente está detrás de esta concepción, que aún desarrolló con más claridad Fuseli en sus *Conferencias sobre la pintura*, redactadas entre 1801 y 1823, en las que el elemento físico de la pintura alcanza su plenitud moral-espiritual a través de la noción de tiempo. El dibujo es diferente del color porque, nos dice, no se pasa con el tiempo.

Al igual que la tactilidad de Rembrandt, como ha afirmado Svetlana Alpers[28], es de naturaleza católica y se enfrenta con la intangible pura visibilidad del realismo óptico de la pintura holandesa de la segunda mitad del siglo XVII, Goya palpa lo real en medio de la más absoluta penumbra y se resiste a abandonar el sentido material de lo que toca, no resultándole ajeno el más terrible de los fantasmas, tanto más peligrosos y amenazantes cuanto más positivamente reales se sienten y se identifican. De esta perspectiva, la convergencia de estos artistas británicos y Goya a través de lo sublime se convierte en el punto a partir del cual el camino se bifurca: lo real que lleva a un más allá o lo real que no lleva a ninguna parte. En esta bifurcación casi está también escrita la historia de ambos países justo en los comienzos de la época contemporánea.

NOTAS

1. Ángel María Barcia, *Catálogo de la colección de dibujos originales de la Biblioteca Nacional*, Madrid, 1906, núm. 1275, pág. 206.

2. Enrique Lafuente Ferrari, "La situación y la estela del arte de Goya", en *Antecedentes, coinci-* *dencias e influencias del arte de Goya*, Madrid, 1947, págs. 134-135.

3. Edith Helman, *Trasmundo de Goya*, Madrid, 1963, y *Jovellanos y Goya*, Madrid, 1970.

4. *Vid*. W. P. Friederich, *Dante's Fame Abroad*,

1350-1850, Chapel Hill, 1950, págs. 13, 47 y 50. *Vid.* también, Corrado Gizzi (ed.), *Flaxman e Dante*, Milán, 1986.

5. Pierre Gassier y Juliet Wilson, *Vida y obra de Francisco de Goya*, Barcelona, 1974, pág. 195, núms. 760-764.

6. *Ibidem*, pág. 179.

7. *Ibidem*, pág. 272.

8. *Vid.* Albert S. Roe, *Blake's Illustrations to the Divine Comedy*, Princeton, 1953.

9. Sarah Symmons, "John Flaxman and Francisco de Goya: Infernos Transcribed", *The Burlington Magazine*, CXIII (1971), pág. 511.

10. *Ibidem*, pág. 512.

11. Werner Hofmann, "The Death of the Gods", en *John Flaxman*, Londres, 1979, págs. 19-20.

12. Priscilla E. Muller, *Goya's Black Paintings. Truth and Reason in Light and Liberty*, Nueva York, 1984, págs. 128-129.

13. Xavier de Salas, "Sur cinq dessins de Goya adquis par le Musée de Prado", *Gazette des Beaux-Arts*, VI-LXXV 29-42.

14. Robert Rosenblum, *Transformaciones en el arte de finales del siglo XVIII*, Madrid, 1986, págs. 150-151.

15. Fred Licht, Goya. *The Origins of the Modern Temper in Art*, Londres, 1980, pág. 193.

16. Charles Baudelaire, "De l'essence du rire et généralement du comique dans les arts plastiques", en *Oeuvres complètes*, ed. de Marcel A. Ruff, París, 1968, pág. 389: "Le grand mérite de Goya consiste à créer le monstrueux vraisemblable".

17. Priscilla Muller, *op. cit.*, págs. 172-173.

18. *Vid.* Edgar Allison Peers, "The Influence of Young and Gray in Spain", *Modern Language Review*, XXI (1926) 404-415.

19. Werner Hofmann, "A Captive", en *Henry Fuseli 1741-1825*, Londres, Tate Gallery, 1975, pág. 35.

20. Peter Tomory, *The Life and Art of Henry Fuseli*, Londres, 1972, pág. 115.

21. Ilse Hempel-Lipschutz, *La pintura española y los románticos franceses*, Madrid, 1988, págs. 215-217.

22. Valeriano Bozal, *Goya y el gusto moderno*, Madrid, 1994, págs. 13-97.

23. Valeriano Bozal, *Imagen de Goya*, Barcelona, 1983, págs. 257-259.

24. Frederick Antal, *Estudios sobre Fuseli*, Madrid, 1989, págs. 112-168.

25. *Ibidem*, págs. 138-139: "Existe un paralelo muy interesante entre la composición de Fuseli [se refiere a su cuadro *La pesadilla*] y la famosa página del título de los *Caprichos* de Goya, *El sueño de la razón produce monstruos*, quince años posterior; el tema es tan insólito y tan exactamente característico de esos dos artistas, que sugiere la posibilidad de que Goya conociera esta obra de Fuseli a través de un grabado. La de Goya, influida por Addison y la Ilustración, no iba dirigida en principio contra la razón, sino que indicaba que se podía derrotar a los monstruos de la superstición, el prejuicio y demás. Sin embargo, Fuseli amaba a sus monstruos, el cuadro de *La pesadilla*, como las *Tres brujas* o *Lady Macbeth*, tiene una connotación política y social. Naturalmente, estoy de acuerdo respecto a la tensión en la atmósfera del decenio de 1780, pero no creo que Fuseli se preocupara suficientemente de la política como para haber deseado conscientemente comunicar en ese cuadro (como tampoco en las *Tres brujas* ni en *Lady Macbeth*) una advertencia política y social: mucho menos, desde luego, que Goya en los *Caprichos*. El motivo de los sueños, la mayoría malos sueños, y las pesadillas, que por lo general atormentan a las mujeres desnudas, iba a seguir absorbiendo la atención de Fuseli, pero generalmente lo colocó en el marco de historias mitológicas... En realidad, la libertad religiosa era más cara a Fuseli que la política".

26. William Blake, "Public Address", en *Complete Poetry and Prose*, ed. de Geoffrey Keynes, Londres, 1975, págs. 623-624.

27. Anthony Blunt, *The Art of William Blake*, Nueva York, 1959, págs. 16-17.

28. Svetlana Alpers, *El arte de describir. El arte holandés en el siglo XVII*, Madrid, 1987, págs. 302-310.

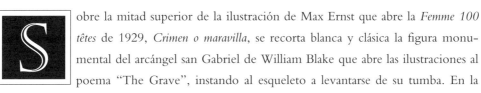

La invención de
WILLIAM BLAKE

ESTRELLA DE DIEGO

obre la mitad superior de la ilustración de Max Ernst que abre la *Femme 100 têtes* de 1929, *Crimen o maravilla*, se recorta blanca y clásica la figura monumental del arcángel san Gabriel de William Blake que abre las ilustraciones al poema "The Grave", instando al esqueleto a levantarse de su tumba. En la obra de Ernst, Gabriel, inmenso, contundente y desprovisto de la trompeta que toca en la estampa original, parece surgir de un globo; parece tirar de unos hilos que salen del artefacto ovoide y que unas figurillas diminutas y esforzadas se afanan en sujetar, tratando, tal vez, de conducir hacia sí a esa figura más clásica y monumental si cabe en comparación con la amalgama de hombrecillos que Krauss, a quien no pasa desapercibido el préstamo, ve como salidos de un "tímpano medieval"[1].

El préstamo no debería parecer tan extraño como puede resultar a primera vista. Por el contrario, debería verse como algo natural que un surrealista haya fijado la mirada en una obra de Blake. El mismo Breton en una entrevista con André Parinaud cita al artista inglés entre los hombres del XIX que inician ese "camino místico" del que no se puede hablar "en términos racionales", esa *búsqueda* relacionada con lo poético que para Breton alcanza su cota máxima con Lautréamont y Rimbaud[2].

Las alusiones a la obra de Blake —o a su figura al menos— son constantes en los libros que tratan del Surrealismo. En ellos, se le suele citar en eso que un tanto ambiguamente se denominan los "antecedentes", junto a otros artistas de un modo u otro precursores de una mirada diferente: Bosch, Arcimboldo, Goya, Fuseli... Se incluye a Blake casi como rutina de la modernidad o de las revelaciones, quién sabe, pues ya sus contemporáneos le llamaron "le Voyant"[3], el visionario, el clarividente, el que ve más allá de la mirada, el que penetra lo que a otros se les escapa. ¿Qué más podían pedir los surrealistas, se piensa?

Sueños, visiones, vaticinios, revelaciones... Blake veía dormido aquello que los surrealistas aspiraban a ver en sueños; escribía preso de una suerte de escritura automática, aunque en su caso el automatismo proviniera de lo divino más que de lo interior, como se podría interpretar en los versos que abren el poema *Jerusalem*: "This theme calls me in sleep night after night, & ev'ry morn / Awakes me at sun-rise, then I see the Saviour over me / Spreading the beams of love, & dictating the words of this mild song". Tal vez porque veía dormido lo que los surrealistas aspiraban a ver en sueños, personajes próximos al movimiento como Maurice Nadeau le incluyen en sus notas biográficas como "Místico, poeta y pintor, precursor del Romanticismo"[4], o le presentan como punto de partida para ese peculiar erotismo surrealista, tal y como hace Robert Benayoun en su *Erotique du Surrealisme*.

En cualquier caso y a pesar de las similitudes implícitas, aun teniendo en cuenta la distinta naturaleza de las voces, resulta complejo determinar hasta qué punto leyeron los surrealistas a Blake de forma directa o en qué medida conocieron su obra, si bien a juzgar por el préstamo de Ernst se podría sospechar que estuvieron de un modo u otro familiarizados con ella. Sea como fuere, a ellos —aunque no sólo a ellos— les intrigaron seguramente sobre todo sus visiones y su manera de percibir las fuentes del conocimiento "tanto fuera como dentro del individuo"; el modo en que el "tema, más que ser poseído por Blake, se presentaba a él toda las noches"[5]; su método de trabajo a partir de algo —tuviera la naturaleza que tuviera— externo a la realidad entendida como naturalismo, como copia fidedigna del mundo sensible y, seguramente, le inventaron, como tantos antes, como tantos después, a su imagen y semejanza, si bien en esa misma invención haya, como siempre sucede con las construcciones, también una parte de verosimilitud.

Pero es posible además que detrás de la fascinación de los surrealistas por las visiones se camuflaran otros poderosos lazos de parentesco ajenos a los fenómenos asociados al automatismo: a partir de las relecturas de Swinburne los surrealistas detectaban en esa figura fabulada la propia genealogía de la Modernidad.

Sin lugar a dudas, la construcción que Algernon Swinburne hace de Blake en los años 60 del siglo XIX condicionará muchas de las interpretaciones posteriores. El Blake que presenta el autor de *Lesbia Brandon* en la obra de 1868 no es sólo un hombre temperamental[6], el revolucionario que la historia asocia a figuras como Mary Wollstonecraft, sino un personaje con tendencia a la "holy insurrection", aquél que se rebela contra Dios para ser dios en la tierra, como explicita Praz[7]. De hecho, Swinburne llama la atención sobre los aspectos demoniacos en la producción de Blake y su lectura animará asociaciones posteriores con la línea de pensamiento del Divino Marqués e, incluso, de Nietzsche, ese filón sádico que devuelve la imagen de Blake reflejada en el espejo del autor decadentista[8], en sus propias obsesiones compartidas en cierta medida por el Surrealismo.

Hasta qué punto Blake veía con los ojos abiertos lo que los surrealistas soñaban con ver con los ojos cerrados es otra cuestión si se tiene en cuenta lo complejo que parece determinar si sus tan discutidas visiones formaban o no parte del territorio propio de la mirada física, pese a que algunos de sus amigos creyeron en la fisicidad de esas visiones incluso más que el propio artista. Son frecuentes las descripciones de los contemporáneos que comentan cómo iba saludando a apóstoles por la calle, cómo discutía problemas artísticos con los ángeles o cómo dejaba de trabajar cuando la "visión" había desaparecido[9]. Sin embargo, la pregunta de qué veía Blake y, sobre todo, cómo lo veía permanece siempre incontestada hasta sus últimas consecuencias.

Paley, en un intento de clarificar el ambiguo concepto, explica cómo "estas visiones no eran alucinaciones pero tampoco eran fantasías —se *veían,* pero no se pensaba que estuvieran 'allí' del modo en que lo están los objetos físicos"[10], y es bien conocida la anécdota que cuenta cómo en una reunión de los Aders al oirle hablar de una de sus visiones la señora le preguntó dónde había visto esa escena maravillosa, a lo que Blake respondió señalando su frente: "Aquí, señora."[11]

Sea como fuere, determinar la naturaleza de las visiones que tanto juego han dado a los biógrafos de Blake es, quizás, sólo una parte del problema, aunque resulte esencial para una ulterior comprensión de su método de construcción poética. Es posible que la pregunta pertinente sea otra y de muy diferente naturaleza: ¿son estas frecuentes y repetidas anécdotas de sus contemporáneos algo que ocurrió en realidad —cosas que se *vieron* — o forman parte de Blake como construcción reiterada, de ese artista como invención en la cual es tan complejo distinguir la Historia de las historias?

No parece posible ofrecer una respuesta taxativa a dicha pregunta y, quizá, tampoco resulte imprescindible hacerlo. Esa imagen construida de Blake como precursor de casi todo —esas sucesivas imágenes construidas— acaba por parecer en sí misma tan intrigante, tan sugerente que resulta difícil sustraerse a una tentación en que ya cayeron sus contemporáneos. Blake como figura construida es lo que cada uno desea y en esas invenciones se convierte sobre todo en ámbito de confrontación de cada momento histórico, un modo de saber si no quién o qué era Blake al menos quiénes eran aquellos que fijaron su mirada en él. Blake sádico, impaciente y de "cabeza como una bala, una bala explosiva", en palabras de Chesterton, quien radicaliza al personaje vehemente; Blake revolucionario, romántico, visionario, fuera de su tiempo, deconstruido, analizado bajo el prisma de la teoría de género...

Volvamos por un instante a la ilustración de Ernst. Observemos a esa figura estratégicamente colocada en la mitad superior de la página, contrastada con las figurillas escapadas del tímpano medieval. ¿Por qué escogería Ernst a Blake?

Si por un momento pensáramos que Max Ernst es un artista de estrategias, podríamos aventurar una lectura de la obra que va más allá de lo consensuado. Se podría sospechar que dicha elección excede la noción de Blake precursor en esa *búsqueda* relacionada con lo poético; que el préstamo no sólo se justifica porque el inglés veía con los ojos abiertos lo que todos deseamos ver cuando los cerramos o porque plasmaba unas visiones que curiosamente podían ser comprendidas por la mayoría de sus semejantes mortales "y sobre todo por los niños, que contemplando [las] obras hallan mucho más placer de lo que cabría esperar", como comenta el propio artista en una carta a Trusler del 23 de agosto de 1799.

El Gabriel desprovisto de trompeta que las multitudes diminutas tratan de encerrar en la red, se convierte, de algún modo, en un gigante poderoso y solitario que, caso de ser atrapado, será exhibido como una rareza, la rareza blanca y bien delineada que se presenta visualmente como tal frente a la escena compacta de la parte inferior de la estampa. La imagen arrancada de Blake se convierte de este modo en una "rareza" del siglo XVIII, por otro lado obsesionado con lo exótico.

Si aceptamos que Ernst es un artista de estrategias y familiarizado además con las lecturas canónicas para los surrealistas podríamos plantear la siguiente pregunta: ¿y si ese gigantismo y esa miniaturización fueran algo más que un simple recurso pictórico, dramático? De hecho, al mirar la obra de Ernst más atentamente, con su gigante y sus enanos, se tiene la impresión de estar frente a una escena de *Los Viajes de Gulliver*, cuyo autor y su corrosivo humor están tan presentes por cierto en el proyecto surrealista. Swift, moralista y didáctico, como el Blake de *The Mental Traveller*, reflexiona sobre los excesos exóticos de una época[12] que en su deseo insaciable por la novedad acaba por convertir cualquier cosa en maravilla, como constata el atribulado Gulliver al ser atrapado, enjaulado y expuesto igual que los animales de los zoos[13]. La misma suerte correrá la figura de Gabriel que abre la *Femme 100 têtes* caso de ser reducida por los hombrecillos, y de pronto se tiene la impresión que esa figura arrancada de las páginas de Blake es, en la estampa de Ernst, la metonimia de Blake mismo sobrevolando poderoso sobre sus contemporáneos, afanosos enanos en busca de la posesión desmedida. En su perverso juego, Max Ernst ha "coleccionado" a Blake poniendo sobre el tapete su doble esencia de rareza en tanto reducto del XVIII y en tanto personaje exótico — un loco, un "excéntrico"[14]— también para sus contemporáneos, fascinados por lo singular y el sensacionalismo, con todas las ambivalencias que tales pasiones generan[15]. Y es posible que la interpretación no parezca tan improcedente si se tiene en cuenta el modo en que la sociedad del XVIII inglés podía convertir cualquier cosa en exótica, en objeto de colección, ya que lo importante no era qué se mostraba sino dónde y para quién se mostraba. Se trata así de un juego circular: viajar por mundos extraños e importar objetos preciosos, impensados, como hace Gulliver; viajar por el tiempo y rescatar la figura de Blake como reminiscencia curiosa, como hace Ernst.

Precisamente la irónica descripción de los objetos importados por Gulliver llama la atención sobre una noción unida entonces de forma irremediable al viaje: la adquisición, el comercio en suma. Ambos conceptos se moverán paralelos a lo largo de todo el siglo[16] y equipararán la idea de consumismo a la de coleccionismo en una continuación indiscutible con la *Wunderkammer* que encuentra en la Inglaterra del XVIII el perfecto caldo de cultivo para esos cambios socioeconómicos y culturales[17] que sustituyen la clásica idea de la "pátina" por la idea de lo "exótico". Unos cambios, pues, que priorizan la idea del espacio frente al tiempo y que, de cualquier modo, trastocan sus relaciones, las desordenan.

Ese desplazamiento de significaciones en el que las cosas pierden su esencia primigenia para convertirse en coleccionables, como se cuenta en *The Citizen of the World* de Goldsmith, donde un mandarín confuciano se queda perplejo frente a los "tesoros" de una dama inglesa que no son sino objetos corrientes en su país, abre una reflexión sobre las consecuencias mismas de los excesos exóticos que se exasperan a medida que avanza el siglo. No nos referimos sólo a las ideas de Pope o Defoe —hasta qué punto la "asimilación" de otras culturas no acaba por potenciar una pérdida de lo ontológicamente propio—, sino a las ambivalentes relaciones que se establecen con la novedad, anunciadas muy tempranamente en el siglo[18].

Swift habla justamente de esas ambivalentes relaciones que la posesión desmedida siempre conlleva y que generan la sensación de melancolía que parece sentir Gulliver, ésa que le hace partir hacia lo exótico y que, paradójicamente, podría ser producto de lo exótico mismo. Se trata de la melancolía que siempre conllevan las civilizaciones del exceso y que termina por desembocar en un poderoso deseo de despojamiento en autores como el propio Blake, cuyo rechazo hacia una de las más aterradoras consecuencia de lo exótico, la esclavitud de las personas de color, se hace patente en poemas como *Visions of the Daughters of Albion*[19].

Cuando se posee mucho y de muy diversa procedencia, todo acaba por ser, de alguna manera, reducido a un mundo sin escala de valores: borlas, polvos, lunares artificiales, Biblias y cartas de amor se hallan atrapadas en una suerte de espacio panóptico, el verso del fabuloso poema de Pope *The Rape of the Lock,* rompiendo la noción de estilo, sin esperanza de taxonomía. Y sin duda, esos deliciosos productos del exotismo de la fatal Belinda —gemas de la India, perfumes de Arabia, tortugas transformadas en peines...—, son reconocidos por los contemporáneos como aquello que se debe poseer en una sociedad mercantilista, esa sociedad que para Bunn se desarrolla en Inglaterra desde 1688 —momento en que la preocupación inglesa pasa de lo religioso a lo económico— hasta 1763 —año que refleja un cambio en la política exterior que afecta a la idea misma de los productos exóticos y su importación[20]—, aunque la fascinación hacia la rareza sobreviva sin excesivas variaciones en la segunda mitad de siglo e incluso en los primeros años del XIX camuflada bajo acepciones en apariencia menos materialistas.

Poseer se equiparaba a ser y desde ciertos sectores se reaccionaba frente a lo absurdo de la ecuación. Blake muestra, incluso en su obra, ese deseo de despojamiento hasta del espacio[21], como si quisiera vivir sólo con sus visiones, sólo de ellas, nunca dispuesto a abdicar de sus principios de renuncia, ni siquiera en los momentos de mayor precariedad económica[22], y establece una peculiar relación entre la desposesión y la capacidad de *ver* —capacidad presente en todos los seres humanos aunque algunos la hubieran perdido por culpa "de la búsqueda de metas sórdidas, orgullo, vanidad y perversa avaricia"[23]—. Pues si es verdad que llegó a poseer una interesante colección de estampas que se vio obligado a vender en los últimos años acuciado por la pobreza[24], tampoco es menos cierto que hizo siempre gala de una forma de coleccionismo que le distingue radicalmente de sus contemporáneos: frente al eclecticismo del coleccionista inglés de la época, su pasión casi científica por un territorio taxonomizable le convierte en un *connoisseur,* el que repudia las miniaturas, de algún modo reflejo último de la posesión desordenada.

Erdman, en su énfasis del Blake revolucionario y despojado, nota cómo en un momento en que las circunstancias adversas inclinan al poeta a trabajar como miniaturista, rechaza la posibilidad al entender que le quieren convertir "en un pintor de retratos", como "al pobre Rommey"[25]. No obstante, construir a partir de su rechazo del materialismo la figura de Blake como un caso excepcional de "artista moderno" en tanto artista desposeído —el "artista pobre"— no es del todo exacto y es, de cualquier modo, exagerado. En primer lugar, convendría tener en cuenta cómo su reflexión contra lo que podríamos llamar el "arte privado" es un tema recurrente en el momento entre determinados sectores, incluso aplicado a casos como Reynolds[26], el "menos moderno" de los contemporáneos de Blake según la tradición historiográfica más extendida. En segundo, parecería que esa concepción moderna del artista como desposeído —de raíces románticas— no es sólo en sí misma falsa e hiperbólica como noción, sino algo distorsionada al hablar de la figura de Blake, del que Chesterton, entre otros, dice que "era amargado e intolerante, pero no carente de sentido comercial"[26], abundando en la repetida idea del artista trabajador infatigable cuyas polémicas relaciones con los mecenas[27] se debieron, sobre todo, a sus pésimos modales, no a una renuncia explícita al éxito y todo lo que éste conlleva.

Sin embargo, la interpretación de Blake como un artista con sentido comercial, no negaría el rechazo blakeniano a la posesión desatada y sus consecuencias, *leit motiv* de la segunda mitad del siglo y plasmada de algún modo en el sutilísimo poema *A Pretty Epigram for the Entertainment of Those Who Have Paid Great Sums in the Venetian and Flemish Ooze*, donde se satiriza con una muy fina ironía a Rubens, para quien sillas, mesas y taburetes son asuntos graves: "Nature and Art in this together Suit / What is most Grand is always most Minute / Rubens thinks Tables Chairs and Stools are Grand / But Rafael thinks a Head a foot a hand."

Se trata, ciertamente de unos versos muy reveladores no sólo porque plantean una parte de las peculiares afinidades artísticas de Blake —o no tan peculiares teniendo en cuenta las posturas del XVIII respecto al barroco—, sino por el hecho de que una segunda lectura enfatiza algunas implicaciones emparentadas con un problema relacionado con la posesión desmedida al cual se ha venido haciendo referencia. La fina ironía con que el poeta satiriza a Rubens reconduce de forma inmediata a una cuestión seguramente básica: la duplicación. Este recurso retórico tan explotado en las sociedades del exceso, y práctica habitual en los bodegones del XVII[28], en las que es importante no sólo poseer los objetos exóticos sino *retratarlos* —una imagen preciosa dentro de otra imagen preciosa—, se enfrenta de forma directa con una cuestión central en la teoría artística del momento, y en particular para Blake: el original y la copia.

Ante todo, parece necesario aclarar cómo Blake no rechaza la copia como práctica en sí misma. No obstante, el artista debe ser selectivo a la hora de elegir qué copiar, tal y como se puede deducir a través de su complejísima teoría del arte. El artista debe, al fin, *copiar* las visiones y de este modo, cuanto más original sea un artista más se parecerá a otro artista original, pues ambos *verán* idénticas imágenes.

Sin lugar a dudas, esa idea de lo original como origen, relacionada con el concepto de *copiar* las visiones será un territorio de un inmenso atractivo para el siglo XX y en especial para los surrealistas, como se comentará más tarde. No obstante, antes de pasar a este punto concreto convendría quizás recordar cómo es la teoría del arte de Blake, o más bien en las interpretaciones posteriores y en especial de las pasionales anotaciones a Reynolds, la que ha dado lugar a la configuración más sólida del Blake romántico —que es tanto como decir moderno—, si bien, como muy acertadamente apunta Barrell, las propuestas de Blake enraízan en última instancia de forma directa con las de Barry y con las del mismo Reynolds en muchos aspectos[29]. Ver a Blake como romántico en contraposición al Reynolds neoclásico es, seguramente, una simplificación del problema, cuya distinción se basa "en la asunción de que los dos términos en sí mismos son opuestos"[30], aserción que no demostraría sino el propio reduccionismo del que es víctima la Historia del Arte, reducida a categorías estancas que sin lugar a dudas también han propiciado otra construcción de Blake, tal vez tan imprecisa y tan artificial como la de sus contemporáneos o sus admiradores posteriores. ¿Cómo no iba a ser romántico un artista a quien Coleridge ve como tal? ¿Cómo no iba a ser romántico, además, un artista pobre, visionario, aunque su percepción con tanta frecuencia didáctica del mundo le acercara sobremanera a algunos de sus contemporáneos en absoluto "románticos"? ¿Cómo no iba a ser romántico un artista que proponía rechazar la duplicación, pintar aquello que se *veía* —que se *era* al fin—frente a aquello que se *poseía* ? ¿Y qué más podían pedir los surrealistas, se vuelve a pensar?

Blake *copiaba* las visiones o, dicho de otro modo, aquello que en términos contemporáneos podría ser leído como lo interior; las cosas, en suma, que no pertenecen al mundo sensible, sino que son vistas con los ojos de la verdad, planteando así un problema clave para el siglo XX en general y para el Surrealismo en particular: el problema del "realismo" y las trampas que éste siempre genera. La ambivalencia de Blake hacia la duplicación —pues ¿no es todo ejercicio realista una suerte de duplicación?—, le reconduce así hasta un territorio que seguramente no es neoclásico ni romántico, sino típico del siglo XX, y esa podría ser una explicación para la fascinación última que Blake despierta en los surrealistas, incluso más allá de la pasión que suscitan sus controvertidas visiones y más allá de la perversa línea de afinidades electivas que enraíza con Swinburne o, incluso, con el reconocimiento hacia Blake de Coleridge, otra figura de culto para el Surrealismo.

De hecho, la propuesta blakeniana de lo original como origen, nos reconduce, seguramente, a un concepto muy cercano a los movimientos artísticos del XX: la noción del origen también como nacimiento. En cada visión, en cada revelación, Blake recibe la vida, la oportunidad de constituirse en artista original, el que pinta lo que ve —lo que es— y no duplica lo que posee. Y de este modo, la idea de nacer en cada visión —casi como Marinetti saliendo futurista del baño— le sitúa en un ámbito esencial para los artistas de nuestro siglo: empezar de cero cada una de las veces y, sobre todo, moverse en un espacio, al fin, sin funciones, en el que las leyes de la perspectiva que rigen el mundo al tiempo están y desaparecen, trastocadas, ilegibles, desordenadas, sometidas a un nuevo consenso cultural. Ese espacio simbólico es el que también le emparenta de forma directa con los surrealistas, el espacio del origen, de la visión, donde las leyes establecidas sólo aparentan regir.

Pero se podría ir aún más lejos. En su peculiar concepción del tiempo, que tan acertadamente discute Eaves[31], Blake está planteando un problema clave para nuestro siglo: los productos frente a los procesos. De hecho, muchas de sus obras no se fechan en el momento de la ejecución física, sino en el de la invención, en el instante en que la visión tuvo lugar.

Blake se configura de este modo como el artista intelectual que exige el siglo XX, un artista que no "sabe dibujar" —Butlin habla muy acertadamente de lo irregular de su producción—, que tiene malos modales, que posee una visión del tiempo ligada a un tiempo privado y no público y que no colecciona, además —a Warhol, por ejemplo, se le criticaba su coleccionismo porque "es algo que los artistas no hacen", como le dice un amigo en una ocasión—. Un artista, al fin, que ilustra sus propios poemas, que ve la obra de arte como un todo en el que palabra y trazo deben formar una unidad compacta.

Blake vio con los ojos abiertos lo que los surrealistas aspiraban a ver con los ojos cerrados o, al menos, lo vio mucho antes que ellos. Por eso Max Ernst, sin lugar a dudas un artista de estrategias, toma esa figura imponente del artista inglés y la sitúa en medio de esos hombrecillos medievales y afanosos, fotograma camuflado de *Los viajes de Gulliver*. Pero esa figura de Gabriel, visión de visiones, quién sabe si metonimia del artista mismo en la estampa que abre y cierra la *Femme 100 têtes* de 1929, jamás será atrapada ni expuesta, ya que, por mucho que tiremos de los hilos, nunca llegaremos no ya a atrapar a Blake, a "coleccionarle", a exhibirle, sino a desentrañar quién o qué dirigía su mano, aunque, fuera lo que fuera, no podría ser mejorado nunca por el más diligente copista de esa realidad "real" que tampoco interesó a los Surrealistas.

NOTAS

1. R. Krauss, *The Optical Unconscious*, Cambridge (Mass.), 1993, pág. 35.

2. A. Breton, *Conversations: the Autobiography of Surrealism*, Nueva York, 1993 (1ª edición Gallimard, 1952), pág. 62.

3. Se trata de una anécdota de "Hôpital des fous à Londres", *Revue Britannique*, iiiS, IV (julio de 1833), pág. 183, recogida por G. E. Bentley Jr., *Blake Records*, Oxford, 1969, pág. 40

4. M. Nadeau, *The History of Surrealism*, Cambridge (Mass.), 1989, pág. 337.

5. P. Otto, *Constructive Vision and Visionary Deconstruction*, Oxford, 1991, pág. 109.

6. A. Swinburne, *William Blake*, Londres, 1868, págs. 79-80.

7. M. Praz, *La carne, la morte e il diavolo nella letteratura romantica*, Florencia, 1974, pág. 168.

8. Por otra parte, habría que tener en cuenta las asociaciones con Swedenborg, cuya influencia no sólo se halla en Blake y en los románticos alemanes, sino de forma directa o indirecta en los escritores decandentistas, de cuyas posiciones participa de una u otra manera Swinburne volviendo a plantear esos lazos de parentesco y de destino.

9. Nos referimos concretamente a la historia publicada en Gilchrist, tal vez narrada por Leight Hunt, que cuenta cómo yendo por la calle se quitó el sombrero y al ser interrogado del porqué dijo que estaba saludando al apóstol san Pablo que pasaba (recogida por por G. E. Bentley Jr., *op. cit.*, Oxford, 1969, pág. 31); así como a la anécdota del Arcángel San Gabriel de Thomas Phillips, que recoge Bentley, *op. cit.*,págs. 182-183, y que aparece en A. Cunningham, *The cabinet Gallery of Pictures*, Londres, 1833, vol. I, págs. 11-13.

10. M. Paley, *Energy and the Imagination. A Study of the Development of Blake's Thought*, Oxford, 1970, pág. 201.

11. Recogido por G. E. Bentley Jr., *op. cit.*, 301.

12. El autor habla, entre otras cosas de agujas y alfileres de un pie a media yarda de alto y el anillo que la reina quita de su dedo meñique para colocárselo como collar (J. Swift, *Gulliver's Travels*, Nueva York y Toronto, 1960, pág. 162) y de pequeños animales vivos, valiosísimas muestras de lo "exótico", a las cuales, muy a su pesar, no puede agregar el que sería el trofeo más preciado: alguno de los diminutos súbditos.

13. Sobre este punto es interesante la discusión tanto general como sobre Inglaterra de R. Blek, *Collecting in a Consumer Society*, Londres y Nueva York, 1995, págs. 43-44. También es muy elocuente la aportación de S. Steward, *On Longing: Narratives of the Miniature, the Gigantic, the Souvenir, and the Collection*, Baltimore, 1984, pág. 87 y ss.

14. La mayoría de sus amigos defendían su cordura, como explica Gilchrist —recogido por G. E. Bentley Jr., *op. cit.*, pág. 268— y, en todo caso, muchas de las anécdotas que se le atribuyen podrían haberse oido sobre otros personajes.

15. Sobre este punto se recuerda una conocidísima descripción de Lady Bessborough a Lord Granville, recogida por Samuel Rogers, en la que hacia 1817 se enumeran las fabulosas colecciones de William Beckford en Fonthill, a cuya entrada el visitante era recibido por un enano cubierto de oro y brocados. Citado por S. M. Pearce, *On Collecting. An Investigation into Collecting in the European Tradition*, Londres y Nueva York, 1995, pág. 131.

16. Incluso en misiones supuestamente científicas como las de Joseph Banks de los años setenta que ve como algo natural que a sus desplazamientos como botánico le sigan los comerciantes en una suerte de conquista económica. *Vid.* N. Thomas, "Licensed Curiosity: Cook's Pacific Voyages", *The Cultures of Collecting*, Cambridge (Mass.), 1994, pág. 126-27.

17. J. Brewer, N. McKendrick y J.H. Plumb, *The Birth of a Consumer Society: The Commercialization of Eighteenth Century England*, Londres, 1982.

18. Sobre este punto resulta de sumo interés la aportación de T. Raquejo en la introducción a su magnífica edición crítica de *Los placeres de la imaginación* de Joseph Addison (J. Addison, *Los*

placeres de la imaginación y otros ensayos de The Spectator, Madrid, 1991). La autora comenta sobre la novedad que "además de causarnos extrañeza, nos hace contemplar con agrado incluso aquello que es monstruoso pues, según Addison, sirve de alivio al tedio que siempre acompaña nuestra vida cotidiana".

19. Sobre este tema *vid.* D. V. Erdman, "Blake's Vision of Slavery", *Journal of the Warburg and Courtland Institutes*, XV (1952).

20. Para una discusión más detallada del cambio en la política económica de Inglaterra en el momento en que pasa de país importador a país exportador, resulta de gran interés el trabajo de J. H. Bunn, "The Aesthetics of British Mercantilism", *New Literary History*, 2 (invierno, 1980) 302-321.

21. V. Bozal dice en sus comentarios sobre el problema del espacio y su representación que Blake utiliza "una superficie plana en la que las figuras se desenvuelven de forma angosta, 'desdoblándose' en la superficie, no en el lugar, pues no lo hay para ellas". En *Mímesis: las imágenes y las cosas* , Madrid, 1987, pág. 181.

22. Se cuenta cómo en una ocasión, hablando de Lawrence y de aquellos artistas que con mejor fortuna se compadecían de él dijo: "Se compadecen de mí pero ellos son el objeto de compasión: yo poseo mis visiones y mi paz." G. E. Bentley Jr., *op. cit.* , pág. 250.

23. G. E. Bentley Jr., *op. cit.* , pág. 257.

24. La supuesta colección de gemas de la que habla Palmer no parece confirmarse en la reciente biografía P. Ackroyd, *Blake*, Londres, 1995, o de existir, no parecería haber tenido la importancia que las estampas, preocupación recurrente en la vida de Blake.

25. D. V Erdman, *Blake. Prophet Against Empire*, Nueva York, 1977, pág. 384.

26. Lady Montagu dice al referirse a Reynolds, en la entonces habitual comparación con la Grecia clásica, cómo se le debería contratar para llevar a cabo grandes obras públicas y no "retratos para colocar encima de la chimenea". Citado por J. Barrell, *The Political Theory of Painting from Reynolds to Hazlitt*, Londres, 1986, pág. 36.

26. G. K. Chesterton, *William Blake*, Londres, s.a., pág. 15.

27. Sobre este punto se llama la atención sobre la reciente muestra de la Tate Gallery de Londres, *William Blake and Patronage* (11 de julio-15 de octubre 1995) y la publicación realizada con tal ocasión con texto de Robin Hamlyn.

28. Sobre este punto interesante N. Bryson, *Looking at the Overlooked*, Londres, 1990, pág. 96 y ss.

29. Sobre esas cuestiones se pueden comparar los diferentes puntos de vista en J. Barrell, *op. cit.*, pág. 222 y ss., y M. Eaves, *William Blake's Theory of Art*, Princeton, 1982, pág. 67 y ss.

30. J. Barrell, *op. cit.*, pág. 223.

31. M. Eaves, *op. cit*, pág. 117 y ss.

CATÁLOGO

Las siguientes entradas no aparecen reproducidas en el catálogo:

7. *Aarón conteniendo la plaga,* hacia 1780-1785

Lápiz de grafito, pluma, tinta negra y aguada sobre dos hojas unidas de papel verjurado, 343 x 427 mm.
REF.: Bindman 1977, pág. 17; Butlin 1981, núm. 115.

NATIONAL GALLERY OF ART, WASHINGTON

Ilustraciones para la traducción al inglés de Tobias Mollett de la obra de Miguel de Cervantes, EL INGENIOSO HIDALGO DON QUIXOTE DE LA MANCHA (Londres, 1782)

10a. *Don Quijote manteniendo que la bacía del barbero es el yelmo de Mambrino,* 1782

Aguafuerte y buril, 117 x 71 mm., con cenefa decorativa, 154,5 x 95,5 mm., sobre papel verjurado. Medidas de la lámina 171,5 x 109,5 mm. Inscripciones debajo de la imagen: título *DON QUIXOTE*; en tinta roja *pa: 256*; firma grabada *Stothard del.* (izq.) y *Blake sculp.* (dcha.); *Plate IX* (ángulo inferior izquierdo). Pie de impresión *Published as the Act directs by Harrison & C. May 4, 1782.* (debajo en el centro).
REF.: Essick 1991, núm. XI, 1.

THE BRITISH LIBRARY BOARD (SIG. 1207 B. 6), LONDRES

10b. *Sancho Panza llora mientras don Quijote hace testamento,* 1782

Aguafuerte y buril, 117,5 x 70,5 mm., con cenefa decorativa, 155 x 103 mm., sobre papel verjurado. Medidas de la lámina 174 x 110 mm.
Inscripciones debajo de la imagen: título *DON QUIXOTE*; en tinta roja *pa: 587*; firma grabada *Stothard del.* (izq.) y *Blake sculp.* (dcha.); *Plate XV* (ángulo inferior izquierdo). Pie de impresión *Published as the Act directs by Harrison & C. June 15, 1782.* (debajo en el centro).
REF.: Essick 1991, núm. XI, 2.

THE BRITISH LIBRARY BOARD (SIG. 1207 B. 7), LONDRES

17e. Copia por galvanoplastia de la lámina para *La imagen divina,* ilustración para *Canciones de la inocencia,* hacia 1862/1941

Cobre sobre plomo montado sobre madera, 102 x 77 x 24 mm.

THE BOARD OF TRUSTEES OF THE VICTORIA AND ALBERT MUSEUM, LONDRES

62. *El cristiano con el escudo de la fe se despide de sus compañeros,* 1824-1827

Lápiz de grafito, acuarela y toques de pluma y tinta negra, 180 x 125 mm. aprox., sobre papel avitelado, 247 x 189 mm.
Inscripción a lápiz de grafito: *20* encima de *21* (ángulo superior derecho dentro de la imagen).

REF.: Bindman 1977, págs. 215-216; Butlin 1981, núm. 829.20.

NATIONAL GALLERY OF ART, WASHINGTO

64u. *Job y sus hijas (*dibujo para el *Libro de Job),* hacia 1800

Lápiz de gráfito, 205 x 265 mm., sobre papel verjurado, 272 x 216 mm.

NATIONAL GALLERY OF ART, WASHINGTON

Ilustraciones para la NARRATIVE OF A FIVE YEARS' EXPEDITION, AGAINST THE REVOLTED NEGROES OF SURINAM, de John Gabriel Stedman, 1793

36a. *Negro colgado vivo de las costillas,* 1791-1792

Aguafuerte y buril iluminado con acuarela, 180 x 130 mm., sobre papel avitelado. Medidas de la lámina 273 x 201 mm. Inscripción debajo de la imagen: *Blake Sculp.* (a la derecha); título *A Negro hung alive by the Ribs to a Gallows.* Pie de impresión: *London, Published Dec. 1. 1792, by J. Johnson, S. Pauls Church Yard. 11* (en el centro).
REF.: Thompson 1962; Essick 1991, núm. XXXIII.

THE BRITISH LIBRARY BOARD (SIG. 145.F.15), LONDRES

36b. *La ejecución en el potro,* 1793

Aguafuerte y buril iluminado con acuarela, 176,5 x 129 mm., sobre papel avitelado. Medidas de la lámina 273 x 204 mm. Inscripción debajo de la imagen: título *The Execution of Breaking on the Rack.* Pie de impresión: *London, Published Dec. 2 1793 by J. Johnson, S. Pauls Church Yard. 71* (en el centro).
REF.: Thompson 1962; Essick 1991, núm. XXXIII.

THE BRITISH LIBRARY BOARD (SIG. 145.F.16), LONDRES

1. *José de Arimatea entre las rocas de Albión,* 1773

Aguafuerte y buril estampado en tinta castaña, 228 x 119 mm.,
sobre papel avitelado, 265 x 119 mm. Medidas de
la lámina 257 x 140 mm.
REF.: Bindman 1978, núm. 1; Bindman 1979, págs. 14-15;
Essick 1983, núm. 1.

SYNDICS OF THE FITZWILLIAM MUSEUM, CAMBRIDGE

2. *Efigie de la condesa Aveline vista desde arriba,* 1775

Pluma, tinta negra y aguada sepia, 257 x 78 mm., sobre papel
verjurado, 308 x 246 mm.
Firmado con el monograma JB: *J Basire del. 1775* (ángulo inferior
derecho).
Inscripción: *Aveline first wife of Edmund Crouchback Earl of Lancaster.*
West Abbey. Vet. Mon. Vol. II, pl. 30 (debajo de la imagen).
REF.: Bentley 1969, págs. 422-423; Butlin 1981, núm. 4;
Essick 1991, pág. 118.

SOCIETY OF ANTIQUARIES OF LONDON, LONDRES

3. *Frente norte del sepulcro del rey Sebert,* 1775

Lápiz de grafito, pluma, tinta negra, acuarela y oro, 370 x 280 mm.,
sobre papel verjurado, 370 x 289 mm.
Firmado con el monograma JB: *J Basire del. 1775* (ángulo inferior derecho).
Inscripción: *The North front of the Monument of King Sebert, on the South
side of the Altar in Westminster Abbey - vide Vetust. Mon. Vol. II, pl. XXXII*
(debajo de la imagen).
REF.: Bentley 1969, págs. 422-423; Butlin 1981, núm. 7; Essick 1991,
pág. 118.

SOCIETY OF ANTIQUARIES OF LONDON, LONDRES

4. *Lear y Cordelia en la prisión,* hacia 1799

Pluma, tinta negra y acuarela, 123 x 175 mm., sobre papel verjurado,
132 x 182 mm.
REF.: Bindman 1973; Bindman 1977, págs. 22-24; Butlin 1981,
núm. 53; Butlin 1990, núm. 1.

TATE GALLERY, LONDRES. Legado por Miss Alice G. E. Carthew en 1940

5. *San Cristóbal, copia de una estampa* (también conocido como
Caronte, copia de la antigüedad), hacia 1779-1780

Pluma y tinta negra, 260 x 395 mm. aprox., sobre papel verjurado,
338 x 435 mm.
REF.: Butlin 1981, núm. 178; Butlin 1990, núm. 2.

TATE GALLERY, LONDRES. Donado por Mrs. John Richmond en 1922

ESTUDIO ACADÉMICO:
JOVEN DESNUDO VISTO
DE COSTADO, hacia 1780

6. *Estudio académico: joven desnudo visto de costado,*
hacia 1780

Lápiz negro sobre papel avitelado, 479 x 372 mm.
REF.: Bentley 1969, pág. 423; Bindman 1977, págs. 19-20;
Butlin 1981, núm. 71.

JOSÉ DE ARIMATEA PREDICANDO
A LOS HABITANTES DE BRITANIA,
hacia 1780

8. *José de Arimatea predicando a los habitantes de Britania,*
hacia 1780

Lápiz de grafito con toques de lápiz negro sobre papel avitelado,
284 x 419 mm.
REF.: Butlin 1981, núm. 76.

JOSÉ DE ARIMATEA PREDICANDO
A LOS HABITANTES DE BRITANIA,
hacia 1788 / hacia 1793-1796

9. *José de Arimatea predicando a los habitantes de Britania,*
hacia 1788 / hacia 1793-1796

Aguafuerte estampado en relieve a color, 77 x 107 mm., sobre
papel avitelado, 344 x 246 mm.
REF.: Bindman 1977, pág. 97; Bindman 1978, núm. 320;
Essick 1980, pág. 151; Butlin 1981, núm. 262.6; Viscomi 1993,
págs. 302-303.

11. *La caída de Rosamond,* 1783

Grabado de puntos y aguafuerte estampado en tres colores e
iluminado con acuarela, 307 mm. de diámetro, sobre papel verjurado,
487 x 388 mm. Medidas de la lámina 393 x 331 mm.
Inscripción: *Stothard Delin.*[t] (a la izquierda, debajo de la imagen) y
Blake Sculpt (a la derecha, debajo de la imagen). Pie de impresión:
London Published Oct,[r] *1 1783 by Tho.*[s]*. Macklin Nº 39 Fleet Street.*
REF.: Essick 1983, núm. XXV; Bentley 1988, págs. 62–63.

Ilustración para la traducción
al inglés de John Hooole de
la obra de Ludovico Ariosto,
ORLANDO FURIOSO
(Londres, 1785)

12. *Orlando desgajando un majestuoso pino,* 1783

Aguafuerte y buril, 150 x 106 mm., sobre papel verjurado.
Inscripción: *Vol.3* (ángulo superior izquierdo) y *Page 164* (ángulo
superior derecho); *Stothard del.* (ángulo inferior izquierdo) y *Blake del.*
(ángulo inferior derecho).
REF.: Essick 1991, núm. XII.

13. *Oberón, Titania y Puck con hadas bailando,* hacia 1785

Lápiz de grafito y acuarela sobre papel verjurado, 475 x 675 mm.
(irregular).
REF.: Bindman 1977, págs. 37-38; Butlin 1981, núm. 161;
Butlin 1990, núm. 5.

TATE GALLERY, LONDRES. Donado por Alfred A. de Pass en 1910 en memoria
de su mujer Ethel

14a. *Los hermanos de José se postran ante él*

Lápiz de grafito, pluma, tinta negra y acuarela sobre papel avitelado,
403 x 562 mm.
Ref.: Bindman 1977, págs. 29 y 34–35; Butlin 1981, núm. 155;
Essick 1991, pág. 26, núm. 6.

14b. *José ordena que se ate a Simeón*

Lápiz de grafito, pluma, tinta negra y acuarela sobre papel avitelado,
405 x 560 mm.

REF.: Bindman 1977, págs. 29 y 34-35; Butlin 1981, núm. 156;
Essick 1991, pág. 26, núm. 6.

La historia de José,
hacia 1785

14c. *José se da a conocer a sus hermanos*

Lápiz de grafito, pluma, tinta negra y acuarela sobre papel avitelado,
405 x 561 mm.
Ref.: Bindman 1977, págs. 29 y 34–35; Butlin 1981, núm. 157;
Essick 1991, pág. 26, núm. 6.

15a. *Estampa 2: Portada*

Aguafuerte estampado en relieve con tinta verde pálida y repasado
a pluma y tinta negra, 50 x 34 mm., sobre papel avitelado,
295 x 233 mm.

Ref.: Erdman 1965, págs. 24-32; Bentley 1977, núm. 3; Bindman
1977, págs. 53-57; Bindman 1978, núms. 9-39; Viscomi 1993, págs.
187-232; Eaves, Essick, Viscomi, 1993.

15b. *Estampa a. 3: "El argumento: el hombre no tiene*
más noción moral que la que recibe por la educación…"

Aguafuerte estampado en relieve con tinta verde pálida y repasado a
pluma y tinta negra, 52 x 44 mm., sobre papel avitelado, 286 x 230 mm.

15c. *Estampa a. 4: "Yo, hombre, sólo puedo percibir*
a través de mis órganos corporales"

Aguafuerte estampado en relieve con tinta verde pálida y repasado a
pluma y tinta negra, 51 x 43 mm., sobre papel avitelado, 287 x 232 mm.

15d. *Estampa a. 8: "Los deseos de los hombres están*
limitados por sus percepciones…"

Aguafuerte estampado en relieve con tinta verde pálida y repasado a
pluma y tinta negra, 43 x 35 mm., sobre papel avitelado, 295 x 229 mm.

Ref.: Erdman 1965, págs. 24-32; Bentley 1977, núm. 3; Bindman 1977,
págs. 53-57; Bindman 1978, núms. 9-39; Viscomi 1993, págs. 187-232;
Eaves, Essick, Viscomi, 1993.

Syndics of the Fitzwilliam Museum, Cambridge

16. *Tiriel denuncia a sus hijos e hijas,* hacia 1787-1788

Lápiz de grafito, pluma, tinta negra y aguada gris sobre papel
verjurado, 182 x 270 mm.
REF.: Swinburne 1908, págs. 220-222; Damon 1924, págs. 306-309;
Bentley 1967; Bentley 1977, núm. 203; Bindman 1977, págs. 43-46;
Mané Garzón 1995, págs. 132-168; Butlin 1981, núm. 198.8.

The Keynes Family Trust en depósito en el FITZWILLIAM MUSEUM, CAMBRIDGE

17a. *El negrito* (estampa I, recto)

Aguafuerte estampado en relieve con tinta verde pálida e iluminado con acuarela, 110 x 69 mm., sobre papel avitelado, 189 x 136 mm.

17b. *El negrito* (estampa II, verso)

Aguafuerte estampado en relieve con tinta verde pálida e iluminado con acuarela, 111 x 68 mm., sobre papel avitelado, 189 x 136 mm.

REF.: Gilchrist 1860, I, págs. 68-75; Damon 1924, págs. 268-273; Erdman 1965, págs. 41-68; Bentley 1977, núm. 139 (copy X); Bindman 1977, págs. 58-63; Bindman 1978, núms. 40-69; Essick 1980, págs. 84-120; Carames y Corugedo 1987; Butlin y Gott 1989, págs. 91-98; núms. 39a-39n; Lincoln 1991; Viscomi 1993, págs. 84-85, 241-251; Mané Garzón 1995; Caracciolo Trejo 1995.

17c. *La niña perdida y La niña encontrada* (estampas I y II, folio 1 recto)

Aguafuerte estampado en relieve con tinta verde pálida e iluminado con acuarela, 110 x 72 mm., sobre papel avitelado, 188 x 137 mm.

17d. *La niña encontrada* (estampa II, folio 1 verso)

Aguafuerte estampado en relieve con tinta verde pálida, iluminado con acuarela y repasadas algunas letras con acuarela azul-verdosa, 109 x 69 mm., sobre papel avitelado, 188 x 137 mm.

REF.: Gilchrist 1860, I, págs. 68-75; Damon 1924, págs. 268-273; Erdman 1965, págs. 41-68; Bentley 1977, núm. 139 (copy X); Bindman 1977, págs. 58-63; Bindman 1978, núms. 40-69; Essick 1980, págs. 84-120; Carames y Corugedo 1987; Butlin y Gott 1989, págs. 91-98; núms. 39a-39n; Lincoln 1991; Viscomi 1993, págs. 84-85, 241-251; Mané Garzón 1995; Caracciolo Trejo 1995.

NATIONAL GALLERY OF VICTORIA, MELBOURNE. Legado Felton, 1988

17f. *La divina imagen* (folio 2 recto)

Aguafuerte estampado en relieve con tinta verde pálida e iluminado
con acuarela, 111 x 70 mm., sobre papel avitelado, 189 x 136 mm.

17g. *La alegría infantil* (folio 2 verso)

Aguafuerte estampado en relieve con tinta verde pálida e iluminado
con acuarela, 106 x 68 mm., sobre papel avitelado, 189 x 136 mm.

REF.: Gilchrist 1860, I, págs. 68-75; Damon 1924, págs. 268-273;
Erdman 1965, págs. 41-68; Bentley 1977, núm. 139 (copy X);
Bindman 1977, págs. 58-63; Bindman 1978, núms. 40-69; Essick
1980, págs. 84-120; Carames y Corugedo 1987; Butlin y Gott 1989,
págs. 91-98; núms. 39a-39n; Lincoln 1991; Viscomi 1993,
págs. 84-85, 241-251; Mané Garzón 1995; Caracciolo Trejo 1995.

NATIONAL GALLERY OF VICTORIA, MELBOURNE. Legado Felton, 1988

17h. *Canción de cuna* (estampa I, folio 3 recto)

Aguafuerte estampado en relieve con tinta verde pálida e iluminado con acuarela, 112 x 73 mm., sobre papel avitelado, 189 x 136 mm.

17i. *Canción de cuna* (estampa II, folio 3 verso)

Aguafuerte estampado en relieve con tinta verde pálida e iluminado con acuarela, 108 x 68 mm., sobre papel avitelado, 189 x 136 mm.

REF.: Gilchrist 1860, I, págs. 68-75; Damon 1924, págs. 268-273; Erdman 1965, págs. 41-68; Bentley 1977, núm. 139 (copy X); Bindman 1977, págs. 58-63; Bindman 1978, núms. 40-69; Essick 1980, págs. 84-120; Carames y Corugedo 1987; Butlin y Gott 1989, págs. 91-98; núms. 39a-39n; Lincoln 1991; Viscomi 1993, págs. 84-85, 241-251; Mané Garzón 1995; Caracciolo Trejo 1995.

17j. *El niño perdido* (folio 4 recto)

Aguafuerte estampado en relieve con tinta verde pálida e iluminado
con acuarela, 115 x 71 mm., sobre papel avitelado, 189 x 135 mm.

17k. *El niño encontrado* (folio 4 verso)

Aguafuerte estampado en relieve con tinta verde pálida e iluminado
con acuarela, 113 x 72 mm., sobre papel avitelado, 189 x 135 mm.

REF.: Gilchrist 1860, I, págs. 68-75; Damon 1924, págs. 268-273;
Erdman 1965, págs. 41-68; Bentley 1977, núm. 139 (copy X);
Bindman 1977, págs. 58-63; Bindman 1978, núms. 40-69; Essick
1980, págs. 84-120; Carames y Corugedo 1987; Butlin y Gott 1989,
págs. 91-98; núms. 39a-39n; Lincoln 1991; Viscomi 1993,
págs. 84-85, 241-251; Mané Garzón 1995; Caracciolo Trejo 1995.

NATIONAL GALLERY OF VICTORIA, MELBOURNE. Legado Felton, 1988

17l. *Canción de la niñera* (folio 5 recto)

Aguafuerte estampado en relieve con tinta verde pálida, iluminado con acuarela y repasadas algunas letras con acuarela azul-verdosa, 113 x 77 mm., sobre papel avitelado, 189 x 135 mm.

17m. *La aflicción de otro* (folio 5 verso)

Aguafuerte estampado en relieve con tinta verde pálida, iluminado con acuarela y repasadas algunas letras con acuarela azul-verdosa, 112 x 71 mm., sobre papel avitelado, 189 x 135 mm.

REF.: Gilchrist 1860, I, págs. 68-75; Damon 1924, págs. 268-273; Erdman 1965, págs. 41-68; Bentley 1977, núm. 139 (copy X); Bindman 1977, págs. 58-63; Bindman 1978, núms. 40-69; Essick 1980, págs. 84-120; Carames y Corugedo 1987; Butlin y Gott 1989, págs. 91-98; núms. 39a-39n; Lincoln 1991; Viscomi 1993, págs. 84-85, 241-251; Mané Garzón 1995; Caracciolo Trejo 1995.

NATIONAL GALLERY OF VICTORIA, MELBOURNE. Legado Felton, 1988

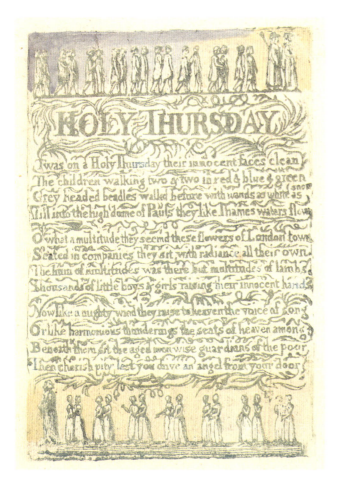

17n. *Jueves Santo* (folio 6 recto)

Aguafuerte estampado en relieve con tinta verde pálida e iluminado con acuarela, 114 x 78 mm., sobre papel avitelado, 189 x 136 mm.

17o. *La voz del anciano bardo* (folio 6 verso)

Aguafuerte estampado en relieve con tinta verde pálida, iluminado con acuarela y repasadas algunas letras con acuarela azul-verdosa, 107 x 63 mm., sobre papel avitelado, 189 x 136 mm.

REF.: Gilchrist 1860, I, págs. 68-75; Damon 1924, págs. 268-273; Erdman 1965, págs. 41-68; Bentley 1977, núm. 139 (copy X); Bindman 1977, págs. 58-63; Bindman 1978, núms. 40-69; Essick 1980, págs. 84-120; Carames y Corugedo 1987; Butlin and Gott 1989, págs. 91-98; nos. 39a-39n; Lincoln 1991; Viscomi 1993, págs. 84-85, 241-251; Mané Garzon 1995; Caracciolo Trejo 1995.

NATIONAL GALLERY OF VICTORIA, MELBOURNE. Legado Felton, 1988

17p. *Primavera* (estampa II, folio 7 recto)

Aguafuerte estampado en relieve con tinta verde pálida e iluminado
con acuarela, 103 x 78 mm., sobre papel avitelado, 189 x 136 mm.

17q. *El escolar* (folio 7 verso)

Aguafuerte estampado en relieve con tinta verde pálida e iluminado
con acuarela, 108 x 67 mm., sobre papel avitelado, 189 x 136 mm.

REF.: Gilchrist 1860, I, págs. 68-75; Damon 1924, págs. 268-273;
Erdman 1965, págs. 41-68; Bentley 1977, núm. 139 (copy X);
Bindman 1977, págs. 58-63; Bindman 1978, núms. 40-69; Essick
1980, págs. 84-120; Carames y Corugedo 1987; Butlin y Gott 1989,
págs. 91-98; núms. 39a-39n; Lincoln 1991; Viscomi 1993,
págs. 84-85, 241-251; Mané Garzón 1995; Caracciolo Trejo 1995.

NATIONAL GALLERY OF VICTORIA, MELBOURNE. Legado Felton, 1988

18. *Estampa 5: "Thel, el montón de arcilla y el gusano"*

Aguafuerte estampado en relieve a color, iluminado con acuarela y
repasado a pluma y tinta negra, 81 x 108 mm., sobre papel avitelado,
260 x 190 mm.

REF.: Damon 1924, págs. 310-313; Erdman 1965, págs. 33-40;
Bentley 1977, núm. 18; Bindman 1977, núms. 63-65; Bindman
1978, núms. 71-78; Butlin 1981, núm. 260.22; Viscomi 1993,
págs. 252-258; Mané Garzón 1995, págs. 115-127; Caracciolo
Trejo 1995, págs. 97-109.

19a. *Estampa 1: Portada*

Aguafuerte estampado en relieve con tinta naranja-castaña e iluminado
con acuarela, 152 x 104,5 mm., sobre papel avitelado 266 x 195 mm.
REF.: Damon 1924, págs. 316-328; Erdman 1965, págs. 97-124;
Bentley 1977, núm. 98 (copy E); Bindman 1977, págs. 66-71;
Bindman 1978, núms. 81-108; Viscomi 1993, págs. 233-240, 289;
Eaves, Essick, Viscomi 1993; Mané Garzón 1995, págs. 410-441;
Caracciolo Trejo 1995, págs. 113-143.

19b. *Estampa 3: "Como un nuevo cielo comienza…"*

Aguafuerte estampado en relieve con tinta verde–castaña e iluminado
con acuarela, 153 x 110 mm., sobre papel avitelado 267 x 195 mm.
REF.: Damon 1924, págs. 316-328; Erdman 1965, págs. 97-124;
Bentley 1977, núm. 98 (copy E); Bindman 1977, págs. 66-71;
Bindman 1978, núms. 81-108; Viscomi 1993, págs. 233-240, 289;
Eaves, Essick, Viscomi 1993; Mané Garzón 1995, págs. 410-441;
Caracciolo Trejo 1995, págs. 113-143.

19c. *Estampa 10: Proverbios del infierno*

Aguafuerte estampado en relieve con tinta verde-castaña e iluminado
con acuarela, 149 x 102 mm., sobre papel avitelado 267 x 194 mm.
REF.: Damon 1924, págs. 316-328; Erdman 1965, págs. 97-124;
Bentley 1977, núm. 98 (copy E); Bindman 1977, págs. 66-71;
Bindman 1978, núms. 81-108; Viscomi 1993, págs. 233-240, 289;
Eaves, Essick, Viscomi 1993; Mané Garzón 1995, págs. 410-441;
Caracciolo Trejo 1995, págs. 113-143.

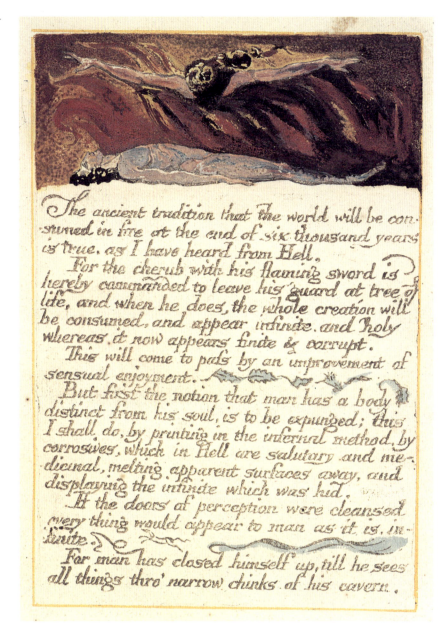

The ancient tradition that the world will be consumed in fire at the end of six thousand years is true, as I have heard from Hell.

For the cherub with his flaming sword is hereby commanded to leave his guard at tree of life, and when he does, the whole creation will be consumed, and appear infinite, and holy whereas it now appears finite & corrupt.

This will come to pass by an improvement of sensual enjoyment.

But first the notion that man has a body distinct from his soul, is to be expunged; this I shall do, by printing in the infernal method, by corrosives, which in Hell are salutary and medicinal, melting apparent surfaces away, and displaying the infinite which was hid.

If the doors of perception were cleansed every thing would appear to man as it is, infinite.

For man has closed himself up, till he sees all things thro' narrow chinks of his cavern.

19d. *Estampa 14: La antigua tradición*

Aguafuerte estampado en relieve con tinta verde-castaña e iluminado
con acuarela, 150 x 104 mm., sobre papel avitelado 268 x 195 mm.
Ref.: Damon 1924, págs. 316-328; Erdman 1965, págs. 97-124;
Bentley 1977, núm. 98 (copy E); Bindman 1977, págs. 66-71;
Bindman 1978, núms. 81-108; Viscomi 1993, págs. 233-240, 289;
Eaves, Essick, Viscomi 1993; Mané Garzón 1995, págs. 410-441;
Caracciolo Trejo 1995, págs. 113-143.

Ilustraciones para las *Original Stories from Real Life; with Conversations, calculated to Regulate the Affections, and Form the Mind to Truth and Goodness* de Mary Wollstonecraft, 1791

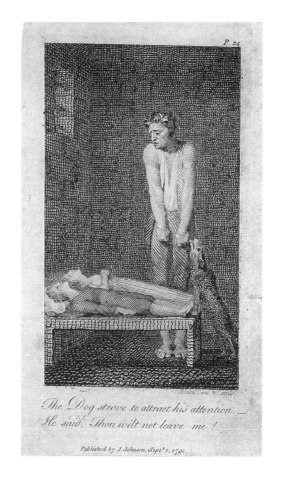

20a. *Frontispicio. "¡Mirad qué hermosa mañana…!"*

Aguafuerte y buril, 116 x 64,5 mm., sobre papel verjurado.
Inscripción: *Frontispiece* (ángulo superior derecho) y *Blake inv. & sc.* (ángulo inferior derecho). Pie de impresión: *Published by J. Johnson, Sept.ʳ 1.ˢᵗ 1791* (debajo de la imagen).

20b. *Estampa 2. "El perro se esforzaba en conseguir su atención…"*

Aguafuerte y buril, 114 x 66 mm., sobre papel verjurado.
Inscripción: *P.24* (ángulo superior derecho) y *Blake inv. & sc.* (ángulo inferior derecho). Pie de impresión: *Published by J. Johnson, Sept.ʳ 1.ˢᵗ 1791* (debajo de la imagen).

21. *Los y Orc,* hacia 1792-1793

Pluma, tinta negra y acuarela sobre papel avitelado, 217 x 295 mm.
Firmado en tinta negra: *W. Blake* (ángulo inferior izquierdo).
REF.: Damon 1965, págs. 246-253 y 309-311; Butlin 1981, núm. 255;
Butlin 1990, núm. 13.

TATE GALLERY, LONDRES. Donado por Mrs Howard Samuel en 1962 en memoria
de su marido

GREGORIO Y LOS ESCLAVOS BRITÁNICOS:
"NO SON ANGLOS, SINO ÁNGELES",
hacia 1790–1793

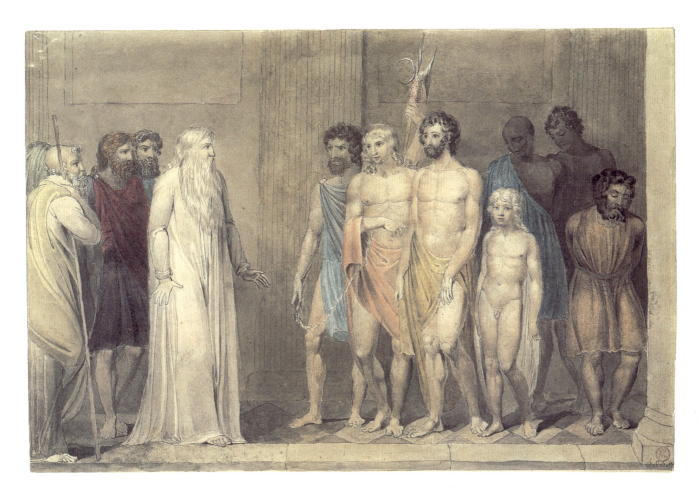

22. *Gregorio y los esclavos británicos: "No son anglos,
sino ángeles",* hacia 1790–1793

Lápiz de grafito, pluma y tinta negra, 182 x 271 mm., sobre papel
avitelado 185 x 272 mm.
REF.: Bindman 1973, págs. 40 y 45; Bindman 1977, pág. 26;
Butlin 1981, núm. 55.

LA QUEJA DE JOB: "¿QUÉ ES EL HOMBRE,
QUE LE PONES A PRUEBA EN TODO
MOMENTO?", hacia 1793

23. *La queja de Job: "¿Qué es el hombre, que le pones
a prueba en todo momento?",* hacia 1793

Aguafuerte y buril estampado en tinta negra, 348 x 267 mm.,
sobre papel avitelado, 410 x 541 mm.
REF.: Bindman 1977, págs. 35-36; Bindman 1978, núm. 6;
Essick 1983, núm. V.

The Keynes Family Trust en depósito en el FITZWILLIAM MUSEUM, CAMBRIDGE

24a. *Estampa 1: Frontispicio*

Aguafuerte estampado en relieve con tinta castaña, iluminado con
acuarela y toques a pluma y tinta negra, 170 x 120 mm., sobre
papel avitelado, 355 x 267 mm.

REF.: Damon 1924, págs. 329-333; Erdman 1965, págs. 125-136; Bentley
1977, núm. 213; Bindman 1977, págs. 73-74; Bindman 1978, núms. 133-143;
Butlin 1981, núms. 261.7 y 264; Butlin 1990, núm. 21; Viscomi 1993, págs.
112-113 y 262-263; Eaves, Essick, Viscomi 1993; Mané Garzón 1995,
págs. 443-463.

TATE GALLERY, LONDRES. Adquirido gracias a una ayuda de la National Gallery y
a donaciones del National Art Collections Fund, Lord Duveen y otros, y donado
por el National Art Collections Fund 1919

24b. *Estampa 10: "Esperad hermanas"*

Aguafuerte estampado en relieve con tinta castaña, iluminado con
acuarela y toques a pluma y tinta negra, 58 x 120 mm., sobre papel
avitelado, 268 x 184 mm.
Inscripción a pluma y tinta negra: *"Wait Sisters"* / *"Tho all is Lost"*
(debajo de la imagen).
Ref.: Damon 1924, págs. 329-333; Erdman 1965, págs. 125-136;
Bentley 1977, núm. 213; Bindman 1977, págs. 73-74; Bindman 1978,
núms. 133-143; Butlin 1981, núms. 261.7 y 264; Butlin 1990,
núm. 21; Viscomi 1993, págs. 112-113, 262-263; Eaves, Essick,
Viscomi 1993; Mané Garzón 1995, págs. 443-463.

25a. *Estampa 6: Aire*

Buril, 66 x 60,5 mm., sobre papel avitelado, 79 x 71 mm.
Inscripción debajo de la imagen: —*Air*— / *4* y *On Cloudy Doubts &
Reasoning Cares*. Pie de impresión *Publishd 17 May 1793 by W Blake
Lambeth*.

25b. *Estampa 7: Fuego*

Buril, 81 x 65 mm., sobre papel avitelado, 89 x 71 mm.
Inscripción debajo de la imagen: *5, Fire* y *That end in endless Strife*.
Pie de impresión *Pub^d 17 May 1793*.

REF.: Damon 1924, págs. 82-87; Bentley 1977, núm. 45; Bindman
1977, pág. 86; Bindman 1978, núms. 580-600; Viscomi 1993,
págs. 263-264, 366-367.

SYNDICS OF THE FITZWILLIAM MUSEUM, CAMBRIDGE

26a. *Estampa 1: Frontispicio*

Aguafuerte estampado en relieve con tinta naranja-castaña, iluminado
con acuarela y repasado a pluma y tinta negra, 232 x 169 mm.,
enmarcado con acuarela en rojo oscuro sobre lápiz de grafito,
248 x 185 mm., sobre papel avitelado, 303 x 229 mm.
Inscripción a pluma y tinta negra: *1* (sobre la imagen en el ángulo
superior derecho).

REF.: Gilchrist 1863, I, págs. 109-113; Damon 1924, págs. 334-341;
Erdman 1954; Damon 1965, págs. 19-21; Erdman 1965, págs. 137-155;
Bentley 1977, núm. 6 (copy 0); Bindman 1977, págs. 72-79; Bindman
1978, núms. 146-66; Viscomi 1993, págs. 265-266; Dörrbecker 1995;
Caracciolo Trejo 1995, págs. 147-167.

SYNDICS OF THE FITZWILLIAM MUSEUM, CAMBRIDGE

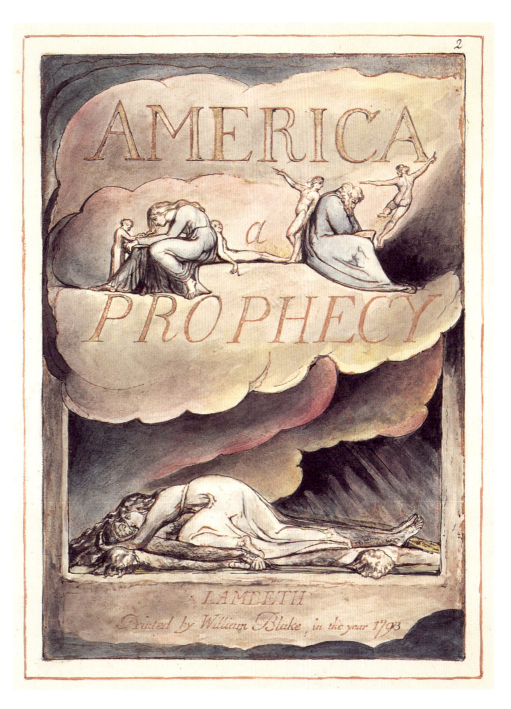

26b. *Estampa 2: Portada*

Aguafuerte estampado en relieve con tinta naranja-castaña, iluminado con acuarela y oro, y repasado a pluma y tinta negra, 233 x 166 mm., enmarcado con acuarela en rojo oscuro sobre lápiz de grafito, 249 x 180 mm., sobre papel avitelado, 304 x 227 mm.
Inscripción a pluma y tinta negra: *2* (sobre la imagen en el ángulo superior derecho).

Ref.: Gilchrist 1863, I, págs. 109-113; Damon 1924, págs. 334-341; Erdman 1954; Damon 1965, págs. 19-21; Erdman 1965, págs. 137-155; Bentley 1977, núm. 6 (copy 0); Bindman 1977, págs. 72-79; Bindman 1978, núms. 146-66; Viscomi 1993, págs. 265-266; Dörrbecker 1995; Caracciolo Trejo 1995, págs. 147-167.

26c. *Estampa 12: "Así lloró la voz del ángel…"*

Aguafuerte estampado en relieve con tinta naranja-castaña, iluminado
con acuarela y oro, y repasado a pluma y tinta negra, 234 x 170 mm.,
enmarcado con acuarela en rojo oscuro sobre lápiz de grafito,
246 x 185 mm., sobre papel avitelado, 304 x 231 mm.
Inscripción a pluma y tinta negra: *12* (sobre la imagen en el ángulo
superior derecho).

REF.: Gilchrist 1863, I, págs. 109-113; Damon 1924, págs. 334-341;
Erdman 1954; Damon 1965, págs. 19-21; Erdman 1965, págs. 137-155;
Bentley 1977, núm. 6 (copy 0); Bindman 1977, págs. 72-79; Bindman
1978, núms. 146-66; Viscomi 1993, págs. 265-266; Dörrbecker 1995;
Caracciolo Trejo 1995, págs. 147-167.

27a. *Lo abstracto humano*

Aguafuerte estampado en relieve con tinta verde e iluminado con acuarela, 113 x 65 mm., sobre papel avitelado, 181 x 119 mm.

27b. *El tigre*

Aguafuerte estampado en relieve con tinta verde e iluminado con acuarela, 110 x 63 mm., sobre papel avitelado, 181 x 103 mm.

REF.: Gilchrist 1860, I, págs. 118-126; Damon 1924, págs. 274-286; Erdman 1965, págs. 71-96; Bentley 1977, núm. 139; Bindman 1977, págs. 86-88; Bindman 1978, núms. 214-269; Lincoln 1991; Viscomi 1993, págs. 267-275.

The Keynes Family Trust en depósito en el FITZWILLIAM MUSEUM, CAMBRIDGE

28a. *Estampa 1: Frontispicio*

Aguafuerte estampado en relieve con tintas castaña, azul y verde,
e iluminado con acuarela, 233 x 168 mm., sobre papel avitelado,
373 x 267 mm. aprox.

REF.: Damon 1924, págs. 342-351; Erdman 1954; Bentley 1977,
núm. 33 (copia B), págs. 141-164; Bindman 1977, págs. 79-83;
Viscomi 1993, págs. 276-279; Dörrbecker 1995, págs. 139-283;
Bentley 1995, págs. 66-70.

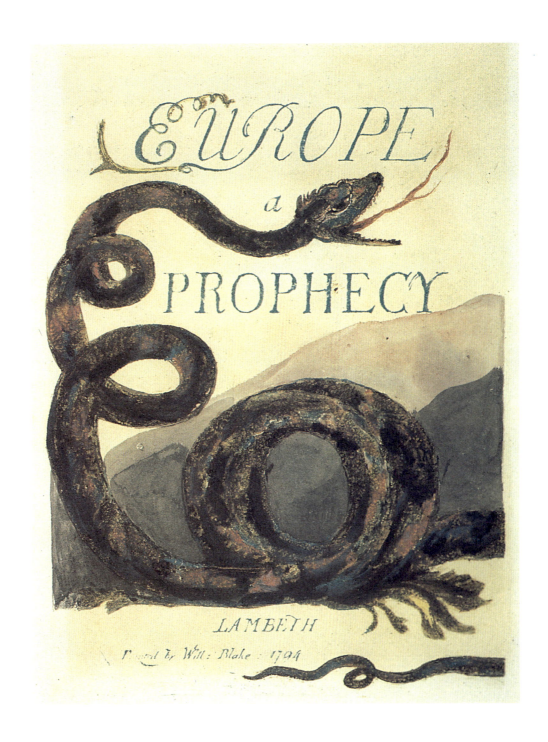

28b. *Estampa 2: Portada*

Aguafuerte estampado en relieve con tintas castaña, azul y verde,
e iluminado con acuarela, 225 x 177 mm., sobre papel avitelado,
373 x 267 mm. aprox.

REF.: Damon 1924, págs. 342-351; Erdman 1954; Bentley 1977,
núm. 33 (copia B), págs. 141-164; Bindman 1977, págs. 79-83;
Viscomi 1993, págs. 276-279; Dörrbecker 1995, págs. 139-283;
Bentley 1995, págs. 66-70.

GLASGOW UNIVERSITY LIBRARY (SIGNATURA RX 132), GLASGOW.
Departamento de Colecciones Especiales

28c. *Estampa 3 [1]: Preludio*

Aguafuerte estampado en relieve con tintas castaña, azul y verde,
e iluminado con acuarela, 235 x 171 mm., sobre papel avitelado,
373 x 267 mm. aprox.

Renumerada por Blake en tinta verde con el número *1*.

REF.: Damon 1924, págs. 342-351; Erdman 1954; Bentley 1977,
núm. 33 (copia B), págs. 141-164; Bindman 1977, págs. 79-83;
Viscomi 1993, págs. 276-279; Dörrbecker 1995, págs. 139-283;
Bentley 1995, págs. 66-70.

28d. *Estampa 4 [2]: "Sin ganas, levanto la vista al cielo…"*

Aguafuerte estampado en relieve con tintas castaña, azul y verde,
e iluminado con acuarela, 235 x 173 mm., sobre papel avitelado,
373 x 267 mm. aprox.

Renumerada por Blake en tinta verde con el número *2*.

Ref.: Damon 1924, págs. 342-351; Erdman 1954; Bentley 1977,
núm. 33 (copia B), págs. 141-164; Bindman 1977, págs. 79-83;
Viscomi 1993, págs. 276-279; Dörrbecker 1995, págs. 139-283;
Bentley 1995, págs. 66-70.

28e. *Estampa 5 [3]: Una profecía*

Aguafuerte estampado en relieve con tintas castaña, azul y verde,
e iluminado con acuarela, 230 x 165 mm., sobre papel avitelado,
373 x 267 mm. aprox.

Renumerada por Blake en tinta verde con el número *3*.

REF.: Damon 1924, págs. 342-351; Erdman 1954; Bentley 1977,
núm. 33 (copia B), págs. 141-164; Bindman 1977, págs. 79-83;
Viscomi 1993, págs. 276-279; Dörrbecker 1995, págs. 139-283;
Bentley 1995, págs. 66-70.

28f. *Estampa 6 [4]: "¡Despertaos, vientos silbadores!"*

Aguafuerte estampado en relieve con tintas castaña, azul y verde,
e iluminado con acuarela, 230 x 164 mm., sobre papel avitelado,
373 x 267 mm. aprox.

Renumerada por Blake en tinta verde con el número *4*.

Ref.: Damon 1924, págs. 342-351; Erdman 1954; Bentley 1977,
núm. 33 (copia B), págs. 141-164; Bindman 1977, págs. 79-83;
Viscomi 1993, págs. 276-279; Dörrbecker 1995, págs. 139-283;
Bentley 1995, págs. 66-70.

28g. *Estampa 7 [5]: "Llega la noche de la alegría de Enitharmon…"*

Aguafuerte estampado en relieve con tintas castaña, azul y verde,
e iluminado con acuarela, 229 x 171 mm., sobre papel avitelado,
373 x 267 mm. aprox.

Renumerada por Blake en tinta verde con el número *5*.

Ref.: Damon 1924, págs. 342-351; Erdman 1954; Bentley 1977,
núm. 33 (copia B), págs. 141-164; Bindman 1977, págs. 79-83;
Viscomi 1993, págs. 276-279; Dörrbecker 1995, págs. 139-283;
Bentley 1995, págs. 66-70.

Glasgow University Library (signatura RX 132), Glasgow.
Departamento de Colecciones Especiales

28h. *Estampa 8 [6]: La hambruna*

Aguafuerte estampado en relieve con tintas castaña, azul y verde,
e iluminado con acuarela, 236 x 172 mm., sobre papel avitelado,
373 x 267 mm. aprox.

Renumerada por Blake en tinta verde con el número 6.

Ref.: Damon 1924, págs. 342-351; Erdman 1954; Bentley 1977,
núm. 33 (copia B), págs. 141-164; Bindman 1977, págs. 79-83;
Viscomi 1993, págs. 276-279; Dörrbecker 1995, págs. 139-283;
Bentley 1995, págs. 66-70.

28i. *Estampa 9 [7]: "Levántate, Rintrah…"*

Aguafuerte estampado en relieve con tintas castaña, azul y verde,
e iluminado con acuarela, 239 x 170 mm., sobre papel avitelado,
373 x 267 mm. aprox.

Renumerada por Blake en tinta verde con el número 7.

REF.: Damon 1924, págs. 342-351; Erdman 1954; Bentley 1977,
núm. 33 (copia B), págs. 141-164; Bindman 1977, págs. 79-83;
Viscomi 1993, págs. 276-279; Dörrbecker 1995, págs. 139-283;
Bentley 1995, págs. 66-70.

GLASGOW UNIVERSITY LIBRARY (SIGNATURA RX 132), GLASGOW.
Departamento de Colecciones Especiales

28j. *Estampa 10 [8]: "Enitharmon durmió..."*

Aguafuerte estampado en relieve con tintas castaña, azul y verde,
e iluminado con acuarela, 239 x 167 mm., sobre papel avitelado,
373 x 267 mm. aprox.
Renumerada por Blake en tinta verde con el número *8*.
REF.: Damon 1924, págs. 342-351; Erdman 1954; Bentley 1977,
núm. 33 (copia B), págs. 141-164; Bindman 1977, págs. 79-83;
Viscomi 1993, págs. 276-279; Dörrbecker 1995, págs. 139-283;
Bentley 1995, págs. 66-70.

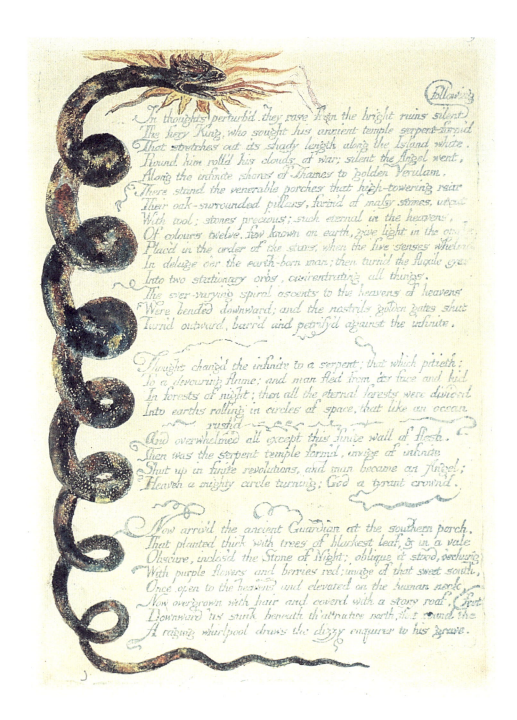

28k. *Estampa 11 [9]: "Se despertaron sobresaltados…"*

Aguafuerte estampado en relieve con tintas castaña, azul y verde,
e iluminado con acuarela, 228 x 163 mm., sobre papel avitelado,
373 x 267 mm. aprox.
Renumerada por Blake en tinta verde con el número *9*.
REF.: Damon 1924, págs. 342-351; Erdman 1954; Bentley 1977,
núm. 33 (copia B), págs. 141-164; Bindman 1977, págs. 79-83;
Viscomi 1993, págs. 276-279; Dörrbecker 1995, págs. 139-283;
Bentley 1995, págs. 66-70.

281. *Estampa 12 [10]: "El ángel de Albión se puso en pie…"*

Aguafuerte estampado en relieve con tintas castaña, azul y verde,
e iluminado con acuarela, 231 x 166 mm., sobre papel avitelado,
373 x 267 mm. aprox.

Renumerada por Blake en tinta verde con el número *10*.

REF.: Damon 1924, págs. 342-351; Erdman 1954; Bentley 1977,
núm. 33 (copia B), págs. 141-164; Bindman 1977, págs. 79-83;
Viscomi 1993, págs. 276-279; Dörrbecker 1995, págs. 139-283;
Bentley 1995, págs. 66-70.

28m. *Estampa 13 [11]: La plaga*

Aguafuerte estampado en relieve con tintas castaña, azul y verde,
e iluminado con acuarela, 233 x 169 mm., sobre papel avitelado,
373 x 267 mm. aprox.
Renumerada por Blake en tinta verde con el número *11*.
Ref.: Damon 1924, págs. 342-351; Erdman 1954; Bentley 1977,
núm. 33 (copia B), págs. 141-164; Bindman 1977, págs. 79-83;
Viscomi 1993, págs. 276-279; Dörrbecker 1995, págs. 139-283;
Bentley 1995, págs. 66-70.

28n. *Estampa 14 [12]: "Y las pálidas nubes y fuegos…"*

Aguafuerte estampado en relieve con tintas castaña, azul y verde,
e iluminado con acuarela, 235 x 172 mm., sobre papel avitelado,
373 x 267 mm. aprox.

Renumerada por Blake en tinta verde con el número *12*.

REF.: Damon 1924, págs. 342-351; Erdman 1954; Bentley 1977,
núm. 33 (copia B), págs. 141-164; Bindman 1977, págs. 79-83;
Viscomi 1993, págs. 276-279; Dörrbecker 1995, págs. 139-283;
Bentley 1995, págs. 66-70.

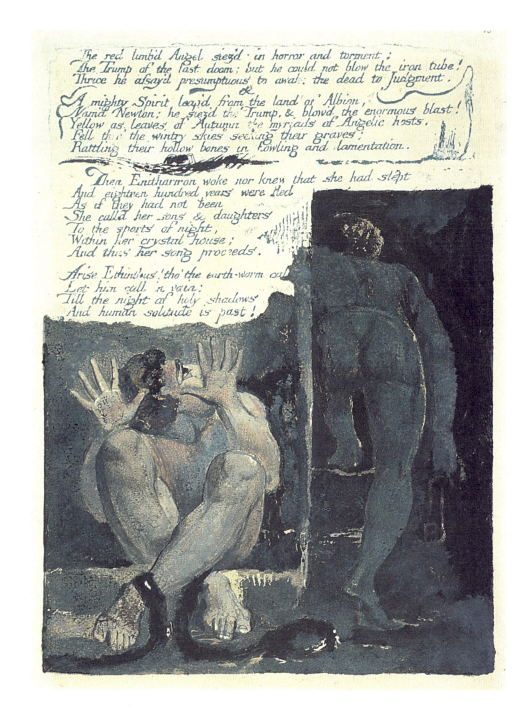

280. *Estampa 15 [13]: "El Ángel de miembros rojizos, sumido…"*

Aguafuerte estampado en relieve con tintas castaña, azul y verde,
e iluminado con acuarela, 230 x 168 mm., sobre papel avitelado,
373 x 267 mm. aprox.

Renumerada por Blake en tinta verde con el número *13*.

REF.: Damon 1924, págs. 342-351; Erdman 1954; Bentley 1977,
núm. 33 (copia B), págs. 141-164; Bindman 1977, págs. 79-83;
Viscomi 1993, págs. 276-279; Dörrbecker 1995, págs. 139-283;
Bentley 1995, págs. 66-70.

28p. *Estampa 16 [14]: "Ethinthus, reina de las aguas…"*

Aguafuerte estampado en relieve con tintas castaña, azul y verde,
e iluminado con acuarela, 230 x 161 mm., sobre papel avitelado,
373 x 267 mm. aprox.

Renumerada por Blake en tinta verde con el número *14*.

Ref.: Damon 1924, págs. 342-351; Erdman 1954; Bentley 1977,
núm. 33 (copia B), págs. 141-164; Bindman 1977, págs. 79-83;
Viscomi 1993, págs. 276-279; Dörrbecker 1995, págs. 139-283;
Bentley 1995, págs. 66-70.

28q. *Estampa 17 [15]: "Arrojada de las alturas de Enitharmon…"*

Aguafuerte estampado en relieve con tintas castaña, azul y verde,
e iluminado con acuarela, 230 x 165 mm., sobre papel avitelado,
373 x 267 mm. aprox.
Renumerada por Blake en tinta verde con el número *15*.
REF.: Damon 1924, págs. 342-351; Erdman 1954; Bentley 1977,
núm. 33 (copia B), págs. 141-164; Bindman 1977, págs. 79-83;
Viscomi 1993, págs. 276-279; Dörrbecker 1995, págs. 139-283;
Bentley 1995, págs. 66-70.

GLASGOW UNIVERSITY LIBRARY (SIGNATURA RX 132), GLASGOW.
Departamento de Colecciones Especiales

ALBIÓN SE LEVANTÓ
(O "DÍA DE JÚBILO"),
1780 / hacia 1796

29. *Albión se levantó (o "Día de júbilo"),* 1780 / hacia 1796

Aguafuerte estampado en relieve a color y buril, iluminado con acuarela
y toques a pluma y tinta negra, 272 x 199 mm., sobre papel avitelado,
368 x 263 mm.

REF.: Bentley 1977, núm. 2; Bindman 1977, pág. 179; Essick 1980,
págs. 70-75; Essick 1983, núm. VII; Viscomi 1993, págs. 173,
302 y 303.

30a. *Estampa 1. Portada: Urizén*

Aguafuerte estampado en relieve a color, iluminado con acuarela y
repasado a pluma y tinta sepia, 92 x 103 mm., sobre papel avitelado,
259 x 182 mm.

Inscripción a pluma y tinta negra: *LAMBETH, Printed by Will Blake
1796* (dentro de la imagen) y *"Which is the Way" / The Right or the
Left"* (en el centro, debajo de la imagen).

REF.: Damon 1924, págs. 352-358; Erdman 1965, págs. 182-210;
Bentley 1977, núm. 38; Bindman 1977, págs. 89-95; Bindman 1978,
núms. 186-213; Butlin 1981, núms. 261.1, 261.4 y 281; Butlin y Gott
1989, núm. 43; Viscomi 1993, págs. 279-286; Caracciolo Trejo 1995,
págs. 171-203; Worrall 1995.

The Keynes Family Trust en depósito en el FITZWILLIAM MUSEUM, CAMBRIDGE

30b. *Estampa 3. "Oh llamas de furioso deseo"*

Aguafuerte estampado en relieve a color, iluminado con acuarela y
repasado a pluma y tinta sepia, 61,5 x 99 mm., sobre papel avitelado,
99,5 x 149 mm.
Inscripción a pluma y tinta negra: *Oh / Flames of Furious Desire*
(al dorso de la estampa).

REF.: Damon 1924, págs. 352-358; Erdman 1965, págs. 182-210;
Bentley 1977, núm. 38; Bindman 1977, págs. 89-95; Bindman 1978,
núms. 186-213; Butlin 1981, núms. 261.1, 261.4 y 281; Butlin y Gott
1989, núm. 43; Viscomi 1993, págs. 279-286; Caracciolo Trejo 1995,
págs. 171-203; Worrall 1995.

SYNDICS OF THE FITZWILLIAM MUSEUM, CAMBRIDGE

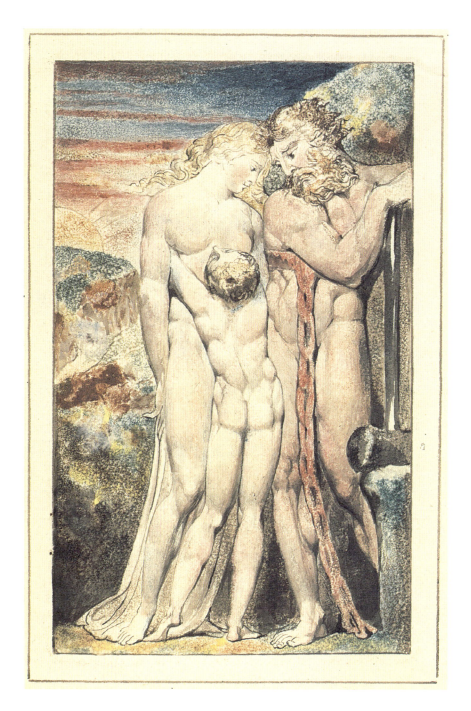

30c. *Estampa 21. Los, Enitharmon y Orc*

Aguafuerte estampado en relieve a color, iluminado con acuarela y
repasado a pluma y tinta sepia, 166 x 102 mm., sobre papel avitelado,
313 x 250 mm.

REF.: Damon 1924, págs. 352-358; Erdman 1965, págs. 182-210;
Bentley 1977, núm. 38; Bindman 1977, págs. 89-95; Bindman 1978,
núms. 186-213; Butlin 1981, núms. 261.1, 261.4 y 281; Butlin y Gott
1989, núm. 43; Viscomi 1993, págs. 279-286; Caracciolo Trejo 1995,
págs. 171-203; Worrall 1995.

NATIONAL GALLERY OF VICTORIA, MELBOURNE

Ilustraciones para los *NIGHT THOUGHTS* de Edward Young, hacia 1795-1797

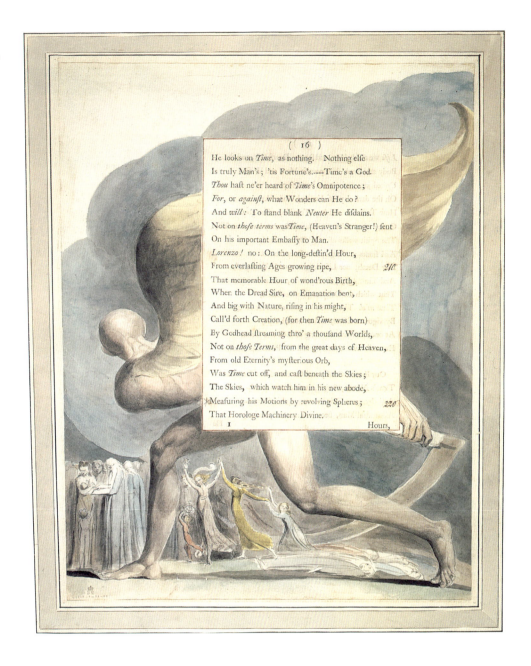

31a. *Noche segunda: sobre el tiempo, la muerte y la amistad: "La omnipotencia del tiempo…"*

Lápiz de grafito, pluma, tinta negra y acuarela sobre papel avitelado, 420 x 324 mm. Caja de texto dentro de la imagen, enmarcada en tinta roja, 225 x 152 mm.

Ref.: Bentley 1969, págs. 56-57; Bentley 1977, núm. 515; Bindman 1977, págs. 109-113; Bindman 1978, núms. 337-379; Erdman y Grant 1980; Butlin 1981, núm. 330.49.

Ilustraciones para los *NIGHT THOUGHTS* de Edward Young, hacia 1795-1797

31b. *Noche séptima, que es la segunda parte del infiel reclamado: "Nuestro destino exige una escena triste…"*

Lápiz de grafito, pluma, tinta negra y acuarela sobre papel avitelado, 414 x 325 mm. Caja de texto dentro de la imagen, enmarcada en tinta roja, 223 x 145 mm.

REF.: Bentley 1969, págs. 56-57; Bentley 1977, núm. 515; Bindman 1977, págs. 109-113; Bindman 1978, núms. 337-379; Erdman y Grant 1980; Butlin 1981, núm. 312.

Ilustraciones para los *NIGHT THOUGHTS* de Edward Young, hacia 1795-1797

31c. *Noche séptima, que es la segunda parte del infiel reclamado: "...este espíritu, este alma consciente de todo, esta partícula de energía divina..."*

Lápiz de grafito, pluma, tinta negra y acuarela sobre papel avitelado, 413 x 318 mm. Caja de texto dentro de la imagen, enmarcada en tinta roja, 222 x 144 mm.

REF.: Bentley 1969, págs. 56-57; Bentley 1977, núm. 515; Bindman 1977, págs. 109-113; Bindman 1978, núms. 337-379; Erdman y Grant 1980; Butlin 1981, núm. 313.

Ilustraciones para los *NIGHT THOUGHTS* de Edward Young, hacia 1795-1797

31d. *Noche novena: el consuelo "¿Qué mano tras la escena..."*

Lápiz de grafito, pluma, tinta negra y acuarela sobre papel avitelado, 415 x 325 mm. Caja de texto dentro de la imagen, enmarcada en tinta roja, 221 x 145 mm.

REF.: Bentley 1969, págs. 56-57; Bentley 1977, núm. 515; Bindman 1977, págs. 109-113; Bindman 1978, núms. 337-379; Erdman y Grant 1980; Butlin 1981, núm. 482.

32a. Dibujo para *Pena,* hacia 1795

Lápiz de grafito, 294 x 280 mm. aprox., sobre papel avitelado,
418 x 284 mm. (recortado).
Inscripción a lápiz de Frederick Tutham: *Shakespeares Pity / and pity
like a naked newborn Babe / &c. &c. / F.Tutham* (debajo de la imagen).
REF.: Butlin 1981, núm. 314.

32b. *Pena,* hacia 1795

Aguafuerte estampado en relieve a color, iluminado con acuarela y
toques a pluma y tinta negra, 196 x 274 mm., sobre papel avitelado
278 x 361 mm.

Ref.: Bindman 1978, núm. 327; Butlin 1981, núm. 313.

33a. Dibujo para *Newton,* hacia 1795

Lápiz de grafito sobre papel avitelado, 204 x 262 mm. (irregular).
REF.: Butlin 1981, núm. 308.

The Keynes Family Trust en depósito en el FITZWILLIAM MUSEUM, CAMBRIDGE

33b. *Newton,* 1795

Monotipo iluminado con acuarela y toques a pluma y tinta negra,
460 x 600 mm., sobre papel avitelado, 545 x 760 mm. aprox.
REF.: Preston 1952, núm. 10; Bindman 1978, núm. 336; Butlin 1981,
núm. 306; Butlin 1990, núm. 29.

TATE GALLERY, LONDRES. Donado por W. Graham Robertson en 1939

34. *Nabucodonosor,* 1795

Monotipo iluminado con acuarela y toques a pluma y tinta negra,
446 x 620 mm., sobre papel avitelado, 545 x 725 mm. aprox.
REF.: Preston 1952, núm. 4; Bindman 1977, págs. 98, 99 y 100;
Bindman 1978, núm. 332; Butlin 1981, núm. 301; Butlin 1990,
núm. 28.

TATE GALLERY, LONDRES. Donado por W. Graham Robertson en 1939

Los denunciantes del robo,
el adulterio y el asesinato,
hacia 1795

35. *Los denunciantes del robo, el adulterio y el asesinato,*
hacia 1795

Aguafuerte estampado en relieve a color, iluminado con acuarela y
toques a pluma y tinta negra, 215 x 118 mm., sobre papel avitelado,
345 x 247 mm.
Ref.: Bentley 1977, núm. 1; Bindman 1978, núm. 316; Butlin 1981,
núm. 262.2; Essick 1983, núm. VIII; Viscomi 1993, págs. 302-303.

37. *El traslado del cuerpo de Cristo al sepulcro,* hacia 1799-1800

Pintura al temple sobre lienzo montado sobre cartón, 267 x 378 mm.
REF.: Bindman 1977, págs. 115-131; Butlin 1981, núm. 46.

38. *Alonso de Ercilla y Zúñiga,* hacia 1800–1801

Pluma, tinta negra y pintura al temple sobre lienzo, 418 x 517 mm.
REF.: Bishop 1951, págs. 265-266; Wells y Johnston 1969;
Bentley 1969, págs. 69-70; Butlin 1981, núm. 343-347.

MANCHESTER CITY ART GALLERIES, MANCHESTER

39. *Los soldados echan a suerte las ropas de Cristo,* 1800

Lápiz de grafito, pluma, tinta negra, acuarela y rascador,
420 x 314 mm., sobre papel avitelado, 440 x 335 mm.
Firmado en tinta con el monograma *WB inv 1800* (parte inferior
de la imagen, hacia el centro).
REF.: Preston 1952, págs. 102-103, núm. 31; Keynes 1969,
pág. 584; Butlin 1981, núm. 495.

SYNDICS OF THE FITZWILLIAM MUSEUM, CAMBRIDGE

Ilustración según dibujo de Maria
Flaxman (1768-1833) para THE
TRIUMPHS OF TEMPER de
William Hayley (Londres, 1803)

Canto. III.   Verse. 201.

Maria. Flaxman. inv & del: W. Blake. sc

Publish'd May 1. 1803 by Cadell & Davies. Strand

40. *Serena entra en la cueva de la melancolía, 1803*

Aguafuerte y buril, 104 x 79 mm., sobre papel avitelado.
Inscripcion debajo de la imagen: *Canto III. Verse. 201.*; *Maria
Flaxman, inv & del:* (izq.) y *W Blake. sc* (dcha.). Pie de impresión:
Publish'd May I. 1803 by Cadell & Davies. Strand.
REF.: Essick 1991, núm. XLIII.

41. *Ruth, la nuera solícita,* 1803

Lápiz de grafito, lápiz negro y acuarela sobre papel avitelado,
323,5 x 349 mm., montado sobre cartón fino, 496 x 445,6 mm.
Firmado en tinta negra con el monograma *WB inv 1803* (ángulo
inferior izquierdo).
REF.: Preston 1952, págs. 112-113; Keynes 1969, págs. 584-585;
Bindman 1977, págs. 137-138; Keynes 1980, págs. 56-57;
Butlin 1981, núm. 456.

SOUTHHAMPTON CITY ART GALLERY, SOUTHHAMPTON

42. *La tercera tentación,* hacia 1803-1805

Lápiz de grafito, pluma, tinta negra y acuarela sobre papel avitelado,
407 x 324 mm.
Firmado a pluma y tinta negra con el monograma *WB* (ángulo
inferior izquierdo).
REF.: Preston 1952, núm. 27; Butlin 1981, núm. 476.

43. *La crucifixión: "He ahí a tu madre",* hacia 1805

Pluma, tinta negra y acuarela sobre papel avitelado, 413 x 300 mm.
Firmado a pluma y tinta negra con el monograma *WB inv* (ángulo
inferior izquierdo).
REF.: Preston 1952, núm. 14; Bindman 1977, págs. 130-131; Butlin 1981,
núm. 497; Butlin 1990, núm. 47.

TATE GALLERY, LONDRES. Donado en 1949 por los albaceas de W. Graham
Robertson a través del National Art Collections Fund

44. *El entierro,* hacia 1805

Pluma, tinta negra y acuarela sobre papel avitelado, 417 x 310 mm.
Firmado a pluma y tinta negra con el monograma *WB inv* (debajo a
la derecha).
REF.: Preston 1952, núm. 15; Bindman 1977, págs. 130-131;
Butlin 1981, núm. 498; Butlin 1990, núm. 48.

TATE GALLERY, LONDRES. Donado en 1949 por los albaceas de W. Graha
Robertson a través del National Art Collections Fund

EL ÁNGEL APARTANDO LA
PIEDRA DEL SEPULCRO,
hacia 1805

45. *El ángel apartando la piedra del sepulcro,* hacia 1805

Lápiz de grafito, pluma, tinta negra y acuarela sobre papel
avitelado, 411 x 308 mm., montado sobre cartón fino,
552 x 443 mm.
Firmado a pluma y tinta negra con el monograma *WB* (ángulo
inferior derecho).
Ref.: Butlin 1981, núm. 501.

46. *San Pablo y la víbora,* 1803-1805

Lápiz de grafito, pluma, tinta negra y acuarela sobre papel avitelado,
390 x 300 mm. aprox.
Firmado en tinta con el monograma *WB inv* (ángulo inferior
izquierdo).
REF.: Preston 1952, núm. 63; Butlin 1981, núm. 510.

THE BRITTEN-PEARS LIBRARY, ALDEBURGH

47. *El número de la bestia es 666,* hacia 1805

Lápiz de grafito, pluma, tinta negra y acuarela sobre papel avitelado,
412 x 335 mm.
Firmado con el monograma *WB inv* (ángulo inferior izquierdo).
Ref.: Bindman 1977, págs. 164-165; Butlin 1981, núm. 522;
Bindman 1982, págs. 138-143.

The Rosenbach Museum and Library, Filadelfia

48. *Moisés golpeando la roca,* 1805

Lápiz de grafito, pluma, tinta negra y acuarela sobre papel avitelado,
366 x 306,5 mm., montado sobre cartón fino.
REF.: Preston 1952; Bindman 1977, págs. 143-144; Butlin 1981,
núm. 445.

PHILADELPHIA MUSEUM OF ART, FILADELFIA. En depósito permanente de la Iglesia
Luterana de América, donación de Florence Foerderer Tonner en memoria de sus
padres, Robert H. Foerderer y Caroline Fischer Foerderer

49. *Cristo bautizando,* 1805

Lápiz de grafito, pluma, tinta negra, acuarela y aguada sobre papel
avitelado, 319 x 384 mm.
Firmado a pluma y tinta negra con el monograma *WB* (ángulo
inferior izquierdo).
REF.: Preston 1952, núm. 55; Butlin 1981, núm. 485.

PHILADELPHIA MUSEUM OF ART, FILADELFIA. Donación de Mrs. William T. Tonner

Ilustraciones para el poema "THE GRAVE"
de Robert Blair, 1805-1808.
Reeditadas en las *MEDITACIONES POÉTICAS*
de José Joaquín de Mora (Londres, 1826)

50a. *El alma fuera ya del cuerpo se resiste a abandonar
la vida mortal,* hacia 1805

Lápiz de grafito sobre papel avitelado, 272 x 456 mm.

TATE GALLERY, LONDRES. Legado por Sir Hugh Walpole en 1941

Ilustraciones para el poema "THE GRAVE"
de Robert Blair, 1805-1808.
Reeditadas en las MEDITACIONES POÉTICAS
de José Joaquín de Mora (Londres, 1826)

50b. *La muerte del impío,* 1805-1808 / 1826

Aguafuerte y buril estampado en tinta negra sobre papel avitelado,
204 x 262 mm.

Inscripción: *Drawn by W. Blake* (ángulo inferior izquierdo), *Engraved
by L. Schiavonetti* (ángulo inferior derecho) y *LA MUERTE DEL
IMPIO. / Pub. por R. Ackermann, Londres, y en Megico* (en el centro
debajo de la imagen).

Ilustraciones para el poema
"THE GRAVE" de Robert Blair,
1805-1808. Reeditadas en las
MEDITACIONES POÉTICAS
de José Joaquín de Mora
(Londres, 1826)

50c. *El Juicio,* 1805-1808 / 1826

Aguafuerte y buril estampado en tinta negra sobre papel avitelado,
274 x 222,5 mm.
Inscripción: *Drawn by W. Blake* (ángulo inferior izquierdo), *Engraved
by L. Schiavonetti* (ángulo inferior derecho) y *EL JUICIO. / Pub. por
R. Ackermann, Londres y en Megico* (en el centro debajo de la imagen).

Ilustraciones para el poema "THE GRAVE"
de Robert Blair, 1805-1808.
Reeditadas en las *MEDITACIONES POÉTICAS*
de José Joaquín de Mora (Londres, 1826)

EL VALLE DE LA MUERTE.

50d. *La puerta de la muerte,* 1805–1808 / 1826

Aguafuerte y buril estampado en tinta negra sobre papel avitelado,
241 x 139 mm.
Inscripción: *Drawn by W. Blake* (ángulo inferior izquierdo), *Engraved
by L. Schiavonetti* (ángulo inferior derecho) y *LA PUERTA DE LA
MUERTE. / Pub. por R. Ackermann, Londres, y en Megico* (en el centro
debajo de la imagen).

51. *La caída del hombre,* 1807

Lápiz de grafito, pluma, tinta negra, acuarela y rascador,
489 x 386 mm., sobre cartón fino, 495 x 392 mm.
Inscripción a pluma y tinta negra: *1807 W Blake inv* (ángulo
inferior derecho).
Ref.: Bindman 1977, págs. 165-166; Butlin 1981, núm. 641.

52. *Estampa 13. Milton descendiendo*

Aguafuerte estampado en relieve con tintas azul oscuro y naranja-
castaña, 160 x 111 mm., sobre papel avitelado, 213 x 154 mm.
Segundo estado.

REF.: Damon 1924, págs. 403-432; Damon 1965, págs. 275-280;
Erdman 1974, págs. 216-267; Bentley 1977, núm. 118; Bindman
1977, págs. 172-176; Essick y Viscomi 1993; Viscomi 1993,
págs. 315-329; Bentley 1995, núm. 118.

PHILADELPHIA MUSEUM OF ART, FILADELFIA. Donación de Carl Zigrosser

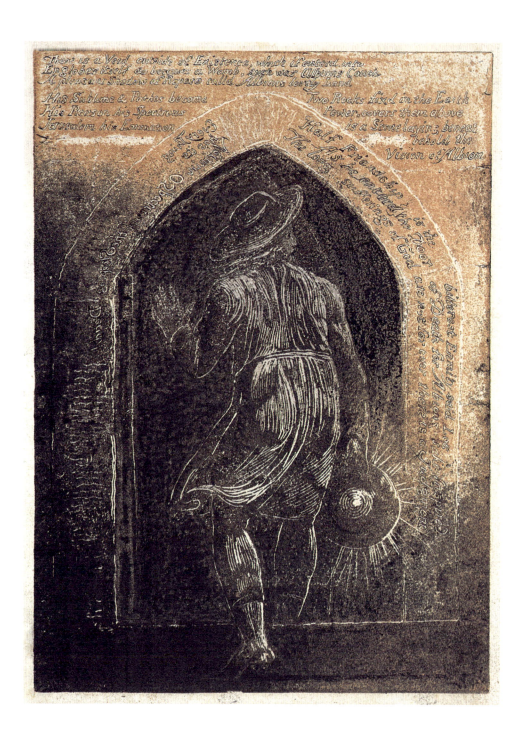

53a. *Frontispicio*

Grabado en relieve de línea blanca y aguafuerte estampado en relieve
con tinta naranja–castaña, 221 x 161 mm., sobre papel avitelado
256 x 192,5 mm.

REF.: Damon 1924, págs. 434–475; Erdman 1965, págs. 280–379;
Bentley 1977, núm. 75; Bindman 1977, págs. 177–184; Bindman
1978, núms. 480–579; Paley 1991; Viscomi 1993, págs. 338–361.

The Keynes Family Trust en depósito en el FITZWILLIAM MUSEUM, CAMBRIDGE

JERUSALÉN. LA EMANACIÓN
DE LA GRAN ALBIÓN,
1804 / hacia 1807-1820

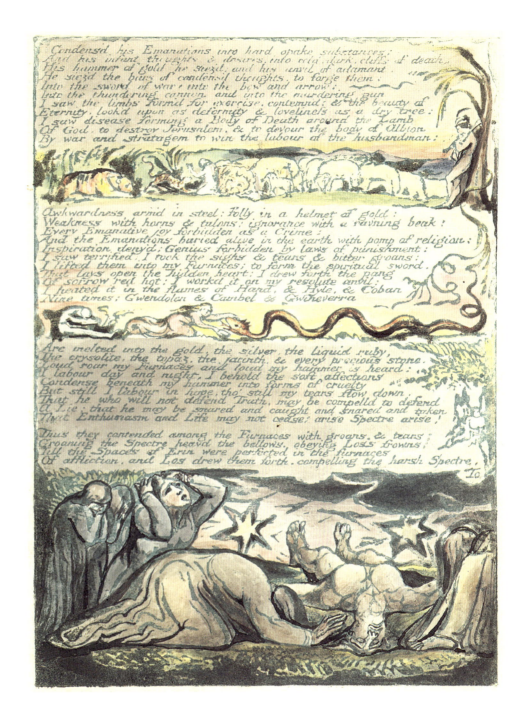

53b. *Estampa 9: "Sus emanaciones están condensadas en sustancias opacas…"* (recto)

Aguafuerte estampado en relieve con tinta azul-verdosa, iluminado con acuarela y toques a pluma y tinta negra, 224 x 162 mm., sobre papel avitelado, 350 x 289 mm.

REF.: Damon 1924, págs. 434-475; Erdman 1965, págs. 280-379; Bentley 1977, núm. 75; Bindman 1977, págs. 177-184; Bindman 1978, núms. 480-579; Paley 1991; Viscomi 1993, págs. 338-361.

53c. *Estampa 11: "A trabajos inmensos…"* (verso)

Grabado en relieve de línea blanca y aguafuerte estampado en relieve
con tinta azul e iluminado con acuarela, 224 x 162 mm., sobre papel
avitelado, 350 x 289 mm.

Ref.: Damon 1924, págs. 434-475; Erdman 1965, págs. 280-379;
Bentley 1977, núm. 75; Bindman 1977, págs. 177-184; Bindman
1978, núms. 480-579; Paley 1991; Viscomi 1993, págs. 338-361.

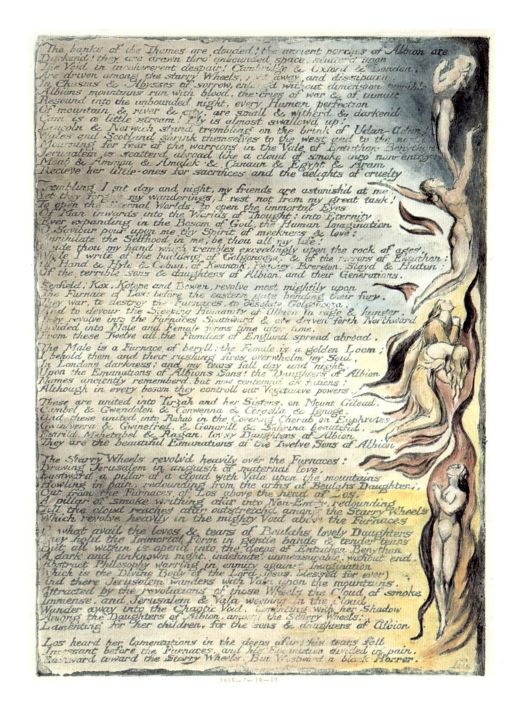

53d. *Estampa 5: "Capítulo I: Las orillas del Tamésis"* (recto)

Aguafuerte estampado en relieve con tinta azul-verdosa e iluminado
con acuarela, 225 x 162 mm., sobre papel avitelado, 352 x 285 mm.
REF.: Damon 1924, págs. 434-475; Erdman 1965, págs. 280-379;
Bentley 1977, núm. 75; Bindman 1977, págs. 177-184; Bindman
1978, núms. 480-579; Paley 1991; Viscomi 1993, págs. 338-361.

53e. *Estampa 53: "Jerusalén. Capítulo 3: Pero Los, quien
adopta la forma de la fuerte Urthona…"* (verso)

Grabado en relieve de línea blanca y aguafuerte estampado en relieve
con tintas azul y negra e iluminado con acuarela, 222, 5 x 163 mm.,
sobre papel avitelado 352 x 285 mm.
REF.: Damon 1924, págs. 434-475; Erdman 1965, págs. 280-379;
Bentley 1977, núm. 75; Bindman 1977, págs. 177-184; Bindman
1978, núms. 480-579; Paley 1991; Viscomi 1993, págs. 338-361.

54. *Los peregrinos de los Cuentos de Canterbury de Chaucer,*
1810 / hacia 1820

Aguafuerte y buril estampado en tinta negra e iluminado con acuarela,
299 x 927 mm., sobre papel avitelado, 490 x 990 mm. aprox. Medidas
de la lámina 351 x 949 mm.
Inscripción: CHAUCERS CANTERBURY PILGRIMS (en el
centro debajo de la imagen). Pie de impresión: *Painted in Fresco by
William Blake & by him Engraved & Published October 8. 1810, at N 28.
Corner of Broad Street Golden Square.*

REF.: Keynes 1969, págs. 566-575; Bindman 1977, págs. 154-160;
Bindman 1978, núm. 477; Essick 1980, págs. 188-192; Butlin 1981,
núms. 653 y 654; Essick 1983, núm. XV (2B); Bentley 1988,
págs. 132-133.

The Keynes Family Trust en depósito en el FITZWILLIAM MUSEUM, CAMBRIDGE

EL HOMBRE QUE ENSEÑÓ A
BLAKE A PINTAR EN SUEÑOS,
hacia 1819-1820

55. *El hombre que enseñó a Blake a pintar en sueños* {posible copia
de John Linnell (1792-1882) de una obra de W. Blake}, hacia 1819-1820

Lápiz de grafito, 230 x 220 mm. aprox., sobre papel avitelado,
260 x 206 mm.
Inscripción a lápiz de grafito de John Linnell: *The Portrait of a Man
who instructed M. Blake &c. in his Dreams* (ángulo inferior izquierdo) y
Imagination of a Man who Mr Blake has rec. instrution in Painting &c from
(ángulo inferior derecho).
REF.: Gilchrist 1863, I, págs. 249-255; Mellor 1978; Butlin 1981,
núm. 755; Butlin 1990, núm. 67.

TATE GALLERY, LONDRES. Legado por Miss Alice G. E. Carthew en 1940

Ilustraciones para el *PARAÍSO RECUPERADO* de John Milton, hacia 1816-1820

56a. *La segunda tentación: Satán tienta a Cristo con los reinos de la tierra*

Lápiz de grafito, pluma, tinta negra y acuarela, 165 x 132 mm., sobre papel avitelado, 182 x 148 mm.
Firmado a pluma y tinta negra: *W Blake inv* (ángulo inferior derecho).
Inscripción a pluma y tinta negra: 7 (ángulo inferior derecho, debajo de la imagen).
REF.: Bindman 1977, pág. 196; Butlin 1981, núm. 544.7.

Ilustraciones para el *PARAÍSO RECUPERADO* de John Milton, hacia 1816-1820

56b. *El sueño inquieto de Cristo*

Lápiz de grafito, pluma, tinta negra y acuarela, 167 x 132 mm., sobre papel avitelado, 185 x 149 mm.

Firmado a pluma y tinta negra: *W Blake inv* (ángulo inferior derecho).

Inscripción a pluma y tinta negra: *8* (ángulo inferior derecho, debajo de la imagen).

REF.: Bindman 1977, pág. 196; Butlin 1981, núm. 544.8.

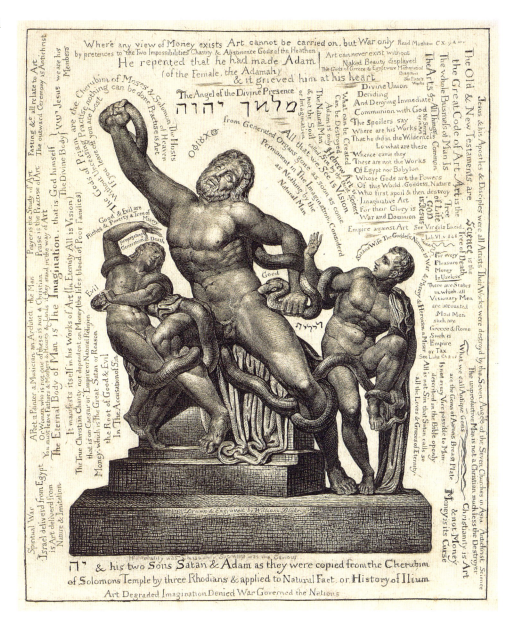

57. *El Laocoonte como Jehová con sus dos hijos,*
Satán y Adán, hacia 1820

Aguafuerte y buril, 263 x 216 mm., sobre papel avitelado,
382 x 275 mm. Medidas de la lámina 276 x 229 mm.
Inscripción: *Drawn & Engraved by William Blake* (en el centro,
dentro de la imagen).
REF.: Bentley 1977, núm. 84; Bindman 1977, págs. 142 y 203;
Bindman 1978, núm. 623; Essick 1983, núm. XIX.

SYNDICS OF THE FITZWILLIAM MUSEUM, CAMBRIDGE

58. *Alegría*, hacia 1820-1827

Buril, 161 x 122 mm., sobre papel avitelado, 217 x 175 mm.
Inscripción: *SPORT / that wrinkled / CARE* (ángulo superior
izquierdo, dentro de la imagen), *LAUGHTER holding both his sides*
(a la derecha, dentro de la imagen) y *Solomon says Vanity of Vanity all
is Vanity & what can be Foolisher than this* (debajo de la imagen).
Ref.: Bindman 1978, núm. 601; Essick 1980, págs. 192-193;
Essick 1983, núm. XVIII.

Ilustraciones para la *IMITATION* de Ambroise Philips
de la égloga primera de Virgilio, publicada en
THE PASTORALS OF VIRGIL de Robert J. Thornton,
1820-1821 / hacia 1830

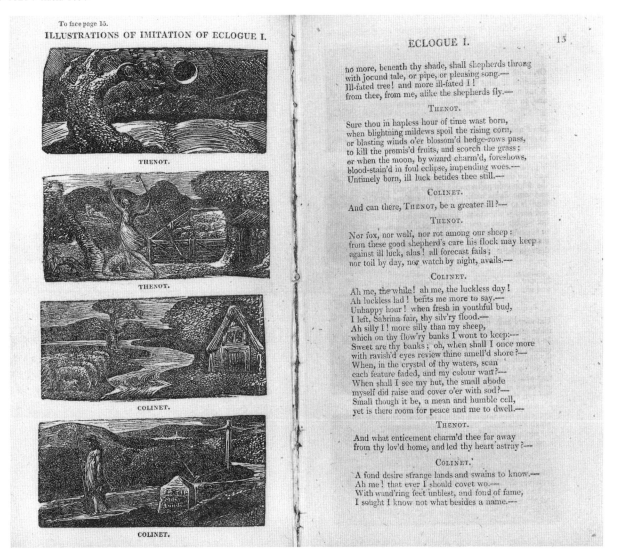

59a. Robert J. Thornton, *The Pastorals of Virgil, with a Course of English Reading, Adapted for Schools: In which all The Proper facilities are given, enabling youth to acquire The Latin Language in the Shortest Period of Time. Illustrated by 230 Engravings*, London, Stereotyped and Printed by J. McGowan, Great Windmill Street, Published by F. C. & J. Rivingtons, 1821, 2 vols., 3ª edición. Vol. I, pág. 15.

REF.: Gilchrist 1863, I, págs. 270-275; Bentley 1969, págs. 266-268 y 271-273; Bindman 1974, págs. 204-205; Bentley 1977, núm. 504, págs. 627-631; Bain et al. 1977; Essick 1980, págs. 224-233; Butlin 1981, núm. 769; Butlin 1990, núms. 73-89; Essick 1991, núm. LIII.

Ilustraciones para la *Imitation* de Ambroise Philips
de la égloga primera de Virgilio, publicada en
The Pastorals of Virgil de Robert J. Thornton,
1820-1821 / hacia 1830

59b. *Estampa 1: Frontispicio: Thenot y Colinet*

Grabado en madera a la testa, 62 x 84 mm., sobre papel avitelado,
65 x 87 mm.
Ref.: Gilchrist 1863, I, págs. 270-275; Bentley 1969,
págs. 266-268 y 271-273; Bindman 1974, págs. 204-205;
Bentley 1977, núm. 504, págs. 627-631; Bain et al. 1977;
Essick 1980, págs. 224-233; Butlin 1981, núm. 769; Butlin 1990,
núms. 73-89; Essick 1991, núm. LIII.

Tate Gallery, Londres. Donado por Herbert Linnell en 1924

Ilustraciones para la *IMITATION* de Ambroise Philips
de la égloga primera de Virgilio, publicada en
THE PASTORALS OF VIRGIL de Robert J. Thornton,
1820-1821 / hacia 1830

59c. *Estampas 2*
Grabado en madera a la testa, 38 x 74 mm., sobre papel avitelado,
40 x 76 mm.

59d. *Estampas 3*
Grabado en madera a la testa, 33 x 75 mm., sobre papel avitelado,
35 x 77 mm.

59e. *Estampas 4*
Grabado en madera a la testa, 33 x 73 mm., sobre papel avitelado,
35 x 75 mm.

59f. *Estampas 5*
Grabado en madera a la testa, 36 x 73 mm., sobre papel avitelado,
39 x 76 mm.

REF.: Gilchrist 1863, I, págs. 270-275; Bentley 1969, págs. 266-268 y
271-273; Bindman 1974, págs. 204-205; Bentley 1977, núm. 504,
págs. 627-631; Bain et al. 1977; Essick 1980, págs. 224-233; Butlin
1981, núm. 769; Butlin 1990, núms. 73-89; Essick 1991, núm. LIII.

TATE GALLERY, LONDRES. Donado por Herbert Linnell en 1924

Ilustraciones para la *IMITATION* de Ambroise Philips
de la égloga primera de Virgilio, publicada en
THE PASTORALS OF VIRGIL de Robert J. Thornton,
1820-1821 / hacia 1830

59g. *El maíz malogrado,* hacia 1820

Lapiz de grafito, pluma, tinta y aguada gris sobre papel avitelado,
41 x 96 mm. aprox.

REF.: Gilchrist 1863, I, págs. 270-275; Bentley 1969, págs. 266-268 y
271-273; Bindman 1974, págs. 204-205; Bentley 1977, núm. 504,
págs. 627-631; Bain et al. 1977; Essick 1980, págs. 224-233; Butlin
1981, núm. 769; Butlin 1990, núms. 73-89; Essick 1991, núm. LIII.

Ilustraciones para la *IMITATION* de Ambroise Philips
de la égloga primera de Virgilio, publicada en
THE PASTORALS OF VIRGIL de Robert J. Thornton,
1820-1821 / hacia 1830

59h. *Estampas 6*
Grabado en madera a la testa, 34 x 73 mm., sobre papel avitelado,
36 x 74 mm.

59i. *Estampas 7*
Grabado en madera a la testa, 35 x 73 mm., sobre papel avitelado,
37 x 74 mm.

59j. *Estampas 8*
Grabado en madera a la testa, 33 x 72 mm., sobre papel avitelado,
39 x 76 mm.

59k. *Estampas 9*
Grabado en madera a la testa, 37 x 74 mm., sobre papel avitelado,
37 x 74 mm.

REF.: Gilchrist 1863, I, págs. 270-275; Bentley 1969, págs. 266-268 y
271-273; Bindman 1974, págs. 204-205; Bentley 1977, núm. 504,
págs. 627-631; Bain et al. 1977; Essick 1980, págs. 224-233; Butlin
1981, núm. 769; Butlin 1990, núms. 73-89; Essick 1991, núm. LIII.

TATE GALLERY, LONDRES. Donado por Herbert Linnell en 1924

Ilustraciones para la *IMITATION* de Ambroise Philips
de la égloga primera de Virgilio, publicada en
THE PASTORALS OF VIRGIL de Robert J. Thornton,
1820-1821 / hacia 1830

59l. *Estampas 10*
Grabado en madera a la testa, 33 x 77 mm., sobre papel avitelado,
35 x 75 mm.

59m. *Estampas 11*
Grabado en madera a la testa, 33 x 75 mm., sobre papel avitelado,
37 x 74 mm.

59n. *Estampas 12*
Grabado en madera a la testa, 36 x 77 mm., sobre papel avitelado,
34 x 78 mm.

59o. *Estampas 13*
Grabado en madera a la testa, 35 x 75 mm., sobre papel avitelado,
35 x 77 mm.

REF.: Gilchrist 1863, I, págs. 270-275; Bentley 1969, págs. 266-268 y
271-273; Bindman 1974, págs. 204-205; Bentley 1977, núm. 504,
págs. 627-631; Bain et al. 1977; Essick 1980, págs. 224-233; Butlin
1981, núm. 769; Butlin 1990, núms. 73-89; Essick 1991, núm. LIII.

TATE GALLERY, LONDRES. Donado por Herbert Linnell en 1924

Ilustraciones para la *IMITATION* de Ambroise Philips
de la égloga primera de Virgilio, publicada en
THE PASTORALS OF VIRGIL de Robert J. Thornton,
1820-1821 / hacia 1830

59p. *Estampas 17*
Grabado en madera a la testa, 36 x 76 mm., sobre papel avitelado,
38 x 78 mm.

59q. *Estampas 18*
Grabado en madera a la testa, 35 x 76 mm., sobre papel avitelado,
37 x 78 mm.

59r. *Estampas 19*
Grabado en madera a la testa, 35 x 75 mm., sobre papel avitelado,
37 x 77 mm.

59s. *Estampas 20*
Grabado en madera a la testa, 33 x 77 mm., sobre papel avitelado,
34 x 78 mm.

Ref.: Gilchrist 1863, I, págs. 270-275; Bentley 1969, págs. 266-268 y
271-273; Bindman 1974, págs. 204-205; Bentley 1977, núm. 504,
págs. 627-631; Bain et al. 1977; Essick 1980, págs. 224-233; Butlin
1981, núm. 769; Butlin 1990, núms. 73-89; Essick 1991, núm. LIII.

60. *Epítome de las "Meditaciones entre las tumbas"*
de James Hervey, hacia 1820-1825

Pluma, tinta negra, acuarela, oro en polvo y rascador sobre papel
verjurado, 431 x 292 mm.
Firmado: *W. BLAKE INV...* (ángulo inferior izquierdo).
REF.: Damon 1965, págs. 183-185; Bindman 1977, págs. 118
y 120-121; Butlin 1981, núm. 770; Butlin 1990, núm. 71.

TATE GALLERY, LONDRES. Donado por G. T. Saul en 1878

61. *El hombre limpiando la sala del Intérprete,* hacia 1822

Grabado en relieve de línea blanca sobre metal estampado en tinta
negra, 80 x 162 mm., sobre papel avitelado, 339 x 245 mm.
Firmado dentro de la imagen con el monograma *WB inv & s* (ángulo
inferior izquierdo).
REF.: Gilchrist 1863, págs. 300 y 306; Bentley 1969, págs. 294-295;
Bindman 1978, núm. 619; Essick 1980, págs. 160-161; Viscomi 1993,
págs. 68-69.

63. *Busto de William Blake por James S. Deville (1776-1846),*
1823 / 1953

Bronce, 292 mm. de altura.
Ref.: Bentley 1969, pág. 278.

64a. *Portada:* ILLUSTRATIONS *of the* BOOK *of* JOB / *Invented
& Engraved / by William Blake / 1825*

Buril estampado en tinta negra, 191 x 147 mm., sobre papel China,
210 x 159 mm., sobre papel avitelado, 428 x 333 mm. Medidas de
la lámina 213 x 164 mm.

FELSTED SCHOOL, INGLATERRA

64b. *Job y su familia: "Así hacía Job continuamente"*

Buril estampado en tinta negra, 182 x 149 mm., sobre papel China,
196 x 160 mm., sobre papel avitelado, 436 x 305 mm. Medidas de
la lámina 199 x 165 mm.

Felsted School, Inglaterra

64c. *Satán ante el trono de Dios: "Cuando el Todopoderoso
todavía estaba conmigo"*

Buril estampado en tinta negra, 198 x 151 mm., sobre papel China,
211 x 164 mm., sobre papel avitelado, 431 x 335 mm. Medidas de
la lámina 217 x 170 mm.

FELSTED SCHOOL, INGLATERRA

64d. *Los hijos e hijas de Job confundidos por Satán:*
"Tus hijos e hijas estaban comiendo y bebiendo…"

Buril estampado en tinta negra, 199 x 154 mm., sobre papel China,
209 x 164 mm., sobre papel avitelado, 436 x 339 mm. Medidas de
la lámina 218 x 171 mm.

FELSTED SCHOOL, INGLATERRA

64e. *El mensajero le cuenta a Job sus desventuras:*
"Y sólo yo escapé para contártelo"

Buril estampado en tinta negra, 200 x 150 mm., sobre papel China,
213 x 164 mm., sobre papel avitelado, 429 x 333 mm. Medidas de
la lámina 218 x 170 mm.

Felsted School, Inglaterra

64f. *Satán se presenta ante el Señor y la caridad de Job:*
"Entonces fue Satán…"

Buril estampado en tinta negra, 197 x 151 mm., sobre papel China,
212 x 166 mm., sobre papel avitelado, 431 x 335 mm. Medidas de
la lámina 218 x 170 mm.

FELSTED SCHOOL, INGLATERRA

64g. *Satán cubre a Job de llagas: "Y cubrió a Job de llagas…"*

Buril estampado en tinta negra, 199 x 152 mm., sobre papel China,
213 x 165 mm., sobre papel avitelado, 426 x 335 mm. Medidas de
la lámina 218 x 172 mm.

64h. *Los amigos de Job: "Y pasaron sin verle y no le
conocieron…"*

Buril estampado en tinta negra, 198 x 153 mm., sobre papel China,
213 x 166 mm., sobre papel avitelado, 430 x 335 mm. Medidas de
la lámina 218 x 171 mm.

64i. *La desesperación de Job: "Que no hubiera ocurrido*
el día en que nací"

Buril estampado en tinta negra, 198 x 150 mm., sobre papel China,
213 x 163 mm., sobre papel avitelado, 432 x 330 mm. Medidas de
la lámina 218 x 169 mm.

FELSTED SCHOOL, INGLATERRA

64j. *La visión de Elifaz: "Entonces un espíritu
pasó delante de mí…"*

Buril estampado en tinta negra, 197 x 150 mm., sobre papel China,
211 x 164 mm., sobre papel avitelado, 434 x 334 mm. Medidas de
la lámina 218 x 169 mm.

FELSTED SCHOOL, INGLATERRA

64k. *Job increpado por sus amigos: "El hombre justo es el hazmerreír"*

Buril estampado en tinta negra, 198 x 151 mm., sobre papel China, 211 x 163 mm., sobre papel avitelado, 430 x 335 mm. Medidas de la lámina 219 x 171 mm.

641. *Las pesadillas de Job: "Con sueños me asustaste…"*

Buril estampado en tinta negra, 196 x 150 mm., sobre papel China,
213 x 163 mm., sobre papel avitelado, 426 x 330 mm. Medidas de
la lámina 216 x 170 mm.

FELSTED SCHOOL, INGLATERRA

64m. *La ira de Elihu: "Yo soy joven y tú muy viejo,*
por eso tuve miedo"

Buril estampado en tinta negra, 200 x 151 mm., sobre papel China,
212 x 164 mm., sobre papel avitelado, 425 x 335 mm. Medidas de
la lámina 219 x 169 mm.

FELSTED SCHOOL, INGLATERRA

64n. *El Señor responde a Job desde el torbellino:*
"Entonces el Señor respondió a Job desde el torbellino"

Buril estampado en tinta negra, 196 x 149 mm., sobre papel China,
212 x 164 mm., sobre papel avitelado, 427 x 335 mm. Medidas de
la lámina 218 x 170 mm.

64o. *La Creación: "Cuando las estrellas de la mañana cantaron juntas…"*

Buril estampado en tinta negra, 193 x 150 mm., sobre papel China, 203 x 162 mm., sobre papel avitelado, 431 x 335 mm. Medidas de la lámina 207 x 165 mm.

FELSTED SCHOOL, INGLATERRA

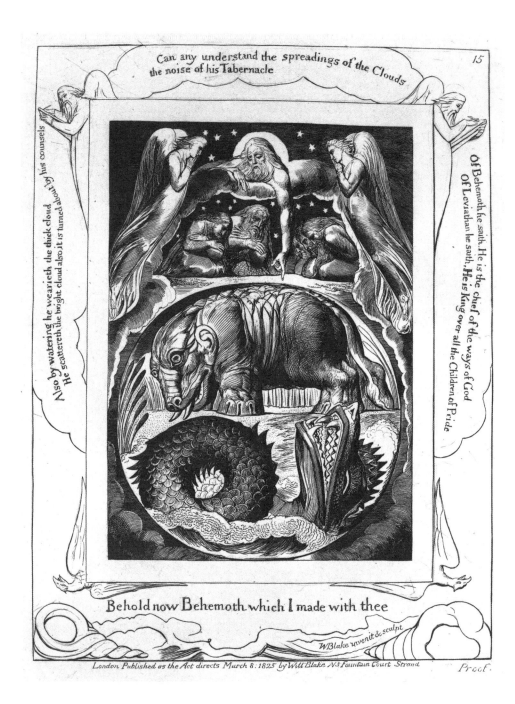

64p. *Behemoth y Leviatán: "Contempla a Behemoth*
a quien hice junto a ti"

Buril estampado en tinta negra, 200 x 151 mm., sobre papel China,
214 x 162 mm., sobre papel avitelado, 431 x 337 mm. Medidas de
la lámina 216 x 170 mm.

Felsted School, Inglaterra

64q. *La caída de Satán: "Tú has cumplido el destino
de los malvados"*

Buril estampado en tinta negra, 185 x 150 mm., sobre papel China,
198 x 162 mm., sobre papel avitelado, 429 x 332 mm. Medidas de
la lámina 199 x 164 mm.

FELSTED SCHOOL, INGLATERRA

64r. *La visión de Dios: "Te he oído con el oído de la oreja,
pero ahora mi ojo te ve"*

Buril estampado en tinta negra, 199 x 150 mm., sobre papel China,
213 x 164 mm., sobre papel avitelado, 433 x 331 mm. Medidas de
la lámina 218 x 170 mm.

Felsted School, Inglaterra

64s. *El sacrificio de Job: "Y ahora mi sirviente Job rezará por ti"*

Buril estampado en tinta negra, 196 x 148 mm., sobre papel China,
211 x 165 mm., sobre papel avitelado, 435 x 335 mm. Medidas de
la lámina 218 x 171 mm.

FELSTED SCHOOL, INGLATERRA

64t. *Job acepta la caridad: "Todos le dieron una moneda"*

Buril estampado en tinta negra, 195 x 150 mm., sobre papel China,
212 x 164 mm., sobre papel avitelado, 431 x 330 mm. Medidas de
la lámina 219 x 170 mm.

FELSTED SCHOOL, INGLATERRA

64v. *Job y sus hijas: "No había mujeres tan hermosas
como las hijas de Job…"*

Buril estampado en tinta negra, 200 x 157 mm., sobre papel China,
213 x 162 mm., sobre papel avitelado, 433 x 335 mm. Medidas de
la lámina 218 x 170 mm.

FELSTED SCHOOL, INGLATERRA

64x. *Job y su familia recuperan la prosperidad: "Entonces el Señor bendijo a Job con más dones que antes"*

Buril estampado en tinta negra, 197 x 148 mm., sobre papel China, 211 x 163 mm., sobre papel avitelado, 425 x 335 mm. Medidas de la lámina 218 x 169 mm.

FELSTED SCHOOL, INGLATERRA

65a. *Dante huyendo de las tres bestias*

Lápiz de grafito, pluma, tinta negra y acuarela sobre papel verjurado,
370 x 528 mm.
Inscripción a pluma con tinta negra: *HELL Canto I WB* (ángulo
inferior derecho) y *LAGO de Cuor* (en el agua).
Inferno I, vv. 1-90.
Ref.: Roe 1967; Bindman 1977, págs. 216-220; Klonsky 1980;
Butlin 1981, núms. 812-826; Fuller 1988; Butlin y Gott 1989,
págs. 36-44, 52-87. Butlin 1990, págs. 202-204.

NATIONAL GALLERY OF VICTORIA, MELBOURNE. Legado Felton, 1920

Ilustraciones para la *DIVINA COMEDIA* de Dante, 1824-1827

65b. *La misión de Virgilio*

Lápiz de grafito, pluma, tinta negra, acuarela y rascador sobre papel verjurado, 523 x 363 mm. aprox.
Firmado: *WB* (ángulo inferior izquierdo).
Inscripción a pluma con tinta negra sobre un borrón *HELL Canto 2* (ángulo inferior izquierdo), y a lápiz *The Angry God of this World* (arriba, dentro del imagen).
Inferno II, vv. 10-126.

Ref.: Roe 1967; Bindman 1977, págs. 216-220; Klonsky 1980; Butlin 1981, núms. 812-826; Fuller 1988; Butlin y Gott 1989, págs. 36-44, 52-87. Butlin 1990, págs. 202-204.

Ilustraciones para la *DIVINA COMEDIA* de Dante, 1824-1827

65c. *La inscripción sobre la puerta del Infierno*

Lápiz de grafito, lápiz negro, pluma, tinta negra y acuarela sobre papel verjurado, 527 x 374 mm.

Firmado: *WB* (ángulo inferior izquierdo).

Inscripción a pluma y tinta negra: *HELL Canto 3* (ángulo inferior derecho).

Inferno III, vv. 1-24.

REF.: Roe 1967; Bindman 1977, págs. 216-220; Klonsky 1980; Butlin 1981, núms. 812-826; Fuller 1988; Butlin y Gott 1989, págs. 36-44, 52-87. Butlin 1990, págs. 202-204.

TATE GALLERY, LONDRES. Adquirido gracias a una ayuda de la National Gallery y a donaciones del National Art Collections Fund, Lord Duveen y otros, y donado por el National Art Collections Fund 1919

Ilustraciones para la *DIVINA COMEDIA* de Dante, 1824-1827

65d. *El vestíbulo del Infierno con las almas agrupadas para el cruce del Aqueronte*

Lápiz de grafito, pluma, tinta negra y acuarela sobre papel verjurado, 528 x 370 mm.
Firmado: *WB* (ángulo inferior izquierdo).
Inscripción a pluma y tinta negra: *HELL Canto 3* (ángulo inferior izquierdo)
Inferno III, vv. 22-83.

REF.: Roe 1967; Bindman 1977, págs. 216-220; Klonsky 1980; Butlin 1981, núms. 812-826; Fuller 1988; Butlin y Gott 1989, págs. 36-44, 52-87. Butlin 1990, págs. 202-204.

65e. *El círculo de los lujuriosos: Paolo y Francesca da Rimini*

Lápiz de grafito, pluma, tinta negra, acuarela y rascador sobre papel
verjurado, 372 x 522 mm.
Inscripción con lápiz de grafito, pluma y tinta negra: *HELL Canto 5*
(abajo, dentro de la imagen).
Inferno V, vv. 25-45.
Ref.: Roe 1967; Bindman 1977, págs. 216-220; Klonsky 1980;
Butlin 1981, núms. 812-826; Fuller 1988; Butlin y Gott 1989,
págs. 36-44, 52-87. Butlin 1990, págs. 202-204.

65f. *El remolino de los amantes*

Buril, 239 x 337 mm., estampado sobre papel China, 268 x 346 mm.,
sobre papel verjurado, 386 x 539 mm. Medidas de la lámina
276 x 355 mm.
Inscripción al revés: *The Whirlwind of Lovers from Dantes Inferno Canto
V* (ángulo inferior derecho, dentro de la imagen).
Inferno V, vv. 127-142.

REF.: Roe 1967; Bindman 1977, págs. 216-220; Klonsky 1980;
Butlin 1981, núms. 812-826; Fuller 1988; Butlin y Gott 1989,
págs. 36-44, 52-87. Butlin 1990, págs. 202-204.

BIRMINGHAM MUSEUM AND ART GALLERY, BIRMINGHAM

Ilustraciones para la *Divina*
Comedia de Dante, 1824-1827

65g. *El círculo de los glotones: Cerbero*

Lápiz de grafito, pluma, tinta negra y acuarela sobre papel
verjurado, 372 x 528 mm.
Inscripción a pluma y tinta negra: *HELL Canto VI* (ángulo
inferior izquierdo).
Infierno VI, vv. 13-24.

Ref.: Roe 1967; Bindman 1977, págs. 216-220; Klonsky 1980;
Butlin 1981, núms. 812-826; Fuller 1988; Butlin y Gott 1989,
págs. 36-44, 52-87. Butlin 1990, págs. 202-204.

Tate Gallery, Londres. Adquirido gracias a una ayuda de la National Gallery
y a donaciones del National Art Collections Fund, Lord Duveen y otros, y
donado por el National Art Collections Fund 1919

65h. *El círculo de los funcionarios corruptos: la lucha de los*
demonios confundidos

Lápiz de grafito, pluma, tinta negra, acuarela y rascador sobre
papel verjurado, 360 x 519 mm.
Inferno XXII, vv. 133-140.
Ref.: Roe 1967; Bindman 1977, págs. 216-220; Klonsky 1980;
Butlin 1981, núms. 812-826; Fuller 1988; Butlin y Gott 1989,
págs. 36-44, 52-87. Butlin 1990, págs. 202-204.

Birmingham Museum and Art Gallery, Birmingham

65i. *El círculo de los funcionarios corruptos: la lucha de*
los demonios confundidos

Buril, 242 x 331 mm., estampado sobre papel China, 271 x 346 mm.,
sobre papel avitelado, 398 x 537 mm. Medidas de la lámina
276 x 355 mm.
Inferno XXII, vv. 133–140.
Ref.: Roe 1967; Bindman 1977, págs. 216-220; Klonsky 1980; Butlin
1981, núms. 812-826; Fuller 1988; Butlin y Gott 1989, págs. 36-44,
52-87. Butlin 1990, págs. 202-204.

Ilustraciones para la *DIVINA COMEDIA* de Dante, 1824-1827

65j. *El círculo de los ladrones: Vanni Fucci haciéndole a Dios una higa*

Lápiz de grafito, pluma, tinta negra y acuarela sobre papel verjurado, 528 x 372 mm.
Inscripción a pluma y tinta negra: *HELL Canto 25* (ángulo inferior izquierdo).
Inferno XXV, vv. 1-15.
REF.: Roe 1967; Bindman 1977, págs. 216-220; Klonsky 1980; Butlin 1981, núms. 812-826; Fuller 1988; Butlin y Gott 1989, págs. 36-44, 52-87. Butlin 1990, págs. 202-204.

65k. *El círculo de los ladrones: la serpiente con seis pies ataca a Agnolo Brunelleschi*

Buril, 244 x 338 mm., estampado sobre papel China, 271 x 344 mm., sobre papel avitelado, 391 x 538 mm. Medidas de la lámina 278 x 353 mm.

Inferno XXV, vv. 49-78.

REF.: Roe 1967; Bindman 1977, págs. 216-220; Klonsky 1980; Butlin 1981, núms. 812-826; Fuller 1988; Butlin y Gott 1989, págs. 36-44, 52-87. Butlin 1990, págs. 202-204.

651. *El círculo de los ladrones: la serpiente ataca a Buoso Donati*

Buril, 244 x 337 mm., estampado sobre papel China, 270 x 343 mm.,
sobre papel avitelado, 392 x 537 mm. Medidas de la lámina
276 x 353 mm.
Inferno XXV, vv. 79-93.
Ref.: Roe 1967; Bindman 1977, págs. 216-220; Klonsky 1980;
Butlin 1981, núms. 812-826; Fuller 1988; Butlin y Gott 1989,
págs. 36-44, 52-87. Butlin 1990, págs. 202-204.

65m. *Ulises y Diomedes encerrados en la misma llama*

Lápiz de grafito, lápiz negro, pluma, tinta negra y acuarela sobre papel verjurado, 371 x 528 mm.

Inscripción a pluma y tinta negra: *HELL Canto 26* (abajo a la izquierda).

Inferno XXVI, vv. 31-63.

Ref.: Roe 1967; Bindman 1977, págs. 216-220; Klonsky 1980; Butlin 1981, núms. 812-826; Fuller 1988; Butlin y Gott 1989, págs. 36-44, 52-87. Butlin 1990, págs. 202-204.

65n. *El círculo de los traidores: Dante da un puntapié*
a Bocca degli Abati

Buril, 232 x 339 mm., estampado sobre papel China, 269 x 344 mm.,
sobre papel 389 x 532 mm. Medidas de la lámina 274 x 353 mm.
Inferno XXXII, vv. 72-96.
Ref.: Roe 1967; Bindman 1977, págs. 216-220; Klonsky 1980;
Butlin 1981, núms. 812-826; Fuller 1988; Butlin y Gott 1989,
págs. 36-44, 52-87. Butlin 1990, págs. 202-204.

Ilustraciones para la *DIVINA COMEDIA* de Dante, 1824-1827

650. *El descanso en la montaña que lleva al Purgatorio*

Lápiz negro, pluma, tinta negra y acuarela sobre papel verjurado, 527 x 372 mm.

Inscripción a lápiz de grafito, pluma y tinta negra: *P-g Canto 4* (abajo hacia el centro).

Purgatorio IV, vv. 46-57.

REF.: Roe 1967; Bindman 1977, págs. 216-220; Klonsky 1980; Butlin 1981, núms. 812-826; Fuller 1988; Butlin y Gott 1989, págs. 36-44, 52-87. Butlin 1990, págs. 202-204.

NATIONAL GALLERY OF VICTORIA, MELBOURNE. Legado Felton, 1920

Ilustraciones para la *DIVINA COMEDIA* de Dante, 1824-1827

65p. *Dante y Virgilio se aproximan al ángel que guarda la entrada al Purgatorio*

Lápiz de grafito, pluma, tinta negra y acuarela sobre papel verjurado, 527 x 373 mm.

Inscripción a pluma y tinta negra *P-g Canto 9* (ángulo inferior izquierdo) y a lápiz de grafito *P-g Canto 9V...* (ángulo inferior derecho).

Purgatorio IX, vv. 73-105.

Ref.: Roe 1967; Bindman 1977, págs. 216-220; Klonsky 1980; Butlin 1981, núms. 812-826; Fuller 1988; Butlin y Gott 1989, págs. 36-44, 52-87. Butlin 1990, págs. 202-204.

Tate Gallery, Londres. Adquirido gracias a una ayuda de la National Gallery y a donaciones del National Art Collections Fund, Lord Duveen y otros, y donado por el National Art Collections Fund 1919

Ilustraciones para la *DIVINA COMEDIA* de Dante, 1824-1827

65q. *La montaña del Purgatorio: los orgullosos bajo unas enormes cargas*

Lápiz de grafito, pluma, tinta negra y acuarela sobre papel verjurado, 519 x 366 mm. aprox.
Inscripción a pluma y tinta negra sobre un borrón: *P-g Canto 10* (ángulo inferior izquierdo).
Purgatorio X, vv. 112-135.
REF.: Roe 1967; Bindman 1977, págs. 216-220; Klonsky 1980; Butlin 1981, núms. 812-826; Fuller 1988; Butlin y Gott 1989, págs. 36-44, 52-87. Butlin 1990, págs. 202-204.

Ilustraciones para la *Divina comedia* de Dante, 1824-1827

65r. *Dante en el instante de penetrar en el fuego*

Lápiz de grafito, lápiz negro, pluma, tinta negra y acuarela sobre papel verjurado, 527 x 372 mm.

Inscripción a pluma y tinta negra: *P-g Canto 27* (debajo en el centro). *Purgatorio* XXVII, vv. 19-48.

Ref.: Roe 1967; Bindman 1977, págs. 216-220; Klonsky 1980; Butlin 1981, núms. 812-826; Fuller 1988; Butlin y Gott 1989, págs. 36-44, 52-87. Butlin 1990, págs. 202-204.

65s. *Beatriz se dirige a Dante desde el carro*

Lápiz de grafito, pluma, tinta negra y acuarela sobre papel verjurado,
372 x 527 mm.
Inscripción a pluma y tinta negra: *P-g Canto 29 & 30* (ángulo inferior derecho).
Purgatorio XXIX, vv. 92-129 y *Purgatorio* XXX, vv. 31-33 y 64-81.
Ref.: Roe 1967; Bindman 1977, págs. 216-220; Klonsky 1980;
Butlin 1981, núms. 812-826; Fuller 1988; Butlin y Gott 1989,
págs. 36-44, 52-87. Butlin 1990, págs. 202-204.

Tate Gallery, Londres. Adquirido gracias a una ayuda de la National Gallery
y a donaciones del National Art Collections Fund, Lord Duveen y otros, y
donado por el National Art Collection Fund 1919

65t. *El ángel escribiente*

Lápiz de grafito, pluma, tinta negra y acuarela sobre papel verjurado,
520 x 360 mm. aprox.
Inscripción a lápiz de grafito: *PAR. Canto 19* (abajo a la derecha)
y *57 n 65* (ángulo inferior izquierdo).
Paradiso XIX, vv. 79-81 y 112-116.
Ref.: Roe 1967; Bindman 1977, págs. 216-220; Klonsky 1980;
Butlin 1981, núms. 812-826; Fuller 1988; Butlin y Gott 1989,
págs. 36-44, 52-87. Butlin 1990, págs. 202-204.

Ilustraciones para la *DIVINA COMEDIA* de Dante, 1824-1827

65u. *San Pedro, Santiago y Beatriz con san Juan*

Lápiz de grafito, lápiz negro, pluma, tinta negra y acuarela sobre papel verjurado, 363 x 519 mm.
Inscripción a lápiz de grafito: *Canto 25* (ángulo inferior derecho) y *Paradiso Canto* [?] (ángulo inferior izquierdo).
Paradiso XXV, vv. 97-121.
REF.: Roe 1967; Bindman 1977, págs. 216-220; Klonsky 1980; Butlin 1981, núms. 812-826; Fuller 1988; Butlin y Gott 1989, págs. 36-44, 52-87. Butlin 1990, págs. 202-204.

Ilustraciones para la *DIVINA COMEDIA* de Dante, 1824-1827

65v. *Dante en el Empíreo ante el río de la luz*

Lápiz de grafito y acuarela sobre papel verjurado, 528 x 371 mm.
Inscripción a pluma y tinta negra *PAR. Canto 30* sobre
Paradiso Canto 30 a lápiz de grafito (ángulo inferior derecho).
Paradiso XXX, vv. 61-96.
REF.: Roe 1967; Bindman 1977, págs. 216-220; Klonsky 1980;
Butlin 1981, núms. 812-826; Fuller 1988; Butlin y Gott 1989,
págs. 36-44, 52-87. Butlin 1990, págs. 202-204.

TATE GALLERY, LONDRES. Adquirido gracias a una ayuda de la National Gallery
y a donaciones del National Art Collections Fund, Lord Duveen y otros, y
donado por el National Art Collections Fund 1919

BIBLIOGRAFÍA

Bain 1977
Iain Bain. David Chambers y Andrew Wilton. *The Wood Engravings of William Blake for Thornton's 'Virgil'*. Londres, 1977.

Bentley 1967
G. E. Bentley Jr. *William Blake, 'Tiriel'. Facsimile and Transcript of the Manuscript, Reproduction of the Drawings and a Commentary on the Poem*. Oxford, 1967.

Bentley 1969
G. E. Bentley Jr. *Blake Records*. Oxford, 1969.

Bentley 1977
G. E. Bentley Jr. *Blake Books. Annotated Catalogues of William Blake's Writings*. Oxford, 1977.

Bentley 1988
G. E. Bentley Jr. *Blake Records Supplement*. Oxford, 1988.

Bentley 1995
G. E. Bentley Jr. *Blake Books Supplement*. Oxford, 1995.

Bindman 1973
David Bindman. "Blake's Gothicised Imagination and the History of England", en *William Blake: Essays in Honour of Sir Geoffrey Keynes* Ed. de M. Paley y M. Philips. Oxford, 1973.

Bindman 1977
David Bindman. *Blake as an Artist*. Londres, 1977.

Bindman 1978
David Bindman y Deidre Toomey. *The Complete Graphic Works of William Blake*. Londres, 1978.

Bindman 1987
David Bindman (ed.). *William Blake's Illustrations of the Book of Job*. Londres, 1987.

Bishop 1951
Morchard Bishop. *Blake's Hayley*. Londres, 1951.

Butlin 1981
Martin Butlin. *The Paintings and Drawings of William Blake*. 2 vols. New Haven y Londres, 1981.

Butlin 1990
Martin Butlin. *The Tate Gallery Collections, Volume Five: William Blake 1757-1827*. Londres, 1990.

Butlin y Gott 1989
Martin Butlin y Ted Gott. *William Blake in the Collection of the National Gallery of Victoria, Melbourne*. Introducción de Irena Zdanowicz. Melbourne, 1989.

Caracciolo Trejo 1995
Enrique Caracciolo Trejo. *William Blake: antología bilingüe*. Madrid, 1995.

Caramés y Corugedo 1987
J. L. Caramés y S. G. Corugedo. *William Blake. Canciones de inocencia y de experiencia*. Madrid, 1987.

Damon 1924
S. Foster Damon. *William Blake. His Philosophy and Symbols*. Boston y Nueva York, 1924.

Damon 1965
S. Foster Damon. *A Blake Dictionary. The Ideas and Symbols of William Blake*. Providence, 1965.

Dörrbecker 1995
D. W. Dörrbecker. *William Blake. The Continental Prophecies: 'America', 'Europe', 'The Song of Los'*. Vol. 4 de *The Illuminated Books of William Blake*. Ed. David Bindman. Londres: The William Blake Trust/The Tate Gallery, 1995.

Eaves, Essick, Viscomi 1993
M. Eaves, R. N. Essick y J. Viscomi (eds.). *William Blake. The Early Illuminated Books*. Vol. 3 de *The Illuminated Books of William Blake*. Ed. David Bindman. Londres: The William Blake Trust/The Tate Gallery, 1993.

Erdman 1954
David V. Erdman. *Blake: Prophet Against Empire*. Princeton, 1954.

Erdman 1965
David V. Erdman. *The Illuminated Blake: William Blake's Complete Illuminated Works with a Plate-by-Plate Commentary*. Londres, 1992.

Erdman et al. 1980
Erdman (coord. ed.) et al. *William Blake's Designs for Edward Young's 'Night Thougts': A Complete Edition*. Ed. con comentarios de John E. Grant, Edward J. Rose, Michael J. Tolley. 2 vols. Oxford, 1980.

Erdman y Moore 1973
David V. Erdman y Donald K. Moore. *The Notebook of William Blake. A Photographic and Typographic Facsimile*. Oxford, 1973.

Essick 1980
Robert N. Essick. *William Blake Printmaker*. Princeton, 1980.

Essick 1983
Robert N. Essick. *The Separate Plates of William Blake. A Catalogue*. Princeton, 1983.

Essick 1991
Robert N. Essick. *William Blake's Commercial Book Illustrations*. Oxford, 1991.

Essick y Paley 1982
Robert N. Essick y Morton D. Paley. *Robert Blair's 'The Grave' Illustrated by William Blake. A Study with Facsimile*. Londres, 1982.

Essick y Viscomi 1993
Robert N. Essick y J. Viscomi, *William Blake. Milton a Poem and the Final Illuminated Works*. Vol. 5 de *The Illuminated Books of William Blake*. Ed. David Bindman. Londres: The William Blake Trust/The Tate Gallery, 1993.

Fuller 1988
David Fuller. "Blake and Dante", *Art History*, XI (1988) 349-373.

Gilchrist 1863
Alexander Gilchrist. *The Life of William Blake*. 2 vols. Londres, 1863.

Keynes 1969
Geoffrey Keynes (ed.). *Blake Complete Writings*. Londres, 1969.

Keynes 1980
Geoffrey Keynes (ed.). *The Letters of William Blake with Related Documents*. Oxford, 1980.

Klonsky 1980
Milton Klonsky. *Blake's Dante. The Complete Illustrations to the 'Divine Comedy'*. Londres, 1980.

Lincoln 1991
Andrew Lincoln. *William Blake. Songs of Innocence and of Experience*. Vol. 2 de *The Illuminated Books of William Blake*. Ed. David Bindman. Londres: The William Blake Trust/The Tate Gallery, 1991.

Mané Garzón 1995
Pablo Mané Garzón. *Blake. Poesía completa*. 4ª ed. corregida y revisada por E. Caracciolo Trejo. Barcelona, 1995.

Mellor 1978
Ann K. Mellor. "Physiognomy, Phrenology, and Blake's Visionary Heads", en *Blake and his Time*. Ed. R. N. Essick y D. Pearce. Bloomington y Londres, 1978.

Paley 1991
Morton D. Paley. *William Blake 'Jerusalem'*. Vol. 1 de *The Illuminated Books of William Blake*. Ed. David Bindman. Londres: The William Blake Trust/The Tate Gallery, 1991.

Preston 1952
Kerrison Preston (ed.). *The Blake Collection of W. Graham Robertson, Described by the Collector*. Londres, 1952.

Roe 1967
Albert S. Roe. *Blake's Illustrations to the Divine Comedy*. Princeton, 1967.

Solomon 1993
Andrew Solomon. *Blake's 'Job'. A Message for our Time*. Londres, 1993.

Swinburne 1906
A. C. Swinburne. *William Blake. A Critical Essay*. 1868. Reed. Londres, 1906.

Thompson 1962
Stanbury Tompson (ed.). *The Journal of John Gabriel Stedman 1744-1797 Soldier and Author*. Londres, 1962

Viscomi 1993
Joseph Viscomi. *Blake and the Idea of the Book*. Princeton, 1993.

Wells and Johnston 1969

William Wells y Elizabeth Johnston. *William Blake's 'Heads of the Poets' for the Turret House, the Residence of William Hayley, Felpham*. Manchester: Manchester City Art Gallery, 1969.

Worrall 1995

David Worral. *William Blake. The Urizen Books*. Vol. 6 de *The Illuminated Books of William Blake*. Ed. David Bindman. Londres: The William Blake Trust/The Tate Gallery, 1995.

ENGLISH TEXTS

FOREWORD

In 1809, on the occasion of William Blake's first exhibition, Robert Hunt, the art critic for the *Examiner*, wrote that he was 'a poor fool whose harmlessness keeps him from being confined to the madhouse' and that his drawings and engravings were 'the demented outpourings of an infirm brain'. Few of his contemporaries appreciated Blake's genius. Still, his works were destined to exert great influence on the art that would follow. Rediscovered by the pre-Raphaelites in 1862, Blake became a point of reference for artists at the end of the last century. His poetical world attracted such authors as Dostoyevsky and André Gide. The Surrealists made him into one of the precursors of the art of the fantastic, along with Bosch, Arcimboldo, Goya, and Fuseli. His influence has reached down to the countercultural movements of the 1970s, which took up his symbols representing rebellion against the Demiurge and new communication between Man and Nature.

Blake is a complex figure. Alongside the occultist and gnostic there also exists a rationalist Blake brought up in the free-thinking tradition, a reader of Voltaire. Northrop Frye and Harold Bloom have underscored his faithfulness to the English literary tradition. Yet at the same time Blake was an innovative poet and artist. He invented a new form of expression that combined the written word and drawing so that they illuminated each other. He sought after a common basis for writing and drawing, and towards the end of his life he created images that resembled Chinese ideographic writing, both figures and hieroglyphs at one and the same time.

There are two main reasons for holding this exhibition of William Blake's works. His standing as a forerunner of certain artistic movements of the twentieth century and the fact that his work is not present in any Spanish museum or collection. The exhibition brings together more than 180 drawings, watercolours, and prints from the Fitzwilliam Museum in Cambridge, the Tate Gallery and the British Museum in London, the Victoria National Gallery in Melbourne, and the National Gallery of Art in Washington. The Biblioteca Nacional in Madrid has contributed two copies of José Joaquín de Mora's *Meditaciones poéticas*, whose poems took inspiration from a selection of engravings Blake made for 'The Grave'. The exhibition begins with works completed by Blake during his years as an apprentice engraver and includes such major works as one of his illuminated books, *Europe a Prophecy* and a group of more than 20 watercolours from a series of 100 Blake made as illustrations to the *Divine Comedy*.

The Fundación "la Caixa" would like to thank the curator of the exhibition, Robin Hamlyn, for his very apt selection of works enabling us to traverse the entire gamut of Blake's work; the institutions and museums which, through their lendings, have enabled us to exhibit in our country works which because of their fragile condition are not permanently on public display; and in particular to Stephen Keynes, whose enthusiastic support for the project has been fundamental in making this exhibition into a reality.

Luis Monreal
Director General
Fundación "la Caixa"

WILLIAM BLAKE (1757-1827)

by Robin Hamlyn

A VISIONARY BACKGROUND

William Blake was born in London, in the City of Westminster, on 28 November 1757, the third son and, finally, one of six children of James and Catherine Blake. William was baptised in the parish church of St Jame's Piccadilly on 11 December 1757. In the words of William's first biographer Alexander Gilchrist, James Blake was a 'modestly prosperous' haberdasher and hosier. His shop in Broad Street near Golden Square (not far from what is now Piccadilly Circus) was in the heart of a bustling commercial and residential area typical of many parts of London which were to be found on the edges of those squares and grand thoroughfares which housed the middle and upper classes and which supplied the tradesmen and women who supplied all the wants of these people. We know few facts about James except that he had been trading for some years before William was born; he married his wife Catherine in 1762; he supplied haberdashery to St Jame's Parish school of Industry between 1782-4; he died in late June or early July 1784 and he was buried in a Dissenters' burial bround. William's mother was the widow of another hosier, Thomas Hermitage, who had died in 1751 and, like her second husband, appears to have had a Dissenting background. Dissenters were Christians but they did not conform to the Articles of the established Church of England and were thus excluded from many areas of English life, including the holding of public office. Some slight indication of the free thinking and political radicalism towards which Dissenters naturally gravitated because of their position in society can perhaps be detected in the fact that both Catherine Hermitage's first husband and also her second, James Blake, voted for the candidate who stood against the Court interest in the Westminster parliamentary election of 1749. Such scanty details can only provide hints as to William's childhood upbringing but they do help set the scene for the independent, radical and free thinking course which he was to pursue all his life.

Another facet of non-conformist Christian faith that is worth noting in the context of William Blake's life and art particularly is that much of the writing and sermonising — and thus, significantly, the printing and publishing of 'truths' — which flowed from it was characterised by the relating of charismatic experiences in which dreams and visions substantiated symbols and promoted and underpinned the discovery and retention of faith. One of the most famous of all English Dissenting preachers, John Bunyan (1628-88), wrote an allegory *The Pilgrim's Progress: in the Similitude of a Dream* in which almost the first words and then the basis of the entire narrative — are 'And as I slept I dreamed a Dream' —. In Blake's own time — and particularly relevant here because in 1789 William was to sign the manifesto of his New Jerusalem Church — the Swedish philosopher Emanuel Swedenborg (1688-1772 in London) while visiting London in 1745 was 'called to sacred office by the Lord Himself who manifested Himself in person before me... and opened my sight into the Spiritual world and granted me to speak with spirits and angels'. Swedenborg's voluminous writings, his word by word exposition of Biblical texts and his prophecies were the revelations of 'the wonderful things that have been seen in the world of spirits and in the heaven of angels'. A knowledge of this can inform our view of Blake 'the visionary' of later life and go a little way towards our making sense of William's own claims abut subjects appearing to him — as was the case with 'The Ancient of Days' (no. 28a), the figure of which appeared before him at the top of his staircase, or the so-called 'visionary heads' (no. 55) —. But while Blake is so often claimed as a 'visionary artist', we do have to take account of the mind-set which young artists at this time were encouraged to cultivate. For William's own friend James Barry (1741-1806) had recommended in a lecture to students of the Royal Academy when he was Professor of Painting between 1782-99 that his listeners 'go home... light your lamps and exercise yourselves in the creative power of your art, with Homer, with Livy, and all the great characters, ancient and modern, for your companions and counsellors'.

There are few hard facts about William's childhood. As soon as he could hold a pencil, we are told by Gilchrist, he started drawing and making 'timid copies' of old engravings. Blake's acquaintance Benjamin Heath Malkin, talking to the artist in the early 1800s, learnt that he educated himself in art by looking at pictures in the houses of 'noblemen and gentlemen, and in the King's palaces' and by going to picture sales in auction rooms. Some of the opportunities for visiting gentlemen's houses might have come by chance in the course of his father doing business, but essentially Blake's artistic beginnings, especially the copying of engravings, conform pretty closely to a pattern that can be discerned in the lives of other young aspiring artists in London at this time. Malkin helps us further by establishing a rough chronology for William's early years and, significantly, that he had James Blake's active encouragement in pursuing an interest in art. By 'art', however, we should be aware that there were maybe two separate ambitions at work here — Blake's own and his father's —. One, William's, it would seem was almost certainly directed towards High Art; his father's, for his son, more pragmatic and rooted in his own background in trade. So when William was ten years old — that is sometime during the period late 1767-8 — he was sent to a drawing school in the Strand (near the River Thames) which was run by Henry Pars (1734-1806). This school dated back to the early 1750s and was established by the founder of the Society of Arts, a body founded with the purpose of encouraging the Arts, Manufactures and Commerce in Britain. As a result the school's curriculum, centred on drawing and modelling which had a use in trade, was practical and vocational. Its boys were, as a 1762 advertisement announced, 'frequently recommended to masters in such trades and manufactures as require fancy and ornament, for which the knowledge of drawing is absolutely essential.' For James Blake, whose business in cloth would have him familiar with patterned fabrics designed in weavers' workshops, a period with Pars would have helped his son develop the skills necessary to find a job in a branch of trade with which he was already familiar. In Pars's school Blake, along with other boys (and a few girls) would have made pencil or black and white chalk copies from drawings, prints and plaster casts of Antique statues and, as Malkin reports, 'he soon attained the art of drawing'.

This achieved, somewhat curiously — because it suggests a degree of muted ambition, talent, or even disinterest rather at odds with the impression conveyed by Malkin and Gilchrist — neither of the two other obvious achievements possible from a time with Pars seem to have materialised. There is no mention of William progressing, as he could well have done, to a more serious study of the Antique among the casts of classical statues owned by the Duke of Richmond which were accessible to students through one of London's artists' societies; nor is there any record of Blake attempting to win one of the premiums for drawing, design or composition which were offered annually by The Society of Arts and for which Pars's students were regularly entered. To win such a premium was an important first step for any student if he or she hoped to catch the eye of manufacturers and so find employment.

What James Blake did do, however, was buy William some casts of his own from which he could make studies. They must have been small models and among them were copies of at least two of the casts which were in the Richmond collection. The decision to pursue his studies in private like this might be the first instance of Blake turning in upon himself and away from his artist colleagues. The possibility that this was indeed the case is somewhat reinforced by Malkin's comment that James Blake soon gave his money to buy prints which he then collected and copied avidly — with Raphael, Michelangelo and Dürer among others as his chief exemplars — but that 'his choice was for the most part condemned by his youthful companions, who were accustomed to laugh at what they called his mechanical taste'.

This action of Blake excluding himself, almost inadvertently it sometime seems by making unconventional choices, is a recurring motif in his life. A picture of a solitary but creatively self-sufficient Blake begins to emerge with some clarity around 1770. Gilchrist dates William's first vision to around 1765-7, when he was between eight and ten years old: 'sauntering along, the boy looked up and saw a tree filled with angels, bright angelic wings bespangling every bough like stars'. So closely does this description tally with one of the conventions found in religious art — where angels and putti who are the bearers of heavenly news or witnesses to revelation or tragedy are seen hovering in and about trees — that at first one is driven to scepticism and the thought that maybe the boy's vision owed not a little to his growing familiarity with old prints: the exprience could, then, date to later rather than earlier in his child hold. Perhaps his father — as sceptical as we might be — put the whole thing down to a trick of the light as the sun shone through the rustling leaves, for when William described his experience to his parents James wanted to thrash him for 'telling a lie' — a punishment he was saved from only through his mother's intervention —.

As has already been suggested, there is something inconclusive about William's studies in Pars's school: had he been a regular attender then grater achievements on his part than are in fact ever mentioned would seem inevitable because he clearly had some talent. After the reaching of 'ten years of age' (1767-8), the next firm date in Blake's career comes when he was nearly fifteen years old, when, in August 1772, he was apprenticed to the engraver James Basire. To view the five years between these two events as ones of consistent study under Pars is probably incorrect: at best, his attendance was probably intermittent because he preferred to work on his own, and the introverted nature of his studies at this time is underlined by his use of a sketchbook (now lost) which contained 'copy from prints which he made when about 14 years old'. Furthermore, during this period William was clearly becoming increasingly preoccupied with the written word, and for this solitariness — as much as could be grasped — for reading as well as for writing was a necessity. The 'vision' of angels in a tree gives us one good clue to William's success in arriving at his state. The existence of a number of poems, with one or more of them (even though they are unidentifiable) dating from around 1768-9 and one at least specifically singled out by Malkin as having been written before William had reached 'the age of fourteen' (that is, produced before the end of 1771), tends to reinforce the idea that there was possibly a shift in Blake's own priorities during the time we assume he was with Pars. The very survival of these verses convers a sense that he believed he was, more a poet rather than an artist — or, rather less grandly, a draughtsman —. Furthermore, the appearance of these poems in printed but unpublished form in 1783 under the title *Poetical Sketches*, may be seen as some retrospective recognition on William's part that in the late 1760s and very early 1770s his writing was indeed more important to him, where his true ambitions lay — and thus more worth preserving — than any drawings he might have made. The sketchbook full of copies might date from round about 1771, but it was, after all, only copying work. Otherwise the earliest image — also a copy — from Blake's hand dates from a very different period of his life, 1773, when he was working under Basire (no. 1). The point about his perception of his priorities might be reinforced further by reference to William's words concerning defining moments (because well-remembered) in his early artistic development. The writings of the seventeenth century English poet John Milton (1608-74) came as a revelation: 'Milton lov'd me in childhood & shew'd me his face.' The works of the Renaissance painter Raphael (1483-1520) came as a discovery: 'I am happy I cannot say that Rafael Ever was, from my Earliest Childhood, hidden from Me.'

A FIRM GROUNDING IN ART

On 4 August 1772 William was indentured for seven years to the engraver James Basire (1730-1802). As is always the case with the most important decisions, hard facts must have played some part in shaping this particular moment in William's life. Perhaps the most striking feature of it, however, is that another avenue open to Blake at this time had he really wanted to pursue High Art — the seeking of a free place in the newly established Royal Academy — was thereby closed for the time being, or at least left unexplored. Perhaps, had the possibility been considered, Blake's drawing skills were just not good enough to qualify him for entry. On the other hand, perhaps James and Catherine, with a family of growing children, just needed more room for them above the shop. As an apprentice William was to live under Basire's roof all the time apart from holidays at Easter and Christmas, and he also had his clothing supplied. For James, who had himself been indentured as a draper, the whole process was reassuringly familiar. In other ways, certainly, the apprenticeship with Basire was the next logical step for James and William to take, particularly if they wanted to maintain a toehold in the worlds of High Art and trade and commerce. One very important consideration in their minds must have been that whatever William's literary skills, no living was ever to be made out of writing, nor was there any method, such as an apprenticeship, of even laying down some of the first essentials for professional success. The lonely suicide of the seventeen year old poetical prodigy Thomas Chatterton in his London lodgings in August 1770 could only have brought home to the Blakes (for it was quite possible that they had heard about the death) the utter hopelessness of such a career. It is, furthermore, clear from Malkin that from an early age engravings were the medium through which William was most consistently exposed to great art. He would have seen that even though engraving inevitably involved a lot of commercial drudgery it still held out opportunities for emulating the work of the great masters whom he already so admired. We know, too, that the premium for an apprenticeship demanded by Basire was smaller than that required by most other engravers — and also less than that required by any painter had Blake wanted to be a pupil in an artist's studio —. One ingredient must have dictated the moment at which all this happened because Basire, having lost one apprentice in April 1772 and with another about to go on 16 August, probably had urgent need for a replacement.

The fourteen year old William was, so far as we know, never a reluctant engraving apprentice, and he always spoke highly of Basire in later years. He might well have exchanged the freedom he had undoubtedly enjoyed while living at home for a highly regulated regime under Basire, who had undertaken to teach him the 'Art and Mystery' of engraving. But Basire was well suited to being William's master, for he was, in the words of an obituarist, 'liberal minded' and a man of 'ingenuity and integrity'. He excelled at line engraving and produced the image on the copper printing plate mostly by incising lines with a steel burin or 'graver' rather than being largely dependent upon etching and mechanical methods like stippling so widely used by other engravers of the day. It was an increasingly unfashionable technique because laborious and time-consuming and therefore unsuited to the current pace of production in the rapidly burgeoning print market. Nevertheless, because of its emphasis on line, the method coincided with Blake's own so-called 'mechanical taste', which by now was well practised through his own copying — examples of which he would undoubtedly have shown to Basire before he was accepted as an apprentice —.

For a number of reasons, some knowledge of William's time with Basire is crucial to our understanding of his development. His greatest single achievement, well represented in this exhibition, which was the union of his writings and designs on single, etched copper plates and then the bringing of them together in the form of illuminated books, derives from all that he had learnt from Basire (see, e.g. nos. 17, 19, 26 and 28.) He was able to produce and publish these ultimately unprofitable works because his conventional skills as a reproductive engraver (see, e.g. nos. 10, 11 and 12) allowed him to otherwise earn a living. And, if he did not enter his apprenticeship with ambitions to be a history painter, by the end of it history and its partner myth had become for him a clear way of discovering truths about Man and then a medium through which they could be revealed to other people.

The earliest surviving example of William deploying those technical skills which were to serve him so well for the rest of his life is the 1773 print (no. 1) which on the basis of an inscription he put on a later, much reworked, state of about 1810-20 is now entitled *Joseph of Arimathea among the Rocks of Albion*. The figure of a man wearing a loose tunic and Phrygian bonnet is copied, with a few variations, from the gigantic unidentified man who steps towards the viewer from the far right of Michelangelo's fresco of the crucifixion of St Peter, finished in 1549, in the Vatican's Pauline Chapel. The copying of engraving was, as we have already discerned from Blake's early career, a method used by aspiring artists who wanted to learn about anatomy, perspective, chiaroscuro and composition — in short, how to work in the manner of the acknowledged Old Masters —. If we look at William's later 1785 watercolours illustrating scenes from the life of Joseph (no. 14), which show such a clear debt to Raphael but one nonetheless derived from prints, then we can see a characteristic product of such a process. By contrast, the reproductive engraver had to view prints, or any other sort of image, quite differently: the purpose of his craft was the truthful rendering of an artist's picture onto a copper plate so that its image could be printed. Blake's most likely source for the *Joseph* was an engraving attributed to Nicolas Beatrizet (c. 1515-60), whose prints after Michalangelo's frescos were largely responsible for spreading their fame throughout Europe. In choosing to make a copy from this, Blake was undoubtely paying homage to Michelangelo. He may have believed, as others had done, that this curiously detached figure was Michelangelo's self-portrait and that a borrowing would have been a way of catching at his muse. At the same time, the borrowing may have been an expression of ambitions well beyond those of an ordinary engraver — those, in fact, of a history painter —. The image might have had other, equally potent, attractions for Blake: an abiding theme in Blake's life in the 1770s is that of solitariness. One of the 'songs' in his *Poetical Sketches* memorably characterises the writer as 'walking along the darken'd valley/With silent Melancholy', a feeling precisely caught in the *Joseph*. But important though all these considerations may have been in lighting on a choice of subject for his first (?) engraving, in commencing work on the copper Blake was dealing essentially with the first two tasks which every reproductive engraver encountered daily — making a reduced copy from the original for transfer onto the plate and the working always in reverse so that when printed his engraving was a true reproduction —. Although not evident here, the same of course applied to the engraving of inscriptions — such as signatures and titles — on a plate, all of which would be done in reverse writing. Blake's skill in this, which he would have often carried out in Basire's workshop, explains the ease with which he could later execute his etched illuminated books. In the case of the *Joseph*, the copper plate became a 'test bed' for engraving and etching techniques. It cannot be entirely accidental that Blake filled the blank areas around the Michelangelo-Beatrizet figure with rocks, sea and sky. Together with the partially draped figure with bare limbs and flowing beard, which Blake took over from Beatrizet, this print possesses a lot of those motifs — and the ways of rendering their forms and textures — which an engraver would encounter in any picture he would have to copy.

After William had been with Basire for about two years, he was sent out of the workshop to make drawings of the mediaeval tombs of kings and queens in Westminster Abbey. These drawings were for engravings which were to be published by the Society of Antiquaries — Basire's main employer — and the apprentice's part in this appears to have come about almost by accident, because he fell out with his young colleagues. The affair, if it can be described as such, is reminiscent of that time a few years earlier when William's eccentric interest in old prints had provoked the amusement of others close to him. Two of the drawings which William made in the Abbey are included in the exhibition. However, as an apprentice to Basire, he would not have signed the work he executed — it would have been the prerogative of the master to do this — and this explains the signature on both works (nos. 2, 3). Blake's contact with that factual and mythical narrative of English history which is to be found among the memorials in Westminster Abbey was close and inspiring. If we take the drawing of *Countess Aveline, her Effigy seen from Above* (no. 2), then it is obvious that he would have crouched inside the monument in order to take Aveline's likeness and, since there are also drawings of the groined vault over the effigy, William would in all probability have lain down beside Aveline as well. This curious close encounter with a mediaeval burial finds a distant echo in the short prose piece 'The Couch of Death', which is one of the *Poetical Sketches*. The subject of yet another of Blake's drawings made during the time he spent in Westminster Abbey also connects with his writings. One of the tombs he drew was that of King Edward III, the war-mongering monarch who was the victor over the French at the Battle of Crecy. Blake's contact with Edward's staring likeness must have been the catalyst for his Shakespearean play fragment 'King Edward the Third'. In one brief scene of this, the words and the tone of the authorial voice as well as the characterisation are commanding enough to warrant remaining with us for the duration of our looking at Blake's art. In a short episode, set on the eve of battle with one of Edward's Knights and his manservant William, the conversation turns on the nature of ambition and concludes with William being described as 'an endless moralist' by his master. William responds by saying — as the only and best riposte he can offer — 'Now there's a story come into my head, that I will tell your honour, if you'll give me leave'.

During the 'holiday hours' towards the end of his apprenticeship, William produced a series of small drawings illustrating episodes from English history (see no. 4), two of which, we are told, he started engraving. All of these show his interest in themes, based on fact or myth, of tyranny or liberty, and demonstrate how Blake saw art as having a political, and thus polemical, dimension. Despite the relatively modest scale on which William conceived this cycle, its very breadth and thematic consistency marks its creator out as prodigiously ambitious and with aspirations fully comparable with those of the two leading history painters of the day, James Barry (1741-1806) and the court painter Benjamin West (1738-1820.) William's pictorial attempts were, moreover, fully in harmony with the bardic voice he had assumed in his writings: 'Beware, O Proud! Thou shalt be humbled...', he wrote in his 'Prologue to King John'. One of the most explicit instances of Blake's personal involvement in the great sweep of history, the individual's place within it and then a response to it, can be found in the genesis of *Albion Rose* (no. 29). Gilchrist records Blake's 'long remembered... involuntary participation' in the anti-Catholic Gordon Riots which happened in London in 1780. He had been swept along by the riotous mob and had seen London's principal gaol burnt down and its inmates released. Blake's presence at a physically threatening, visually exciting and emphatically historic event — the Gordon Riots were the worst urban riots ever seen in Britain — was an extraordinary counterpoint to the rich imaginative life which he had always led: a life in which his treatment of themes of oppression and injustice, his giving voice to the common man in English history in his dramatic fragments in the *Poetical Sketches*, had been stimulated by the inanimate effigies of monarchs in Westminster Abbey and by the printed word of historians. His reaction to the Gordon Riots — where the imagined became real — finds its finest expression in the ecstatic figure of *Albion Rose* (Albion is the ancient name for England) which was first conceived, significantly, in 1780, as a black and white line engraving.

By the beginning of October 1779 and only a short time after his indentures had expired, the twenty one year old Blake had been admitted to the Royal Academy as a student. A relatively new institution (it had been founded in 1768), the Academy was the only teaching and exhibiting body in London, and for any young artist with serious ambitions, a period of study there was an absolute necessity. It was inevitable, given Blake's achievements by now, that he should go there. His time in the Academy schools — we do not know how long he attended them — was spent going through the usual Academic routines: there are drawings, or fragments of drawings, which show that he studied from the Antique, from the life (no. 6), and even anatomy. His successful absorption of the current neo-classical mode is particularly well shown in the three watercolours illustrating the story of Joseph (no. 14), where the subject matter, the frieze-like composition, the palette and the borrowing of one of Joseph's poses (no. 14b) from a figure in the Niobe group of antique statues demonstrate him subscribing wholeheartedly to what the Academy expected of its artists. The pictures were accepted for the Academy exhibitions of 1785, where they caught the eye of only one newspaper critic, who opined, negatively, 'that grace does not consist in the sprawling of legs and arms'.

At first sight paradoxically — but not so when we realise just how uncompromising a man he already was — William during this period, 1779-1795, which seems to be framed by orthodoxy, was setting himself apart from what the Academy (and with it, polite society) stood for. Drawing from life became a matter for hate because of its 'looking more like death, or smelling of mortality' — a by-product perhaps of often seeing models being posed in the attitudes of classical prototypes —. From this time, too, must date his absolute rejection of oil painting — the only medium deemed suitable in the Academy for the treatment of historical subject matter in the Grand Style — because of its effect of 'losing and obliterating the outline' in a picture. Through his friendship with the sculptor John Flaxman (1756-1826), William gained an entree into a small literary circle, members of which met the cost of printing the *Poetical Sketches* in 1783. Here he sang some of his own poems and 'songs', among them 'Holy Thursday' (no. 17n), but his attendance became less frequent as his 'manly firmness of opinion' seemed more and more out of place in such polite company. And in 1783, whether by accident or design we do not know, the opportunity of travelling to Rome to continue his studies (by at least one artist colleague his drawings were felt to be equivalent to Michelangelo's) slipped away from him. A print-selling partnership with a former apprentice colleague from the Basire days came to an end in early 1786 after only a year or so, and with it went the hopes of the sort of prestige and prosperity which was to be found in this part of the publishing world. If there was any consolation in William's affairs over these years, it was to be found in his marriage to Catherine in August 1782 and then his gradually growing success as a commercial engraver (see, e.g., nos. 10, 11, 12).

MYTHOLOGY AND NEW METHODS

In 'King Edward the Third' 'William' comes over as a purposeful and compulsive storyteller and our own William, briefly the centre of attraction in his circle of literati, was a by no means reluctant singer of his own songs. Just as the knight's 'William' was cut short in mid-fancy by his master, so too, in a sense, was William himself in the literary salon he frequented, because he held such decided and weighty options. The printing of the *Poetical Sketches* was the first tentative (because unpublished) sign of a specific interest in finding a wider audience, through the printed word, for his writings. It was, if we pause to consider the fact for a moment, an extraordinary situation, because there was no precedent in England for anything quite like this among any of Blake's fellow painters and engravers. Other painters might have published their writings on art: the most obvious example is Sir Joshua Reynolds, President of the Academy, whose annual *Discourses* to his students appeared in print, but this was a natural and necessary extension of Reynolds's highly public role in establishing a great national school of art in Britain. Blake's idea of publishing his own poetry in conventional letterpress seems to have remained intact until about 1787-88 (and he turned to it again in 1791, rather hesitantly, when the first book of his poem *The French Revolution* was printed), when he wrote his poem *Tiriel*, but it is with *Tiriel* that we can see him facing the issue of how best to exclude others from the process of disseminating his own original work.

Tiriel is the earliest surviving example of Blake writing and

illustrating a mythology of his own making, and it can thus be regarded at the first of his prophetic books — one of which, *Europe*, is shown complete here (no. 28) —. Nearly four hundred lines long, *Tiriel* never progressed beyond the manuscript stage. The poem gives us an insight into the great range of Blake's reading, just as the flow of the manuscript, with its confident deletions, gives us a strong sense of his compulsion to tell stories. The language of *Tiriel* is full of echoes of the Bible, Shakespeare, John Milton, as well as of the more recent poems supposedly by the bard Ossian, which the Scottish writer James Macpherson (1736-96) published in 1765. Some of the themes in *Tiriel* — blindness and dissembling — also suggest parallels with Shakespearean (King Lear, see no. 4) and Biblical (Joseph, see no. 14) subjects. The name of the blind king Tiriel recalls that of the blind Theban prophet Tiresias, but it is found in a book which Blake must have known, Cornelius Agrippa's *Three Books of Occult Mythology* (1651). Tiriel's parents are called Har and Heva, names which have Biblical origins, with Har meaning mountain in Hebrew and Heva perhaps derived from Havvah, or Eve. The name of Ijim, Tiriel's brother, is found in Emanuel Swedenborg's *True Christian Religion* (1781), which Blake certainly knew. Tiriel's wandering finds a source in many literary works, including, for example, *Orlando Furioso* (see no. 12). *Tiriel* is set in a dim and distant past, and the characters move in a landscape which is by turns mountainous and barren has gloomy forests or pleasantly wooded valleys, according to the mood of the action. Tiriel is the aged, grey-bearded King of the West. He is blind. The laws of his father Har and Tiriel's own silver-tongued wisdom have combined to bring about the cruel enslavement of Tiriel's family. So complete was this repression that each 'weak infant in sorrow' had been futileley 'compelled to number footsteps upon the sand'. Tiriel's sons rebel, he curses them, and leaving them wanders across the world. A big theme soon emerges. Tiriel's blindness symbolises the spiritual and moral blindness of the law-giver whose heart, as a result, becomes possessed of 'madness and dismay'. But his corruption of others is also total, and in his dying words Tiriel, transformed in his own imagination into the evil serpent of Eden, recognises that 'men cannot be formed all alike' and that in the poisonous fruit of his labours lies the seed of his own destruction. King Tiriel, the tyrannical law-giver and master of curses, prefigures Blake's character Urizen (see no. 30). Urizen, like Tiriel, is a 'creator of men' who binds and enslaves them with his laws.

Blake thought highly enough of *Tiriel* to produce a series of twelve finished pen and ink wash drawings as illustrations to it. One of these drawings is shown in this exhibition (no. 16), and the technique which he used in this and the other eight surviving drawings strongly suggests that he intended reproducing them as engravings of the kind he had already produced for book publishers. It does therefore seem obvious from this that William saw his words being printed in conventional letterpress. The engravings, were they to have been the same size as the drawings, would have fitted sideways and rather uncomfortably (because at right angles to the text) into a quarto sized volume. *Tiriel* was, therefore, going to be unwieldy and expensive in the form that Blake must have had in mind for it. Not only was the theme grand and obscure, but much time would have been needed to engrave twelve illustrations and there was also an overwhelming and quite unconventional imbalance between text and illustrations. In the scale of its theme and in its possible form, *Tiriel* certainly seems to anticipate Blake's later illuminated books. It can equally well be regarded as the catalyst for innovation in book production because of the problems it posed.

Whilst Tiriel is difficult to date but seems to be from the period 1787-8, there is no difficulty at all about dating William's early attempts at finding a new method of first printing and then illustrating his writings, for at the end of his two-page playlet or 'Revelation' *The Ghost of Abel* of 1822 he attached the words 'Blakes Original Stereotype was 1788'. In terms of conventional printing the word 'stereotype' is used to describe a solid plate of type metal which has been cast from the moveable typeface after it has been set up. Blake's process, as we shall see, was very different, but the definition is useful as a means of conveying both some idea of how Blake first saw his conception and the appearance of his copperplates (or the lettered part of them) after he had finished working on them. The nearest we can get to Blake's own description of his discovery of what is now known as relief etching has come down to us via someone who knew him and who published details of it in 1828; this account was embellished further by Gilchrist in his 1863 *Life of Blake*. Intriguingly, *The Ghost of Abel* itself appears to contain an obscure allusion to the means of 'discovery', for it includes the appearance of a ghostly 'Form Divine' of dead brother (that is, Abel). William and his young brother Robert, who had died in 1787, were, according to another early biographer who was close to William's widow Catherine, 'like plants planted side by side [who] entwined the luxuriant Tendrils of their Expanding Minds'. One detail of this extremely close relationship stands out — one which seems to inextricably link William's career as an engraver with Robert's mortal existence and thus help define it thereafter — and it is that William commenced his apprenticeship with Basire in 1772 on Robert's birthday. We may, perhaps, even stretch a point by mentioning

that William embarked on his artistic career at Pars's school in Robert's first year. These were two coincidences which maybe helped make it inevitable that Robert should be so closely identified by William with the inspiration for his new method of printing:

Blake, after deeply perplexing himself as to the mode of accomplishing the publication of his illustrated songs, without their being subject to the expense of letter-press, his brother Robert stood before him in one of his visionary imaginations, and so decidedly directed him in the way in which he ought to proceed, that he immediately followed his advice, by writing his poetry, and drawing his marginal subjects of embellishments in outline upon the copperplate with an impervious liquid, and then eatingthe plain parts or lights away with aquafortis considerably below them, so that the outlines were left as a stereotype. The plates in this state were then printed in any tint that he wished, to enable him or Mrs Blake to colour the marginal figures up by hand in imitation drawings.

The description clearly identifies William's *Songs of Innocence* of 1789 (no. 17) as the main reason for the exploration of new printing methods. However, we can, with certainty, pinpoint the early 'tractates' — *All Religions are One* and *There is No Natural Religion* (no. 15) — as the earliest relief printing experiments, because the plates are small in scale, the lettering is relatively large and there are obvious signs of imperfect printing caused by the acid biting unevenly, which Blake has then rectified by strengthening with pen and ink work. In order to convey to the viewer of this exhibition some idea of Blake's great originality and at the same time to clarify his methods, an electrotype of one of the original copper plates for the illuminated book *Songs of Innocence and of Experience* has been included in the display (no. 17e). This electrotype is not strictly true to the lost copper original. The raised shiny parts of the plate were those areas — in the copper — which were left unbitten when the plate was immersed in etching acid. Blake achieved this result by using a stopping-out (that is, acid resistant) liquid to draw his designs and write his texts (backwards, of course) on the plate. These remained in relief after the acid biting process and when inked provided the surface off which the printed image came. In a *Prospectus* which Blake published in 1793 in order to advertise his illuminated books, he claimed that they were created by a 'method of Printing which combines the Painter and the Poet'. This suggests that he almost certainly used a very thin brush but also a pen to 'paint' his design on the copper. The delicacy which it was possible to achieve with either of these tools can perhaps be most vividly seen in some of the blue watercolour strengthenings among the texts of some of the plates of the copy of *Songs of Innocence* displayed here (no. 17) Blake's entire printing process became a perfect and totally new amalgam of processes already familiar to him — conventional writing, writing in reverse and etching methods and materials —.

Whatever impact the vision of Robert had, and whatever importance William attached to it, it would be true, then, to say that Blake's response was guided by what he already knew about traditional print-making methods and that it could only have yielded results through searching experimentation. Our knowledge of the unique result — for all the inventiveness of the age, there is nothing else like William's relief printing in eighteenth-century European art — must transform Blake in our eyes from the highly accomplished craftsman — as seen in his commercail engravings — into a man who epitomises the Romantic artist. One who, if he had not by his invention necessarily secured a public for his work, had at least the means entirely at his disposal to woo the public without the intervention of any middlemen — be he printer, publisher, bookseller or even Royal Academician —. In his illuminated book *Jerusalem* (see no. 53), William wrote, 'I must create a system, or be enslaved by another man's'. Inevitably, therefore the experimentation did not stop. It was quite natural for William to want to work on a larger, more impressive scale and in works which possessed something of the future of oil painting. The consequence, by the early to mid-1790s, was colour printing, achieved either by applying pigments to the copper relief plates — as seen for example in *The Marriage of Heaven and Hell* (no. 19) and *Songs of Experience* (no. 27) — or by a monotype method, as seen in two examples of the large colour prints shown here (nos. 33, 34). These represent the technical and artistic high point in Blake's development of colour printing.

If the subject matter, combined with the great beauty of their colour and accidental surface reticulations, means that these large colour prints are entitled to a place among acknowledged masterpieces in oil and watercolcour produced by Blake's contemporaries, it does have to be borne in mind that his technical audacity did not always have a successful outcome. William invented his own method of tempera, or as he later called it, 'fresco', painting which, in his view (but mistakenly) restored to modern art the methods used by true painters (that is, the frescoists) of the Grand Style, for example, Michelangelo and Raphael; he combined this with his belief in the use of a firm line, as used by the old engravers such as Dürer. His ambition was to achieve 'clear colours unmudded by oil, and firm and determinate lineaments unbroken by shadows, which ought to display and not hide from'.

Two works painted in such a method (nos. 37, 38) are included in this exhibition, and a technical examination of the first of these, *The Body of Christ Borne to the Tomb*, throws light on how Blake went about emulating the frescoists. The canvas has a ground of absorbent glue and whiting (intended to imitate the absorbent plaster ground in true fresco). A rough pencil sketch of the subject was drawn over this ground. Over this are thick layers of water-based glue alternating with very thin washes of watercolour which are held together with a plant gum. The forms are finely drawn in with pen and ink lines both before and after the application of the colour (I am grateful to Anna Southall for information on this subject). Blake's interest in exploring such a technique — which was not in fact as durable or as true to historical models as he would like to have believed — was certainly a direct riposte to the Academicians and particularly their President, Reynolds, who placed their faith in oil paintings and in 'painterliness' and chiaroscuro above all else when it came to technique.

THE INTERPRETER

Just as the sheer inventiveness of Blake the technician helps shape — and at the same time clarify — our view of an artist who is customarily regarded as 'difficult', so a knowledge of something of the complex imagery to be found in his pictures, illuminated books and prints is vital both to enjoying his art, understanding it and thus comprehending why he occupies a unique place in European Romanticism. The watercolour *Los and Orc* (no. 21) provides a good starting point.

This is an early version of the design which appears on one of the plates of Blake's illuminated book *America a Prophecy*, which is dated 1793 (see no. 26). The exact subject, entirely of Blake's invention, remains obscure without at least referring to this and the text of plate 20 of the slightly later *First Book of Urizen* (see no. 30) although Blake has in fact successfully established its mood through conventional pictorial means. The actions and gestures of the two figures suggest fear and horror. By setting them in a vast, dark and gloomy mountainous landscape which is predominantly brown and grey, Blake has also created a feeling of the terrible and sublime which very much reflects the aesthetic theories set out by Edmund Burke in his book *A Philosophical Enquiry into the Origins of our ideas of the Sublime and Beautiful* (1757). The naked male figure chained to the rock recalls the punishment meted out by Jupiter to Prometheus when he stole fire from the Gods. His pose also reminds me of the engravings which Blake produced for J.G. Stedman's Narrative (no. 36b).

In fact, the scene shown in *Los and Orc* illustrates an episode which is the immediate consequence of Los's jealousy of Orc as depicted in plate 21 of *Urizen* (no. 30c). This kind of cross-referencing and exploration in Blake's writings and images is essential in order to establish the significance and motives of Blake's characters. We know from the illuminated books *Milton*, dated 1804 (see no. 52) and *Jerusalem*, also dated 1804 (see no. 53), that the male Orc is the first-born child of Enitharmon and Los. In *Urizen* (plate 19) he is described as 'the child with fierce flames' who issued forth from Enitharmon. When Orc was fourteen years old his father, who was jealous of him, had him tied down, howling, with the 'Chain of Jealousy' on a mountain side (written about in *America* plate 3 and *Urizen* plate 20). Driven by remorse Los and Enitharmon eventually return to the mountain to release him. Orc's name might be an anagram of 'cor' because, as we know from Blake's manuscript poem *Vala, or The Four Zoas* (dating from about 1797-1807), he was the 'terrible child' who 'sprang forth' from his mother Enitharmon's heart. An association between Orc and his fiery temperament can also be found in the word 'Orcus', which is one of the names of the classical god of Hell, Pluto. For Blake, Orc represented energy and revolution. In *America*, where he is first mentioned by name, he is described as 'red' — a colour associated with passion, terror and war —. His chaining represents the repression of liberty.

Los first appears by name in *America* and then again in *The [First] Book of Urizen*, both dated 1794. He is one of two children (the other being Enitharmon) resulting from the union of Enion and the male Tharmas. They were born when the land of Beulah was in a state of 'dark confusion' (*Four Zoas*, Night the Seventh). He grew into a powerful, physical, obdurate figure with a 'mighty stature' (*Four Zoas*, Night the Seventh), 'furious limbs' (*The [First] Book of Urizen*) and a 'furious head' (*Four Zoas*, Night the Fourth) with a 'mighty forehead' (*Four Zoas*, Night the Seventh). Los built the 'Ruin'd furnaces' of Urizen and formed 'Anvils of Iron' (*Four Zoas*, Night the Fourth). At the time of his son Orc's birth 'sweat and blood slood...in globes' on Los's limbs when he also 'fear'd Eternal Death and Uttermost Extinction' because of Orc's potential (*Four Zoas*, Night the Fifth). Los's determination to quell the 'fiery child' is obvious from the way in which he chains him down. Los's song is that of 'the Eternal Prophet' (*The Song of Los*, Pl. 3) who reveals eternal truths, and Blake links himself and thus his own poetic and creative imagination with Los in *Milton a Poem*: '...Los had entered into my soul: /...I arose in fury and strength.'

The figure of Orc appears in six of Blake's books, including *America* (see, e.g. no. 26c) and *Europe* (see, e.g. no. 28f) Los appers in eight of the books: at the end of *Europe* he 'Call'd all his sons to the strife of blood' which is the French Revolution (no. 28q).

If we now turn to another figure who dominates Blake's writings, Urizen, we find that he appears in eight books. He is first introduced by name in *Visions of the Daughters of Albion* (1793), and his importance for Blake can be changed from the fact that Urizen is the first of his characters to have a book devoted to him — *The [First] Book of Urizen* (1794), the title page of which depicts him (no. 30a) —. In the manuscript poem *Vala, or the Four Zoas* (1795-1804) Urizen is born out of Vala the goddess of Nature, when he is described as 'Prince of Light / First born of Generation'. He grew up in the pleasant land of Beulah where, in league with Luvah (a male figure who represents the emotions, particularly Love) he began his task, which lasted 'ages after ages', of binding and enslaving his fellow beings, using his 'enormous sciences' to create a 'web of deceitful religion' (*Four Zoas*, Night the Eight).

Urizen is a stern, brooding and envious figure. His loins are 'cold' (*The Book of Ahania*, 1795, pl. 2); his spine is 'vast' (*The Book of Los*, 1795, pl. 5); his limbs are 'frozen' (*Four Zoas*, Night the Eighth); and his skin is 'bark'd over with wrinkles' (*Four Zoas*, Night the Sixth). He wears white robes (*Four Zoas*, Night the Ninth), and he is sometimes covered in snow (*Four Zoas*, Night the Seventh). He bears a gloomy spear, wears a cold, silver helmet (*Four Zoas*, Night the Sixth), and carries a 'globe of fire' to light his way (*Four Zoas*, Night the Sixth). He takes up his position in his heaven alone, either in a 'cave' (*Four Zoas*, Night the Sixth), on a 'rock' or on an 'iron crag' (*Four Zoas*, Night the Seventh) among the clouds, and he is in command of an 'army of horrors' (*The Book of Ahania*, pl. 4). In his solitude Urizen writes continuously in his 'Books of brass, iron and gold' (*The Song of Los*, 1795, pl. 7) with an 'iron pen' (*Four Zoas*, Night the Sixth). Of these books, the most important is the first, made of 'eternal brass' (*The [First] Book Urizen*, pl. 4). This feature of Urizen's existence has obvious Christian, Biblical connotations, not only in the way it reminds us of the way the Bible itself is divided into Books but also — in the specific case of the 'Book of Brass' — of the Book of the Law of Moses. Indeed, in *America a Prophecy* Urizen is linked with Moses, as in 'the fiery joy, that Urizen perverted to ten commands' (pl. 8). In Biblical terms, too, brass is a strong and durable metal, yet also one out of which false idols are made. Urizen is sometimes shown with an open book of laws before him, as in the Tittle Page to *The [First] Book of Urizen* (no. 30a) an in Christian iconography and Apostle or a founder of a religions order is often shown holding an open book as a symbol of his word or rule.

Urizen, Los and Orc as well as some of the other characters who are mentioned above are just a few of the strangely named figures (and places) which are to be bound in Blake's epic books and which appear at first to be shrouded in impenetrable obscurity. However, these particularly important figures in Blake's mythology soon become instantly recognisable because of these very distinctive physical and mental attributes which are gradually discoverable through the cumulative effect of Blake's descriptions of them, through their actions and through his desenphons of them in his designs. In Los, most importantly because he is the representative of the creative imagination, is 'the Eternal Prophet' and 'enters' Blake's 'soul', we see the artist defining his own prophetic role in his own system and announcing what is achievable through his own work. Blake did, of course, make clear in other ways just what his intentions as an artist and writer were, and we have to be aware of these before we can progress beyond the sheer pleasure of watching his powers as an innovator, draughtsman, columnist, and wordsmith. Not only did he write that he must 'create a system...' but he claimed further, also in *Jerusalem*, that he wanted 'to open the immoral Eyes of Man inwards, in the Worlds of Thought.' In a letter of 1803 to his patron Thomas Butts, he enlarged on this further by defining the best way of doing this: 'Allegory address'd to the Intellectual powers, while it is altogether hidden from the Corporeal Understanding, is My Definition of the Most Sublime Poetry'. Blake's younger contemporary, the poet Samuel Taylor Coleridge (1772-1834), defined allegory as '...the employment of a set of agents and images being so combined as to form a homogeneous whole' and, it should be noted, from an early age Blake had been exposed to allegory and its sublime possibilities through, for example, the *Bible* and the Gods and heroes of the Antique world he had observed in Pars's school and the Royal Academy.

So, for the newcomer to Blake's art it has to be remembered firstly that the artist and writer saw himself working within a familiar tradition of language and symbols and secondly once we have recognised this and, even if only imperfectly, the characteristics of the figures contained within his allegories, we can begin to understand the universal truths of which they tell. Thus, the picture of Urizen on the Title Page of *The [First] Book of*

Urizen cannot be complete in our eyes without our knowing that he is writing out his tyrannical rules of false religion based on Reason which limits Energy, Imagination and Revolution. The powerful and famous frontispiece to *Europe a Prophecy* (no. 28a) — which was entitled 'The Ancient of Days' by one of Blake's friends after the artist had died — shows Urizen (immediately recognisable, anyway, by his long, flowing, white beard) as he is described in, once again, *The Four Zoas*:

So he began to form of gold, silver and iron
And brass, vast instruments to measure out the immense & fix
The whole into another world better suited to obey
His will, where none should dare oppose his will himself being King
Of All, and all futurity he bound in his vast chain.

This is the Tyranny of materialism and reason, the binding of the 'infinite' which was an example to earthly 'Kings and Priests'. With Europe as a prophecy of the impact the French Revolution would have, its frontispiece exemplifies that condition of Man which was responsible for the 'torment long foretold' (that is, the Revolution) (no. 28d) The consistency of Blake's attack on the chaining of the mind which was induced by Reason and to the exclusion of all else in what was above all the Age of Reason is revealed in what is probaby his other most famous design — *Newton* of only a year later (no. 33) —. The great English mathematician and philosopher Isaac Newton (1642-1727) had defined the universe, the movement of the planets and their relationship to the Earth, and gravity in a mathematical, highly reasoned model. In Blake's day his reputation was unassailable. The motif of the hunched figure, compasses in hand as he plots a geometrical pattern is obviously close to the Urizen of *Europe* — but for Blake's own unequivocal and immediately accessible commentary, applicable to both figures, we need only look back to one of the pages in one of the *Tractates, There is No Natural Religion* of 1788 —. This shows a bearded man kneeling on the ground measuring out one side of a triangle with a pair of compasses. The words which accompany the image are 'He who sees the inifinite in all things sees God. He who sees the Ratio (that is, Reason) sees himself only'. The always questioning Blake, having discovered it in himself, invites us now, as he did in his own time, to look for and find the God within ourselves.

BLAKE AND GOYA:
CONVERGENCE AND DIVERGENCE BETWEEN TWO WORLDS

by Francisco Calvo Serraller

Enrique Lafuente Ferrari's memorable study *Antecedentes, coincidencias e influencias del arte de Goya* (Forerunners, Conjunctions, and Influences in Goya's Art) published in 1947, though it was meant to be issued as a catalogue for the exhibition held in Madrid 15 years earlier, in 1932, contains a chapter entitled 'Goya and English Painting', tracing influences and points of contact. Taking for granted that Goya was familiar with and had considerable appreciation for eighteenth-century British art, as he was later to show, in that chapter Lafuente Ferrari pointed out that two great generations of English painters of the period did not coincide with Goya's generation: the first, consisting of Reynolds, Gainsborough, and Rommey, who were born in 1723, 1727, and 1724, respectively, was earlier than that of the Spanish master, who was born in 1746, while the second, headed by Lawrence, who was born in 1769, was later.

Significantly, Lafuente Ferrari did not include in that chronology the three English artists who were most directly related to Goya and who belonged to the same generation. I am referring to Henry Fuseli, born Swiss but naturalized British, who was born in 1741 and died in 1828 and hence was only five years older than Goya and died the same year; John Flaxman (1755-1826), just nine years younger than Goya; and lastly, William Blake, 1757-1827, who was born eleven years after Goya. Since Lafuente used the chronological definition of a generation devised by Ortega y Gasset, namely, a separation every 15 years, these three British artists obviously did not in his mind merit the epithet 'great English painters of the eighteenth century'. No less significantly, in a later chapter than the one referring specifically to English painting, Lafuente Ferrari did mention the influence of Flaxman on Goya, thereby corroborating another Spanish scholar, Angel Barcia[1], writing that:

As for Flaxman, not only must [Goya] have been acquainted with the pure lines of his engravings, illustrations to Homer and Dante, but on occasion even took inspiration from his compositions, sometimes virtually to the point of imitation: it was Angel Barcia who observed that three of Goya's drawings in the National Library were inspired from compositions by the English artist.... In other drawings at the National Library and in similar drawings with the same clean lines obtained using India ink and a fine brush, Goya attempted to render his own version of that pure Neoclassical style. That unexpected point of union between Goya and Flaxman, which went unnoticed until Barcia called attention to the similitude, furnishes confirmation of Goya's insatiable curiosity and his desire to experience everything, even if only on a temporary whim. Because only for a moment was Goya able to stand still for this cold, knowing, staid, antiquated art that took pleasure in evoking scenes from antiquity or from Dante's poem rendered in drawing by stale subjects taken from a cold statuesque conception of form and a static equilibrium of composition. Goya was well aware that that was not what had to be done and that that passing fancy was not by any means the route to the art of the future[2].

I have chosen this lengthy quote from Lafuente Ferrari as yet another example of the arbitrary history of taste, which exerts its own important influence on historians. If today those value judgements in respect of the quality and significance of Flaxman's art seem inappropriate, still more surprising is that deliberate assertion, expressed in the form of an interpretation of what Goya did or did not think, namely, that that path did not lead to the art of the future, startling if we turn our thoughts to David or Ingres, the latter not only the mainstay of what has been called 'the Romanticism of line' but a constant influence on all avant-garde art, since his not only had a direct impact on Dégas but also influenced Modigliani, Matisse, and Picasso himself, to cite only a few of the most important, as Lafuente well knew, as he was not a historian to turn his back upon the avant-garde.

It is therefore clear that Lafuente, whose reputation for avoiding the pitfalls of academic prejudice was well deserved, was unable to see what now seems so obvious to us. Furthermore, that inability to see was not his alone but was shared by all art historians, including British art historians, until at least 10 years after the publication of Lafuente Ferrari's book, when an important exhibition was held in Washington in 1957 and M. Butlin published a catalogue of Blake's works in the collection at the Tate Gallery. What is more, the first serious study by a major art historian at around the time we are considering here was

Anthony Blunt's *The Art of William Blake*, which appeared in 1959, and went so far as to contain a foreword in which the author expressed strong reservations about the artist. If, in closing, we leaf through the major art histories of the eighteenth century, even those dealing exclusively with British art in that period, before the start of the movement that championed an appreciation of that artist, we find that not only Blake himself, but also those who were close to him artistically, such as Fuseli and Flaxman, were not taken seriously, and in some cases they were not even mentioned.

The subsequent change in the view of historians, and through them in that of the public itself, was unquestionably attributable to the influence of Surrealism, which defended the merit and importance of all visionary artists, who until that time had been regarded as merely extravagant. At the present time, based on what has taken place more or less in the past 20 years, the regard in which the role and significance of these formerly underrated artists is held has undergone a complete reversal. The exceptional importance now attributed to the conception of the 'sublime' and the 'picturesque', now regarded as essential features of the definitive crisis of Classicism, have played no small role in that reversal, over and above the role of social changes in taste already referred to above.

Oddly, until now the only one unaffected by shifts in artistic fashion was Goya, who has been systematically and successively admired by all avant-garde movements and generations of art historians from Romanticism to the present day. The explanation for the unequal historical fortunes of these artists is clear: Goya's objectively greater artistic quality and historical significance. Still, without going into that question, those visionary artists had an undeniable influence on Goya, and contrary to Lafuente Ferrari's opinion, that influence was not merely a fancy on the part of Goya, who was an avid experimenter come what may, but directly or indirectly was a decisive factor with a bearing on aspects of capital importance in the formation of Goya's own imaginative universe in the artist's mature period, which was ultimately responsible for the greatness attributed to Goya in the contemporary world.

Although Blake, Fuseli, and Flaxman have attained considerable popularity in recent decades, the study of their relationships with and influence on Goya is far from complete. It is surprising to note that, as Lafuente Ferrari pointed out, the first reference to their influence was in an article published by Angel Barcia as late as 1900 and that although that influence was duly recorded in most studies and authorized catalogues dealing with Goya, no-one attached any great importance to it until virtually the past 25 years.

Indeed, the depth of that obscurity is surprising, because it was a question of establishing not just conjunctions between worlds, important though they were at a time when very few artists were travelling down that same path, but direct influences, certainly undeniable in the case of Flaxman.

What then, I repeat, is the explanation for the dearth of interest in this question? I just set forth above the hypothesis that the work of Flaxman, Fuseli, and Blake was not accorded much artistic merit until a relatively short time ago, not even in their own country, hence it is understandable that the direct influences by those artists on Goya, though documented, should have been judged to be a sort of irrelevant phase Goya went through in his eagerness to experiment, as it was by Lafuente Ferrari. In any event, the main reason for overlooking the importance of this issue was, once again, the Romantic myth forged at the expense of Spanish art as an embodiment of the spontaneous propensity of the Spanish people towards Realist representation, independently of cultural influences of whatever kind. In Goya's case that image took on extreme proportions, in which the artist was represented as a sort of ignorant bumpkin whose undisputable genius could be ascribed to the spontaneous force of his instinct. Undoing this initial image has been no easy task. It was first necessary to unravel the complex and deeply underlying web of relationships between what Goya painted and the world of the Spanish Enlightenment, as Edith Helman[3] did. Next, it had to be assumed that Goya's receptiveness to the ideological principles of the Enlightenment mirrored another, similar, though much more obvious, receptiveness to artistic borrowings from the Spanish milieu or from foreign artists who had worked or were working in Spain during Goya's lifetime. Finally, at the stage we have reached today, the sphere of influence of those borrowings has been acknowledged to extend far beyond the bounds of what Goya could have experienced directly in our country.

This was quite logical, not only because Goya travelled to Italy in 1771 and died in Bordeaux four years after he had moved to that French city, but also because he had direct dealings with the maximum proponent of the theories of European Neoclassicism at the time, Anton Raphael Mengs, and above all because the publication and circulation of collections of engravings and books came into increasingly common usage. Accordingly, Goya was quite well informed about what was taking place artistically outside of Spain. Besides being acquainted with Italian art, he was certainly very familiar with French art, even the most current art of his time, such as that of David, a contemporary who was born in 1748 and died in 1825, i.e., who was just two years younger than Goya and died three years earlier.

In that respect, despite Goya's famous remark that he knew no masters other than 'Velázquez, Rembrandt, and Nature', it has to be accepted that he had an avid appetite for assimilating all sorts of images or fragments of images by other artists, an ability for that matter shared by all great artists, who literally do not miss the smallest aspect of interest to them in everything they see. Picasso, who was even more visually insatiable than Goya, was a similar case, and a full deciphering of his weave of very different usages is still far from complete.

The problem that interests us here is the specific scope and meaning of the links between Goya's art and that of the group of British artists of the sublime, whose main members were unquestionably Fuseli, Flaxman, and Blake. Although the artist most responsible for disseminating the group's ideas was Flaxman, whose series of engravings inundated Europe, in his work he obviously borrowed many of the inventions of the other two artists, who in turn kept in close touch themselves from 1787.

Goya's debts to Flaxman are many, going far beyond what Barcia first brought to light and, to my mind, what other historians have subsequently demonstrated. For instance, Goya made copious use of Flaxman's illustrations for Dante's *Divine Comedy*, published in 1795 with engravings by Piroli[4], and certain cases, like that of drawing no. 488 in the collection at the Prado Museum (Gassier-Wilson, 765), were direct copies[5]. The drawing indicated by Barcia, in the collection at the National Library in Madrid under catalogue no. 1275, like the other dating from 1795, also drew inspiration from that edition of Dante's work. Specifically, Goya took the six figures illustrating a passage on 'The Hypocrites', canto 23, illustration 73, in the *Inferno*, though in his turn he added a figure of his own to his wash drawing, which he placed in the centre. Gassier himself called attention to two preliminary sketches for the *Caprichos* that were used for the etchings entitled *Pobrecitas* and *Chitón* (1797-1798), namely, the *Caprichos* nos. 22 and 28, which were also associated with Flaxman's illustration of that same passage in Dante's *Inferno*, although Gassier did point out that in his opinion they might also be attributable to Goya's own personal interpretation[6]. Gassier thought that the figure with its back to the foreground in a preliminary study for *Caridad de una mujer* — the *desastres de la guerra* no. 49 — datable to 1812-1815, was also ascribable to that same work by Flaxman[7]. Furthermore, it is also interesting to note that, like Goya, Blake too painted a water colour inspired in the same motif, also from Flaxman[8].

Sarah Symmons, who has written extensively on the subject of influences identifiable in Goya, particularly those of the British artists of interest to us here, has also linked Goya's drawing entitled *Cinco hombres con capas y sombreros*, in the collection at the National Library in Madrid, with the figures in another three of Flaxman's illustrations for Dante's *Inferno*, nos. 1, 2 and 16; and in addition she considered etching no. 32 in the series the *desastres de la guerra*, entitled *Por qué*, datable to 1812-1820, to be an interpretation of Flaxman's illustration no. 24 for Dante's *Inferno*[9]. Symmons also related a sketch for etching no. 18 in the *desastres de la guerra* and the etching itself, entitled *Enterrar y callar*, 1810-1812, to Flaxman's illustration no. 31 for that same passage in Dante's *Inferno*[10].

In his essay 'The Death of the Gods' in the catalogue to the John Flaxman exhibition at the Royal Academy of Arts in London in 1979, Werner Hofmann drew some interesting comparisons not only between Flaxman and Goya but also between Goya and Blake. According to Hofmann, Goya's relationship with Flaxman is based on the aforementioned illustration no. 31 for the *Inferno* and Goya's no. 13 in the *desastres de la guerra*, entitled *Amarga presencia*, and the relationships between *Giants and Titans* for Hesiod's *Theogony* and no. 30 in *Los desastres de la guerra*, entitled *Estragos de la guerra* or between no. 36 for Homer's *Iliad*, *The body of Hector being dragged behind Achilles' chariot* and no. 64 in *Los desastres de la guerra*, entitled *Carretadas al cementerio*. Again according to Hofmann, the relationship between Blake and Goya was based on the frontispiece to *Visions of the Daughters of Albion* (1793) and etching no. 75 in the *Caprichos*, *¿No hay quien los desate?*. But beyond these coincidences, similarities, and correspondences, Hofmann raised an interesting point concerning these artists' treatment of space:

Space is no longer defined as a continuous progress through the planes of the picture but through disconnected groups of bodies in a elastic or infinite depth. The corollary to this fragmentation of space ... is that the figures form groups which can be envisioned not as 'crowd' but as 'masses'[11].

But Flaxman's possible influence on Goya does not stop there and undoubtedly also extends to Goya's series the *Pinturas negras* (Black Paintings). Personally, a few years ago my own attention was drawn to the close similarity between the two flying figures in Goya's *Asmodeo* in his series the *Pinturas negras* and Flaxman's illustrations for Homer's *Odyssey*, particularly illustration no. 17, representing Ulysses' terror at the phantasms 'issuing forth from the depths of Hell', in which two of the three flying figures located in the engraving next to Ulysses' drawn sword bear an obvious formal relationship to Goya's figures, just as the phantasmal entourage in the background below the flying figures might evoke the winding line of figures on horseback climbing up the mountain in Goya's work. The cloaked flying figure in Goya's scene could also be associated with similar figures in Flaxman's illustration no. 33 for Homer's poem, entitled *Mercury leading the souls of the suitors into the Underworld*. Flaxman depicted a similar cloaked subject in illustration no. 6 for Homer's *Iliad*, entitled *Jupiter visiting the demon of sleep upon Agamemnon*.

I am well aware that this lengthy list of influences, similarities, and affinities may overwhelm and strain the patience of the readers of these pages, but I consider it absolutely essential to demonstrate that it is something more than mere coincidence, or as Lafuente Ferrari put it, a fancy of Goya's, typical of his avid appetite for images. What I am trying to say is that Goya's interest in this phase in British art was a direct consequence of his growing attention to the aesthetic creed of the sublime, of which Fuseli, Blake, and Flaxman were some of the most distinguished and passionate exponents. Leaving to one side isolated instances of formal similarities that can be established in the works by Flaxman and Goya, in her comprehensive study *Goya's Black Paintings. Truth and Reason in Light and Liberty*, Priscilla E. Muller emphasized the importance of the intellectual contacts with the British world by Spanish men of learning, in particular Leandro Fernández de Moratín, who even spent some time in England (1792-1793) and who recounted his trip and his experiences to Goya before the latter left for Andalusia[12]. Earlier, Xavier de Salas had called attention to a note on one of Goya's drawings, though not in the painter's own hand, observing that 'Flaxman's works appeared in 1795'[13].

Robert Rosenblum rightly put his finger on the core issue when he pointed out that Flaxman's influence was the catalyst for a reinvigoration of style throughout most of Europe and was not limited to more or less isolated formal parallels. In this regard, after noting that Flaxman exercised an extensive influence on nineteenth-century art that went far beyond the bounds of 'eccentric experiments', Rosenblum wrote that:

Rooted in the reformist artistic current at the end of the eighteenth century, they [naturally referring to Flaxman's drawings] afforded, to use the phrase, the basic alphabet for a new language from which the greatest artists throughout the world all drew inspiration. His particular impact on such different masters as David, Ingres, Runge, and Blake has already received extensive consideration; still, it will do no harm to recall that his influence was so great that it can even be discerned in a drawing by Goya, that genius from the end of the eighteenth century whose direct vision of reality was probably diametrically opposed to that conceptual, linear style: in what appears to be a rapid aquatint of a procession of hooded Spanish monks, we can discover a rather faithful transcription of one of Flaxman's plates from the *Inferno*, the procession of the parsimonious hypocrites trampling the crucified Caiphas. While Goya turns Flaxman's empty spaces and immaterial forms into a world of flickering light and substance, he

nevertheless retains the even, elementary rhythms of the illustration to Dante and the inclusion of these movements in a series of hollow frames in the form of a frieze. In fact, his drawing offers a clear counterpart to the flat, still more severe, structure and the solemnity of movement that are also noticeable in Blake's *The Procession from Calvary*, likewise influenced by Flaxman[14].

Fred Licht, after drawing certain parallels between Goya and Fuseli and Blake, also underscored the revolutionary artistic role linking Flaxman and Goya[15], though unlike the three British artists, Goya's sense of reality made the monstrous seem viable, as already pointed out earlier by Baudelaire[16].

Still, no one dares liken either the talent or the merit of Goya's work to that of these or other contemporary artists, which is not to say that delving slightly into the surface of his paintings, the most personalized aspect, would not continue to yield surprising instances of convergence. In this respect, though up to this point we have emphasized the relationships between Goya and Flaxman, whose formidable gift for synthesis made up for his weaker imaginative powers and intellect as compared to his two colleagues, Fuseli and Blake, traces of relationships between Goya and these two last-mentioned British artists can also be tracked down and are not necessarily interfered with by Flaxman's own influence.

As Priscilla Muller[17] has pointed out, *Saturno*, one of the *Pinturas negras*, reveals a certain resemblance to Flaxman's *Lucifer* for the *Inferno*; but it also bears a resemblance to one of Blake's drawings for the edition of Young's *Night Thoughts*, which enjoyed rather wide dissemination among Spanish men of learning, though whether or not Goya ever had the chance to see Blake's illustrations is unclear, since printing of the edition was halted at a certain point by lack of funds[18]. Still, while on the subject of resemblances, the illustrations of a woman with her arms raised to the sky on page 46, Part III, in the said edition of *Night Thoughts* evinces similarities with the drawing entitled *Joven de espaldas asomada a un balcón, levantando los brazos* in the Sanlúcar notebook, today at the Prado Museum (427). There are also similarities between the illustration of a man sleeping on page 4, Part I, and no. 18 in the series the *Disparates*, the so-called *Disparate fúnebre*. In addition, no. 72 in Goya's series the *Caprichos*, entitled *No te escaparás*, can be linked to the aforementioned illustration for *Night Thoughts*, in which there is a menacing image above the figure's head, and at the same time it is reminiscent of Blake's drawing of a dancer illustrating the *Sixth Night* in the same poem (illustration no. 253).

Certain formal similarities between Goya and Fuseli are also surprising and to my mind should be emphasized by way of example, since, I reiterate, the question is quite some way from having been thoroughly examined and settled. In many cases the hypothetical similarities between Fuseli and Goya can probably be attributed to their both using classical sources. Indeed, the possible formal relationship between Goya's *Capricho* no. 9 entitled *Tántalo* and the painting *Samuel appearing to Saul* at the Kunsthaus in Zurich may well bear witness to this, as already noted by Werner Hofmann, who went on to point out, reasonably, that such relationship did not imply very different artistic interpretations by each of the artists[19]. On analysing *Celadon and Amelia*, one of the illustrations Fuseli made for Thomson's *The Seasons* (1801), which certainly bears a closer resemblance to the above-mentioned work by Goya in that it portrays a man holding the inert body of a woman, Peter Tomory uncovered the source in an old piece of stone inlay work by Winckelmann[20].

In fact, another surprising resemblance between the two, and moreover one which was destined to have its own fruitful existence, is probably a similar case. I refer to the resemblance between Goya's *Capricho* no. 59, *¡Y aún no se van!*, and Fuseli's illustration entitled *Ondina's ghost emerging from the urn* for Friedrich de La Motte-Fouqué's *Ondina*, datable to 1819-1822 and hence evidently later than Goya's work. Nevertheless, either Fuseli's work or Goya's work would later inspire the illustration by the French artist Louis Boulanger for Victor Hugo's *Les Fantômes. Un spectre au rire affreux*, which has been studied by Ilse Hempel Lipschutz[21].

To bring this improvised inventory of more or less proximate formal similarities to a close, Goya's *Leocadia*, one of the *Pinturas negras*, should be mentioned. Its closest pictorial source would definitely appear to be Jusepe Ribera's *El poeta*, yet in spirit it bears a direct resemblance to the elegiac tradition in British Romanticism, in which the figure of Melancholy plays a crucial role and accordingly is also present in Fuseli and his contemporaries.

In addition to these formal 'forerunners', 'conjunctions', and 'influences' — to paraphrase Lafuente Ferrari's apt title — between the world of British art of the sublime that arose towards the end of the eighteenth century, represented chiefly by Fuseli, Flaxman, and Blake, and that of Goya, there remains the essential question of why, or if one prefers, its meaning. Nearly all art and literary historians who have worked on the links between these two worlds and who have noticed the most evident points of contact have recognized the obvious: the enormous distance separating Goya's art from the art of those English artists from many standpoints. Thus, this is not a question that can be considered and settled from the conventional viewpoint of a history of styles and postulated figurative contamination. Rather, it must necessarily be approached from a cultural perspective, that of the culture of the Enlightenment in Europe and its crisis, or at most from an aesthetic point of view, which in turn leads into the final crisis of Classicism and the birth of the art of the contemporary age.

However, to carry out an analysis of this type it is first necessary to establish the events that took place in Spain in that connection during Goya's mature period, something that still remains to be investigated convincingly, among other reasons because to date art history dealing with Goya has concentrated its efforts on critical explanations of the local sources for his art, a question which is not at all at all trivial in view of Spain's historical isolation and its marked peculiarity within the cultural context of Europe as considered here.

Valeriano Bozal has presented one of the few exceptions in his latest books on Goya, *Imagen de Goya* (1983), and especially *Goya el gusto moderno* (1994), in which he has explored in some depth such aspects as 'eighteenth-century sensitivity' and 'the picturesque in Spanish eighteenth-century painting', tracing the evolution of theory and practice in Spanish art in the light of the aforementioned crisis in Classicism[22]. There is evidence that Goya had information on the new ideas in art, and in particular on the sublime, from very early on, because, aside from other indirect sources, Spanish translations of the treatises by Longinus and Burke as well as of the ideas of Mengs and his Italian and Spanish followers were in circulation.

In the third section in his book *Imagen de Goya*, entitled 'Grotesca' [The Grotesque], Valeriano Bozal considered the scope of the sublime in the art of Flaxman, Fuseli, and Blake and compared it to Goya's own interpretation, including both similarities and dissimilarities. This is not the place to analyse his extremely interesting arguments, accompanied by an overview of the status of the question and some personal contributions on the similarities discernible in the images by the said British artists and Goya, along somewhat the same formal lines as discussed above here, except with respect to the final conclusion, which refers to Goya's exceptional 'unwillingness' to 'transcend reality', which most English artists and poets did.

The following passage written by Valeriano Bozal provides an anthological summary:

While Blake and Fuseli created a world that was distinct from, and purportedly transcendent to, the empirical world in their images using the elements that have been discussed, Goya's alterations to his images never transgressed against the verisimilitude of the world as dramatically presented: they supply a better explanation. Perhaps the source of his drama lies in the lucidity of a presentation under a better gaze, of a subject whose negative aspects are appreciated in their full intensity yet cannot be transcended .... [Goya] does not take the position of a moralist or an enlightened reformer, analysing processes and devices in order to change the adverse unfolding of events. His position is one of a clear-sightedness which, dissatisfied with merely recording specific, singular events, intuits in them universally accepted meanings. To reach that point he first had to break with Neoclassical schematism, which viewed the world as a world well made, rational, and enlightened, then with the empirical subject accommodated by that schematism and taken as its ultimate foundation, to reassess his relationship with the world in terms of an experience in which the real discloses its deeper meaning as the meaning of experience itself, not outside it. From the first — *Los Caprichos* — he projected his purposefulness onto that experience, so that the meaning would come through more clearly; later — *Los Desastres* and his paintings of war — even that purposefulness was removed, to allow experience to speak out on its own. The image of a naked man, the image of a solitary man, so superbly rendered in *Los Desastres* and in *Los fusilamientos*, suits that Goya, the Goya who, in *Los Disparates*, forged on alone into what perhaps might be called his Romantic temptation[23].

Ultimately, the point I would like to raise is, to what extent was Goya's incorruptible underpinnings in the real part of a cultural tradition peculiar to Spain, that Spanish realism that has been trumpeted far and wide and has had such paradoxical aesthetic and moral effects, and whether from that vantage point the sense of the sublime in Goya can be distinguished from the group of British artists considered here?

As Antal[24] has explained in connection with these same British artists, but particularly with reference to Fuseli, the formal sources in which their art was rooted were basically manneristic, in stark contrast to those of Goya[25]. In his *Public Address*, written around 1810, Blake angrily denounced naturalism and Rembrandt, the two main sources of inspiration, together with Velázquez, that Goya considered basic to his art. Blake asserted that 'People believe that they can copy nature as properly as I copy the imagination. This cannot fit into their minds: and all the copies, or alleged copies, of nature, from Rembrandt to Reynolds, prove that in the hands of her victimizers nature is reduced to blurs and smudges[26].

Blake may sound here too traditionally orthodox and Classicist, taking this idea virtually unchanged from Mengs, who appears to have been the inspiration for his stance. Nevertheless, as Anthony Blunt has pointed out, I believe that, following the interpretation made by Bishop Lowth, both Blake and Fuseli himself identified the category of the sublime with the spirituality in the Old Testament, in which the spiritual is in fact *sublimation* of the material[27]. Protestant mysticism is obviously behind that idea, which Fuseli was to develop even more overtly in his *Lectures on Painting*, written between 1801 and 1823, in which the physical aspect of painting reached its moral-spiritual acme through the notion of time. Drawing differed from colour, he tells us, in that it does not fade over time.

As Svetlana Alpers[28] has pointed out, just as Rembrandt's tactility is Catholic in nature and stands in opposition to the pure, intangible visibility of the optical realism of this Dutch painter from the second half of the seventeenth century, in Goya the real pulsates in the midst of the deepest darkness, and the artist refuses to give up the material sense of what he touches or to shrink from the most appalling of phantasms, the more dangerous and menacing the more positively real they seem and become. From this perspective, the convergence of these two British artists and Goya through the sublime becomes the jumping off point for a fork in the road; the real that leads to a beyond and the real that leads nowhere. And indeed, much of the history of the two countries at the dawn of the contemporary age is also written in that fork in the road.

NOTES

1. Angel Barcia, *Catálogo de le colección de dibujos originales de la Biblioteca Nacional*, Madrid, 1906, no. 1275, p. 206.

2. Enrique Lafuente Ferrari, 'La situación y la estela del arte de Goya', in *Antecedentes, coincidencias e influencias del arte de Goya*, Madrid, 1947, pp. 134-135.

3. Edith Helman, *Trasmundo de Goya*, Madrid, 1963 and *Jovellanos y Goya*, Madrid, 1970.

4. See W.P. Friederich, *Dante's Fame Abroad, 1350-1850*, Chapel Hill, 1950, pp. 13, 47 and 50; see also Corrado Gizzi (ed.), *Flaxman e Dante*, Milan, 1986.

5. Pierre Gassier and Juliet Wilson, *Vida y obra de Francisco de Goya*, Barcelona, 1974, p. 195, nos. 760-764.

6. *Ibid.*, p. 179.

7. *Ibid.*, p. 272.

8. See Albert S. Roe, *Blake's Illustrations to the Divine Comedy*, Princeton, 1953.

9. Sarah Symmons, 'John Flaxman and Fancisco Goya: Infernos Transcribed', in *The Burlington Magazine*, CXIII (1971), p. 511.

10. *Ibid.*, p. 512.

11. Werner Hofmann, 'The Death of the Gods', in *John Flaxman*, London, 1979, pp. 19-20.

12. Priscilla E. Muller, *Goya's Black Paintings, Truth and Reason in Light and Liberty*, New York, 1984, pp. 128-129.

13. Xavier de Salas, 'Sur cinq dessins de Goya adquis par le Musée de Prado', in *Gazette des Beaux-Arts*, VI-LXXV 29-42.

14. Robert Rosenblum, *Transformaciones en el arte de finales del siglo XVIII*, Madrid, 1986, pp. 150-151. Retranslated from Spanish.

15. Fred Licht, *Goya, the Origins of the Modern Temper in Art*, London, 1980, p. 193.

16. Charles Baudelaire, 'De l'essence du rire et généralement du comique dans les arts plastiques', in *Oeuvres complètes*, ed. Marcel A. Ruff, Paris, 1968, p. 389: 'Le grand mérite de Goya consiste à créer le monstrueux vraisemblable'.

17. Priscilla E. Muller, *op. cit.*, pp. 172-173.

18. See Edgar Allison Peers, 'The Influence of Young and Gray in Spain', in *Modern Language Review*, XXI (1926) 404-415.

19. Werner Hofmann, 'A Captive', in *Henry Fuseli 1741-1825*, London, Tate Gallery, 975, p. 35.

20. Peter Tomory, *The Life and Art of Henry Fuseli*, London, 1972, p. 115.

21. Ilse Hempel Lipschutz, *La pintura española y los románticos franceses*, Madrid, 1988, pp. 215-217.

22. Valeriano Bozal, *Goya y el gusto moderno*, Madrid, 1994, pp. 13-97.

23. Valeriano Bozal, *Imagen de Goya*, Barcelona, 1983, pp. 257-259.

24. F. Antal, *Estudios sobre Fuseli*, Madrid, 1989, pp. 112-168.

25. *Ibid.*, pp. 138-139: 'There is a very interesting parallel in composition between Fuseli [referring to his painting *The Nightmare*] and the famous page in Goya's *Caprichos* entitled *El sueño de la razón produce monstruos*, made 15 years later; the subject is so unusual yet so absolutely emblematic of these two artists that it suggests the possibility that Goya might have seen an engraving of Fuseli's work. Goya's own work, influenced by Addison and the Enlightenment, was not in principle an attack upon reason but rather was meant to suggest that the monsters of superstition, prejudice, etc. could be vanquished. However, Fuseli loved his monsters, and his painting *The Nightmare*, like *The Three Witches* and *Lady Macbeth*, had political and social connotations. I naturally accept that there was tension in the air during the 1780s, but I do not believe that Fuseli was so concerned with politics as to have consciously endeavoured to issue a political and social warning in that painting (or in *The Three Witches* or *Lady Macbeth*) certainly to a much lesser extent than Goya in the *Caprichos*. The motif of dreams, mostly bad dreams, and nightmares, in the main tormenting femal nudes, was to continue to absorb Fuseli's attention, but he generally placed this in the framework of mythology.... In fact, religious freedom was dearer to Fuseli than politics'.

26. William Blake, 'Public Address', in *Complete Poetry and Prose*, Geoffrey Keynes ed., London, 1975, pp. 623-624. Retranslated from Spanish.

27. Anthony Blunt, *The Art of William Blake*, New York, 1959, pp. 16-17.

28. Svetlana Alpers, *El arte de describir. El arte holandés en el siglo XVII*, Madrid, 1987, pp. 302-310.

THE INVENTION OF WILLIAM BLAKE

by Estrella de Diego

The top half of *Crime or Wonder*, the opening illustration to Max Ernst's 1929 work *Femme 100 têtes*, is dominated by a classical rendering, set off in white, of William Blake's monumental figure of the Archangel Gabriel, from the first of the illustrations to the poem 'The Grave', urging a skeleton to rise up out of its grave. In Ernst's work an immense, overwhelming Gabriel, without the horn he was blowing in the original, seems to emerge from out of a balloon; he appears to be pulling on some ropes that come out of an oval object, while some small, struggling figures toil at holding it down, perhaps in an endeavour to pull towards themselves that figure which, seems still more classical, more monumental, when compared to the crown of tiny men that Krauss, on whom the borrowing was not lost, views as having issued forth from a Medieval tympanum[1].

The borrowing should not appear to be as strange as it might seem at first sight. Instead, it should be regarded as natural for a surrealist to have set his gaze upon one of Blake's works. In an interview with André Parinaud, Breton himself cited the English artist as one of the nineteenth-century men who had set out upon that 'mystic path' which cannot be discussed 'in rational terms', that *quest* for the poetic which for Breton reached its apogee in Lautréamont and Rimbaud[2].

The allusions to Blake's works — or at least to his figure — are chronic in books dealing with Surrealism. He is usually referred to in such books using the ambiguous term 'forerunner', along with other artists who one way or another were harbingers of a different way of seeing things — Bosch, Arcimboldo, Goya, Fuseli, etc —. The inclusion of Blake is a nearly routine fixture of modernism or of revelations, who is to say, since his contemporaries already referred to him as 'le Voyant'[3], the visionary, the seer, who went beyond the gaze, who saw what others overlooked. What more could the Surrealists ask for, one might wonder?

Dreams, visions, prophesies, revelations. In sleep Blake saw what the Surrealists hoped to see in dreams; he wrote using a sort of automatic writing, though in his case the source was more Divine than from within himself, as might be inferred from the opening verses to his poem 'Jerusalem':

This theme calls me in sleep night after night, & ev'ry morn
Awakes me at sun-rise, then I see the Saviour over me
Spreading the beams of love, & dictating the words of this mild song

Perhaps because he saw in sleep what the Surrealists hoped to see in dreams, artists close to the movement like Maurice Nadeau defined him in their biographical notes as 'mystic, poet, and painter, forerunner of Romanticism'[4] or took him as the starting point for their peculiar Surrealist eroticism, as Robert Benayoun did in his *Erotique du Surrealisme*.

In any event, despite the implied resemblances, even making allowance for the differing natures of the voices, it is hard to tell just how much the Surrealists actually read of Blake directly and how familiar they were with his work, though to judge from Ernst's borrowing they would seem to have had some degree of familiarity with it. However that may be, they — and not only they — were certainly most intrigued by his visions and his perception of the sources of knowledge 'as much outside the self as inside', the way 'the scene, rather than being possessed by Blake, presents itself to him every night'[5]; his way of working from something — whatever it might be — that stood outside reality, apprehended as naturalism, as a faithful copy of the world as perceived by the senses. And they, like so many before and after them, assuredly invented him, in their own likeness, though, as always happens in such constructions, that very invention of Blake's figure also contained part of the truth.

Yet behind the Surrealists' fascination with Blake's visions, there may also be concealed other powerful ties in common, unrelated to automatism and its associated phenomena: from their rereading of Swinburne the Surrealists came to see in the fabled figure of Blake the very genealogy of Modernity itself.

Algernon Swinburne's construction of Blake in the 1860s unquestionably influenced many of the interpretations that followed later. The Blake that appears in the 1868 biography by the author of *Lesbia Brandon* was not only a temperamental man[6], the revolutionary associated historically with such figures as Mary Woolstonecraft, but also a man with a propensity towards 'holy insurrection', who rebelled against God to be god on Earth, as

Praz has explained[7]. In fact, Swinburne drew attention to the diabolical aspects of Blake's work, and readings of Swinburne's study were to encourage subsequent associations with the lines of thought of the Marquis de Sade and even of Nietzsche, a sadistic vein that showed Blake's image reflected in the mirror of that Decadent author[8], in his own obsessions, to some extent shared by Surrealism.

The extent to which Blake actually saw with eyes open what the Surrealists dreamed of seeing with eyes closed is another question, bearing in mind how difficult it is to establish whether or not his controversial visions were in fact visualizations produced by the physical workings of Blake's sight itself, since some of his friends believed in the physicalness of those visions even more than the artist himself did. Many of Blake's contemporaries described how he would greet Apostles in the street, how he would discuss artistic problems with angels, or how he stopped working when the 'vision' had gone away[9]. However, the issue of what Blake saw and, above all, the way in which it manifested itself to him has remained unanswered.

In an attempt to clarify these ambiguities, Paley explained that 'these visions were not hallucinations but neither were they fantasies; they were *seen*, but were not believed to be 'there' in the sense that physical objects are'[10]; and the anecdote telling how at a gathering at the Aders' when Blake was overheard speaking of one of his visions and was asked by Mrs. Ader where he had seen such a marvellous scene, he answered 'Here, Madam', pointing at his forehead[11].

However that may be, determining the nature of his visions, of such interest to Blake's biographers, is perhaps only part of the problem, though it is essential to a subsequent understanding of his method of poetic construction. Possibly the right question needs to be put very differently: are the many different anecdotes told by Blake's contemporaries things that really happened — hings that were actually *seen* — or were they part of Blake's repeated construction, an artist's invention in which it is so hard to separate history from story?

There does not seem to be any definite answer to that question, and perhaps an answer is not even absolutely necessary. Blake's constructed image as a forerunner of nearly everything — those successive constructed images — turns out to be so intriguing, so suggestive, in itself, that it is difficult to avoid the temptation to which his contemporaries fell victim. Blake, as a constructed figure, can be whatever anyone wants, and within the framework of those inventions and above all in comparisons of the interpretations of different historical periods, becomes a means of ascertaining, if not who or what Blake was then at least who it was

who fixed their gaze upon him. Blake the sadist, impatient, with 'a head like a bullet, an explosive bullet', in the words of Chesterton, who fiercely radicalized Blake's character; Blake the revolutionary, the Romantic, the visionary, ahead of his time, deconstructed, analysed from the standpoint of gender studies.

Let us come back for a moment to Ernst's illustration. Observe the figure strategically placed on the top half of the page, contrasted with the smaller figures spilling from a medieval tympanum. Why did Ernst choose Blake?

If we stop and think for a second that Max Ernst was an artist of strategies, it is possible to venture a reading of the work that goes beyond what has been commonly accepted to date. We might suspect that the artist's choice goes beyond the notion of Blake as a forerunner in the *quest* for the poetic; that the borrowing is justified not only because Blake saw with eyes open what the rest of us hope to see with our eyes closed or because his work embodied visions that were, oddly enough, understood by most of his contemporaries 'and particularly ... by children, who have taken a greater delight in contemplating my pictures than I had ever hoped', as the artist himself wrote in a letter to Trusler on 23 August 1799.

The Gabriel without a horn that the crowd of tiny forms is trying to catch in their net somehow becomes a powerful, solitary giant who, if trapped, will be exhibited as an oddity, the white, well-defined oddity visually presented as a figure in contrast to the compact scene in the bottom half of the print. Blake's image, taken out of context, thus becomes an 'oddity' of the eighteenth century, a time that was itself obsessed with the exotic.

Accepting that Ernst is an artist of strategies who was also familiar with the canonical readings of the Surrealists raises the following question: could that gigantic figure and the miniature figures be something more than just a simple pictorial, dramatic device? In fact, examining Ernst's work, with its giant and its midgets, more closely gives us the impression that we are looking at a scene from *Gulliver's Travels*, whose author, Swift, and his biting humour were such a fundamental part of the Surrealist programme. Swift, moralistic and didactic, like Blake in *The Mental Traveller*, reflected upon the exotic excesses of an age[12] whose insatiable hunger for novelty made everything into something marvellous, as Gulliver was to find to his chagrin on being trapped, caged, and exhibited like an animal in a zoo[13]. The figure of Gabriel opening *Femme 100 têtes* runs the same fate of being overpowered by the little men, suddenly giving the impression that that figure taken from the pages of Blake is, in Ernst's print, a metonym for Blake himself, hovering powerfully above his contemporaries, bustling midgets in a quest for unbridled possession. In his perverse game, Max Ernst has 'collected' Blake, pointing up his dual essence, that of an oddity as a holdover from the eighteenth century and that of an exotic personality — a madman, an 'eccentric'[14] — even to his contemporaries, fascinated by the singular and the sensational, with all the ambivalence that arises from those passions[15]. This interpretation may not be so outlandish bearing in mind how eighteenth century English society could turn everything into an exotic object, a collector's item, and the important thing was not so much what was displayed as where and for whom it was displayed. Thus, the game went round in circles: to travel in exotic lands and bring back precious, undreamed of objects, as Gulliver did; to travel in time and bring back the figure of Blake as a curio, as Ernst did.

The ironic description of the objects Gulliver brought back drew attention to an idea that at the time was inextricably caught up with travel: acquisition, in short, trade. Both concepts went together hand in hand throughout the entire century, equating consumption with collecting, in an unquestionable continuation of the *Wunderkammer*, which found in eighteenth century[16] England a fertile breeding ground for the socioeconomic and cultural changes[17] that were to replace the classical notion of 'finish' with the notion of the 'exotic'. Changes that were to prioritize the concept of space over that of time and were in any case to disrupt and derange the relationships between the two.

The displacement of meanings in which things lost their original essence to become collector's pieces, as narrated in Goldsmith's *The Citizen of the World*, in which a Confucian Mandarin is perplexed by an English lady's 'treasures', which are no more than everyday objects in his country, opens a reflection on the very consequences of exotic excess that became exacerbated as the century wore on. This is a reference not just to the ideas of Pope or Defoe — to what extent does the 'assimilation' of other cultures intensify the loss of what is ontologically one's own — but to the ambivalent links to novelty forged very early in the century[18].

Swift speaks precisely of those ambivalent relationships that are always associated with unbridled possession, which generate the feeling of melancholy that Gulliver seems to experience, the feeling that causes him to seek out the exotic but, paradoxically, might be a product of the exotic itself. That form of melancholy always sets in in civilizations of excess, and it eventually leads to a powerful desire for divestiture in authors like Blake himself, whose repulsion towards one of the most terrifying consequences of the exotic, the enslavement of dark-skinned peoples, comes through plainly in poems like 'Visions of the Daughters of Albion'[19].

When possessions are many and highly varied in origin, somehow everything comes down to a world in which there is no scale of values: tassels, powder, artificial moles, Bibles, and love letters are all trapped in a sort of panoptic space, the verse in Pope's fabulous poem 'The Rape of the Lock', smashing all notion of style and any hope of taxonomy. Those delightful products of the exoticism of Belinda the femme fatale — gems from India, perfumes from Arabia, tortoises made into combs, and so on — were undoubtedly recognized by contemporaries as something to be possessed in a mercantile society, the type of society which according to Bunn reigned in England from 1688 — the time when English concerns switched from the religious sphere to the economic sphere — until 1763, a year in which a change in foreign policy affected the very concept of exotic objects[20] and the importation of such objects, although the fascination with oddity was to survive more or less unaltered in the second half of the century and even in the early nineteenth century in the guise of forms that were less materialistic in appearance.

Possession was taken to be the equivalent of being, and certain sectors reacted against the absurdity of that equation. Even in his work, Blake exhibited his desire for divestiture, even of space[21], as if he wanted to live only with his visions, from them alone, never willing to abjure his principles of renunciation, not even in his times of greatest economic privation[22], and he established a peculiar relationship between deprivation and the ability to *see* — an ability present in all human beings, though lost to some because of their 'love of sordid pursuits — pride, vanity, and the unrighteous Mammon'[23]. While it is true that he came to own an interesting collection of prints which he was forced to sell off in his later years, beset by poverty[24], it is no less true that his manner of collecting was always radically different from that of his contemporaries: in opposition to the eclecticism of English collectors of the period, his nearly scientific passion for a classifiable territory made him into a *connoisseur*, through his repudiation of miniatures, which are in some way an ultimate reflection of deranged possession.

In his emphasis on Blake the revolutionary, the dispossessed, Erdman noted how at a time when in the face of adverse circumstances the poet was inclined to work as a miniaturist, he decided not to, reasoning that they wanted 'to turn him into a portrait painter, as the did to poor Rommey'[25]. Still, using his rejection of materialism to forge a figure of Blake as an exceptional case, a 'modern artist', inasmuch as he was a dispossessed artist, a 'poor artist', yields an image that is not exactly true and at any rate is an exaggeration. First, it should be borne in mind that his reflections against what we might call 'private art' is a recurring topic in certain sectors in that period, one that was even applied to cases like Reynolds[26], the 'least modern' of Blake's contemporaries according to the most commonly accepted historiographic tradition. Second, the modern conception of the artist as dispossessed — rooted in Romanticism — is not only false and overstated but even somewhat distorted when applied to the figure of Blake, who Chesterton and others said was 'of bitter and intolerant temper but not otherwise unbusinesslike'[27], and the artist was repeatedly said to be a tirelessly hard-working artist whose controversial relations with patrons[28] were due mainly to his terrible manners rather than to any express renunciation of success and its trappings.

Still, the interpretation of Blake as an artist with business sense does not negate Blake's rejection of unbridled possession and its consequences, the *leit motif* in the second half of the century, as expressed in the subtle poem, 'A Pretty Epigram for the Entertainment of Those who Have Paid Great Sums in the Venetian and Flemish Ooze', which, with fine irony, satirizes Rubens, for whom chairs, tables, and stools are grave matters:

> Nature and Art in this together Suit
>
> What is most Grand is always most Minute
>
> Rubens thinks Tables Chairs and Stools are Grand
>
> But Rafael thinks a Head a foot a hand.

These are certainly quite revealing verses, not only because they lay out part of Blake's peculiar artistic affinities — or not so peculiar bearing in mind the eighteenth century's view of the Baroque — but also because a rereading emphasizes certain implications akin to a problem bearing on the question of unbridled possession already mentioned several times above. The fine irony Blake used to satirize Rubens brings us back directly to an issue that is certainly basic: duplication. This rhetorical device, much used in societies of excess and a common practice in still lifes in the seventeenth century[29], in which what was important was not only to possess exotic objects but also to *portray* them — a precious image within another precious image — stands in direct opposition to a central issue in the theory of art of the time, and especially in Blake: the original and copies.

It is important to realize that Blake did not reject copying as a practice *per se*. However, according to his complex theory of art, artists should be selective when deciding what to copy. In short, artists should *copy* visions, and in that respect the more original an artist is, the more he will resemble another original artist, since both *will see* identical visions.

This idea of the original as origin, related to the concept of *copying* visions, is doubtless enormously attractive to the twentieth century, and particularly to the Surrealists, as will be discussed later. However, before taking up that specific point, it might be appropriate to consider Blake's theory of art, or rather subsequent interpretations of it, in particular of his passionate criticism of Reynolds, thus establishing the most solid conformation of Blake as a Romantic — tantamount to saying modern — although, as Barrell quite properly pointed out, Blake's positions were, in the final analysis, rooted directly in the theories of Barry and in many respects with those of Reynolds[30] himself. Viewing Blake as a Romantic in counterpoint to the Neoclassical Reynolds is certainly a simplification of the problem, and that distinction is itself based 'on the assumption that the two terms are in themselves opposites'[31], an assertion that would demonstrate only the reductionism to which Art History falls victim, reduced to airtight categories which have unquestionably fostered a different construction of Blake, perhaps as artificial and inaccurate as that of his contemporaries or subsequent admirers. How could an artist not be a Romantic if Coleridge considered him one? How could he not be a Romantic, when he was a poor artist, a visionary, although his frequently didactic perception of the world placed him extremely close to certain of his contemporaries who have nothing in common with the Romantics? How could an artist who rejected duplication and instead propounded painting what one *sees* — which in the end was what one *is* — as opposed to what he *possessed* not be a Romantic? And once more the question arises, what more could the Surrealists ask?

Blake *copied* his visions, or to phrase it differently, what in contemporary terminology might be interpreted as his interior; in short, things that did not belong to the tangible world yet were seen with the eyes of truth, thereby raising a key problem for the twentieth century in general and for Surrealism in particular: the problem of 'realism' and the traps it always lays. Blake's ambivalence towards duplication — since isn't all realist activity a form of duplication? — took him into a territory that was surely neither Neoclassical nor Romantic but rather typically twentieth-century, and that might be an explanation for the fascination Blake ultimately kindled in the Surrealists, even beyond the passion aroused by his controversial visions and beyond the perverse series of elective affinities going back to Swinburne or even the fascination with Blake felt by Coleridge, another cult figure to the Surrealists.

In fact, Blake's theory of the original as origin most likely brings us back to a concept very close to the artistic movements of the twentieth century: the notion of origin as birth. In each vision, each revelation, Blake is pervaded by life, by the opportunity to become an original artist, one who paints what he sees — what he is — not to duplicate what he possesses. In that way, the idea of being born in each vision — almost like Marinetti emerging from the water a futurist — places Blake in an essential position for artists in our century: to start from scratch each and every time and, above all, to move in a non-functional space in which, at one and the same time, the laws of perspective that govern the world both exist and disappear, disrupted, illegible, deranged, subject to a new cultural consensus. That symbolic space, a space of origin, of vision, in which established laws govern only in appearance, is what links him directly to the Surrealists.

But we can go further than that. In his peculiar conception of time, so aptly discussed by Eaves[32], Blake brings up a key issue for our century: product versus process. In fact, many of his works were not dated at the time their physical embodiment was actually completed but instead at the time of their invention, at the moment the vision took place.

Blake thus takes shape as the intellectual artist tailored to the demands of the twentieth century, an artist who 'does not know how to draw' — Batlin was quite right when he said that Blake's production was uneven — who was rude, who followed a concept of time that was private rather than public, and who, moreover, was not a collector — Warhol's collecting earned him criticism,

because 'it is something artists don't do', as a friend once told him —. In short, an artist who illustrated his own poems, who viewed works of art as a whole in which word and line should merge together to form a compact unit.

Blake saw with his eyes open what the Surrealists hoped to see with their eyes closed, or at least he saw it long before they did. That is why Max Ernst, unquestionably an artist of strategies, took the English artist's imposing figure and placed it in among those bustling medieval little men, a shrouded still from out of *Gulliver's Travels*. But the figure of Gabriel, vision of visions, and who can tell whether it was a metonym for the artist himself in the print that opens and closes the 1929 work *Femme 100 têtes*, will never be captured or put on display, because no matter how much we pull on the ropes, we will never be able to succeed in apprehending Blake, in 'collecting' him, in displaying him, much less in uncovering who or what guided his hand, though, whatever it may have been, it could never be bettered by the most meticulous of copyists of that 'real' reality that also failed to catch the interest of the Surrealists.

NOTES

1. R. Krauss, *The Optical Unconscious*, Cambridge (Mass.), 1993, p. 35.

2. A. Breton, *Conversations: the Autobiography of Surrealism*, New York, 1993 (first issued by Gallimar, 1952), p. 62.

3. An anecdote from 'Hôpital des fous a Londres', *Revue Britannique*, iiiS, Iv (July 1833), p. 183, recounted by G.E. Bentley, Jr., *Blake Records*, Oxford, 1969, p. 40.

4. M. Nadeau, *The History of Surrealism*, Cambridge (Mass.), 1989, p. 337.

5. P. Otto, *Constructive Vision and Visionary Deconstruction*, Oxford, 1991, p. 109.

6. A. Swinburne, *William Blake*, 1868, pp. 79-80.

7. M. Praz, *La carne, la morte e il diabolo nella letteratura romantica*, Florence, 1974, p. 168.

8. Furthermore, there were additional associations with Swendenborg, whose influence is not limited to Blake and the German Romantics but extends directly or indirectly to the Decadent writers, whose views were shared in one way or another by Swinburne, who again called up those relationships and linked destinies.

9. Reference is made specifically to the story appearing in Gilchrist, perhaps told by Leigh Hunt, recounting how Blake tipped his hat in the street and when asked why said that he was greeting Paul the Apostle as he passed by (compiled by G.E. Bentley, Jr., *op. cit.*, Oxford, 1969, p. 31); and Thomas Phillips' anecdote about the Archangel Gabriel compiled in G.E. Bentley, Jr., *op. cit.*, pp. 182-183 and also in A. Cunningham, *The Cabinet Gallery of Pictures*, London, 1833, vol. i, pp. 11-13.

10. M. Paley, *Energy and the Imagination. A Study of the Development of Blake's Thought*, Oxford, 1970, p. 201.

11. Compiled by G.E. Bentley, Jr., *op. cit.*, p. 301.

12. Among other things, Swift referred to pins and needles a foot to half a yard long and the ring the Queen took off her little finger and placed around Gulliver's neck (J. Swift, *Gulliver's Travels*, New York and Toronto, 1960, p. 162) and of tiny live animals, valuable examples of the 'exotic', to which he was unable to add what would be his greatest trophy: one of the tiny subjects.

13. There is an interesting discussion on society in general and England in particular in relation to this in R. Blek, *Collecting in a Consumer Society*, London and New York, 1995, pp. 43-44. S. Stewart made another eloquent contribution in his *On Longing: Narratives of the Miniature, the Gigantic, the Souvenir, and the Collection*, Baltimore, 1984, pp. 87ff.

14. Most of his friends defended his sanity, as Gilchrist has explained, compiled by G.E. Bentley, Jr., *op. cit.*, p. 268, and at all events many of the anecdotes attributed to Blake could have been told about other people.

15. Reference can be made to the well-known recounting by Lady Bessborough to Lord Granville as reported by Samuel Rogers, describing William Beckford's fabulous collections at Fonthill around 1817. At the entrance visitors were received by a dwarf covered in gold and embroidery. Quoted by S.M. Pearce, *On Collecting. An Investigation into Collecting in the European Tradition*, London and New York, 1995, p. 131.

16. Even on supposedly scientific missions like those by Joseph Banks in the 1770s, it was viewed as natural that traders would follow in the footsteps of his botanical journeys, in a sort of economic conquest. See N. Thomas, 'Licensed Curiosity: Cook's Pacific Voyages', *The Cultures of Collecting*, Cambridge (Mass.), 1994, pp. 126-127.

17. J. Brewer, N. McKendrick and J.H. Plumb, *The Birth of a Consumer Society: The Commercialization of Eighteenth Century England*, London, p. 1982.

18. The contribution of T. Raquejo in the introduction to her splendid critical edition of Joseph Addison's *The Pleasures of the Imagination* (J. Addison, *Los placeres de la imaginación y otros ensayos de The Spectator*, Madrid, 1991) are of great interest in this regard. The author states that novelty, 'besides surprising us, causes us to contemplate with enjoyment even that which is monstrous, because as Addison said, it helps alleviate the tedium that always attends to our everyday lives'.

19. Regarding this point see D.V. Erdman, 'Blake's Vision of Slavery', *Journal of the Warburg and Courtland Institutes*, XV (1952).

20. For a more detailed discussion of this change in England's economic policy at a time when it was changing over from a net-importing country to a net-exporting country see J.H. Bunn, 'The Aesthetics of British Mercantilism', *New Literary History*, 2 (Winter, 1980) 302-321.

21. In his commentary on the question of space and the representation of space, V. Bozal says that Blake used 'a flat surface on which figures are constrained, unfolding at the surface, not in place, because there is not enough for them'. In *Mímesis: las imágenes y las cosas*, Madrid, 1987, p. 181.

22. There is an anecdote that on one occasion, speaking of Lawrence and other artists that were better off who felt for him, Blake said: 'They pity me, but 'tis they who are the just objects of pity: I possess my visions and peace', G.E. Bentley, Jr., *op. cit.*, p. 250.

23. G.E. Bentley, Jr., *op. cit.*, p. 257.

24. The alleged gem collection referred to by Palmer does not seem to have been corroborated in the recent biography (P. Ackroyd, *Blake*, London, 1995), or if it did exist it does not seem to have been as important as the collection of prints, a recurrent concern throughout Blake's life.

25. D.V. Erdman, *Blake, Prophet against Empire*, New York, 1977, 384.

26. Referring to Reynolds, Mrs. Montagu said, making the then customary comparison with Classical Greece, that he should be commissioned to do large public works, not 'portraits for hanging over the fireplace'. Cited by J. Barrell, *The Political Theory of Painting from Reynolds to Hazlitt*, London, 1986, p. 36.

27. G.K. Chesterton, *William Blake*, London, s.a., p. 15.

28. On this point, notice should be taken of a recent exhibit at the Tate Gallery in London, 'William Blake and Patronage' (11 July - 15 October 1995) and the catalogue with text written by Robin Hamlyn.

29. On this interesting point see N. Bryson, *Looking at the Overlooked*, London, 1990, pp. 96ff.

30. Different points of view on these questions can be compared in J. Barrell, *op. cit.*, 222ff and M. Eaves, *William Blake's Theory of Art*, Princeton (New Jersey), pp. 1982, 67ff.

31. J. Barrell, *op. cit.*, p. 223.

32. M. Eaves, *op. cit.*, pp. 117ff.

CATALOGUE

1. *(?) Joseph of Arimathea among the Rocks of Albion*, 1773
Etching and line engraving printed in brown ink 228 x 119 mm.(framing lines) on wove paper 265 x 119 mm.; plate mark 257 x 140 mm.
Lit: Essick 1983, no. 1; Bindman 1979, pp. 14-15; Bindman 1978, no. 1.
Syndics of the Fitzwilliam Museum, Cambridge

2. *Countess Aveline, her Effigy seen from Above*, 1775
Pen and black ink and sepia wash 257 x 78 mm. on laid paper 308 x 246 mm.
Signed 'J Basire [JB in monogram] del.1775' b.r.
Inscribed 'Aveline first wife of Edmund Crouchback Earl of Lancaster.West. Abbey.Vet. Mon. Vol. II. pl. 30.' below.
Lit: Bentley 1969, pp. 422-423; Butlin 1981, no. 4; Essick 1991, p. 118.
Society of Antiquaries of London, London

3. *King Sebert, the North Front of his Monument*, 1775
Pen and black ink, watercolour and gold over some faint pencil in framing lines 370 x 280 mm. on laid paper 390 x 289 mm.
Signed 'J Basire [JBin monogram], del.1775' b.r.
Inscribed 'The North front of the Monument of King Sebert, on the South side of the Altar in Westminster Abbey - vide Vetust. Mon. Vol. II. plate XXXII' in ink beneath the framing line.
Lit: Bentley 1969, pp. 422-423; Butlin 1981, no. 7; Essick 1991, p. 118.
Society of Antiquaries of London, London

4. *Lear and Cordelia in Prison*, c. 1779
Pen and black ink and watercolour 123 x 175 mm. on laid paper 132 x 182 mm.
Lit: Bindman 1973; Bindman 1977, pp. 22-24; Butlin 1981, no. 53; Butlin 1990, no. 1.
Tate Gallery, London. Bequeathed by Miss Alice Carthew 1940

5. *(?) St Christopher: A Copy from an Engraving (also known as [?] Charon: A Copy from the Antique)*, c. 1779-80 (?)
Pen and black ink approx. 395 x 260 mm. on laid paper 435 x 338 mm.
Lit: Butlin 1981, no. 178; Butlin 1990, no. 2.
Tate Gallery, London. Presented by Mrs John Richmond 1922

6. *Academy Study: A Naked Youth Seen from the Side*, (?) c. 1780
Chalk on wove paper 479 x 372 mm.
Lit: Bentley 1969, p. 423; Bindman 1977, pp. 19-20; Butlin 1981, no. 71.
Trustees of the British Museum, London

7. *Aaron Staying the Plague (?)*, c. 1780-5
Pen and black ink and wash over some pencil on two joined sheets of laid paper 343 x 427 mm.
Lit: Bindman 1977, p. 17; Butlin 1981, no. 115.
National Gallery of Art, Washington

8. *Joseph of Arimathea Preaching to the Inhabitants of Britain*, c. 1780
Pencil and some black chalk on wove paper 284 x 419 mm.
Lit: Butlin 1981, no. 76.
The Rosenbach Museum and Library, Philadelphia

9. *Joseph of Arimathea Preaching to the Inhabitants of Britain*, c. 1788 / c. 1793-6
Colour printed relief etching 77 x 107 mm. on wove paper 344 x 246 mm.
Lit: Bindman 1977, p. 97; Bindman 1978, no. 320; Essick 1980, p. 151; Butlin 1981, no. 262.6; Viscomi 1993, pp. 195, 302-303.
Trustees of the British Museum, London

William Blake after Thomas Stothard (1755-1834) from Miguel Cervantes, translated by Tobias Mollett, *The History and Adventures of the Renowned Don Quixote*, London 1782

> **10a.** *Don Quixote contending that the Barber's basin is Mambrino's Helmet*, 1782
> Etching and line engraving 117 x 71 mm. in decorative border 154.5 x 95.5 mm. on laid paper; plate mark 171.5 x 109.5 mm.
> Engraved title 'DON QUIXOTE'; inscr. 'pa: 256' in red ink and engraved signature 'Stothard del.' (l.) and 'Blake sculp.' (r.) below image; 'Plate IX' (b.l.) and imprint 'Published as the Act directs by Harrison & Co. May 4, 1782' b.c.
> Lit: Essick 1991, no. XI, 1.
> The British Library Board (press mark 1207 b.6), London

> **10b.** *Sancho Panza weeping as Don Quixote makes his Will*, 1782
> Etching and line engraving 117.5 x 70.5 mm. in decorative border 155 x 103 mm. on laid paper; plate mark 174 x 110 mm.
> Engraved title 'DON QUIXOTE'; inscr. 'pa: 587' in red ink and engraved signature 'Stothard del.' (l.) and 'Blake Sculp.' (r.) below image; 'Plate XV' (b.l.) and imprint 'Published as the Act directs by Harrison & Co. June 15, 1782.' b.c.
> Lit: Essick 1991, no. XI, 2.
> The British Library Board (press mark 1207 b.7), London

William Blake after Thomas Stothard
11. *The Fall of Rosamond*, 1783
Stipple engraving with etching printed in three colours and
hand coloured with watercolour 307 mm. diameter on laid paper
487 x 388 mm.; plate mark 393 x 331 mm.
Engraved signatures 'Stothard Delin.ᵗ' b.l. and 'Blake Sculpt' b.r.
below image and imprint 'London Published Oct,ʳ 1 1783 by Thoˢ
Macklin Nᴼ, 39 Fleet Street' beneath inscription.
Lit: Essick 1983, no. XXV; Bentley 1988, pp. 62-63.
Tate Gallery, London, Purchased 1992

William Blake after Thomas Stothard (1755-1834)
from Lodovico Ariosto, translated by John Hoole, *Orlando Furioso*,
London 1785
12. *Orlando Uprooting a Lofty Pine*, 1783
Etching and line engraving 150 x 106 mm. on laid paper
Engraved inscriptions: 'Vol.3.' t.l. and 'Page 164' t.r and 'Stothard
del.' and 'Blake del.' b.r.
Lit: Essick 1991, no. XII.
Private Collection

13. *Oberon, Titania and Puck with Fairies Dancing*, c. 1785
Watercolour over pencil on laid paper (irregular) 475 x 675 mm.
Lit: Bindman 1977, pp. 37-38; Butlin 1981, no. 161; Butlin 1990,
no. 5.
Tate Gallery, London. Presented by Alfred A. de Pass in memory of
his wife Ethel 1910

The Story of Joseph, Exh. 1785
    14a. *Joseph's Brethren bowing before Him*
    Pen and black ink and watercolour over pencil on wove paper
    403 x 562 mm.
    Lit: Bindman 1977, pp. 29, 34-35; Butlin 1981, nos. 155-157;
    Essick 1991, p. 26 (no. VI).
    Syndics of the Fitzwilliam Museum, Cambridge

    14b. *Joseph ordering Simeon to be Bound*
    Pen and black ink and watercolour over pencil on wove paper
    405 x 560 mm.
    Lit: Bindman 1977, pp. 29, 34-35; Butlin 1981, nos. 155-157;
    Essick 1991, p. 26 (no. VI).
    Syndics of the Fitzwilliam Museum, Cambridge

    14c. *Joseph making Himself known to his Brethren*
    Pen and black ink and watercolour over pencil on wove paper
    405 x 561 mm.
    Lit: Bindman 1977, pp. 29, 34-35; Butlin 1981, nos. 155-157;
    Essick 1991, p. 26 (no. VI).
    Syndics of the Fitzwilliam Museum, Cambridge

The Tractates
    15a. *All Religions are One*, c. 1788 / c. 1795
    Pl. 2: Title Page
    Relief etching printed in pale green ink strengthened with pen
    and brown ink 50 x 34 mm. (framing lines) on wove paper
    295 x 233 mm.

Lit: Erdman 1965, pp. 24-32; Bentley 1977, no. 3; Bindman 1977,
pp. 53-57; Bindman 1978, nos. 9-39; Viscomi 1993, pp. 187-232;
Eaves, Essick, Viscomi, 1993.
Syndics of the Fitzwilliam Museum, Cambridge

    15b. *There is No Natural Religion*, c. 1788 / c. 1795
    *Pl. a.3: 'The Argument / Man has no notion of moral / fitness
    but from Education…'*
    Relief etching printed in pale green ink strengthened with pen
    and black ink 52 x 44 mm. on wove paper 286 x 230 mm.
    Lit: Erdman 1965, pp. 24-32; Bentley 1977, no. 3; Bindman 1977,
    pp. 53-57; Bindman 1978, nos. 9-39; Viscomi 1993, pp. 187-232;
    Eaves, Essick, Viscomi, 1993.
    Syndics of the Fitzwilliam Museum, Cambridge

    15c. *There is No Natural Religion*, c. 1788 / c. 1795
    *Pl. a.4: 'I / Man cannot naturally Per-/ cieve, but through his
    natural / or bodily organs'*
    Relief etching printed in pale green ink 51 x 43 mm. on wove
    paper 287 x 232 mm.
    Lit: Erdman 1965, pp. 24-32; Bentley 1977, no. 3; Bindman 1977,
    pp. 53-57; Bindman 1978, nos. 9-39; Viscomi 1993, pp. 187-232;
    Eaves, Essick, Viscomi, 1993.
    Syndics of the Fitzwilliam Museum, Cambridge

    15d. *There is No Natural Religion*, c. 1788 / c. 1795
    Pl. a.8: 'Man's desires are limited by his percepti / ons…'
    Relief etching printed in pale green ink strengthened with
    pen and brown ink 43 x 35 mm. on wove paper
    295 x 229 mm.
    Lit: Erdman 1965, pp. 24-32; Bentley 1977, no. 3; Bindman 1977,
    pp. 53-57; Bindman 1978, nos. 9-39; Viscomi 1993, pp. 187-232;
    Eaves, Essick, Viscomi, 1993.
    Syndics of the Fitzwilliam Museum, Cambridge

16. *Tiriel denouncing his Sons and Daughters*, c. 1787–88
Pen and black ink and grey wash over pencil on laid paper
182 x 270 mm.
Lit: Swinburne 1908, pp. 220-222; Damon 1924, pp. 306-309;
Bentley 1967; Bentley 1977, no. 203; Bindman 1977, pp. 43-46;
Mané Garzón 1995, pp. 132-68; Butlin 1981, no. 198.8.
The Keynes Family Trust on deposit at the Fitzwilliam Museum,
Cambridge

Songs of Innocence, 1789
    17a. *The Little Black Boy* (first plate, recto)
    Relief etching printed in pale green ink finished with watercolour
    110 x 69 mm. on wove paper 189 x 136 mm.
    Lit: Gilchrist 1860, vol. I, pp. 68-75; Damon 1924, pp. 268-273;
    Erdman 1965, pp. 41-68; Bentley 1977, no. 139 (copy X);
    Bindman 1977, pp. 58-63; Bindman 1978, nos. 40-69;
    Essick 1980, pp. 84-120; Carames and Corugedo 1987; Butlin
    and Gott 1989, pp. 91-98; nos. 39a-39n; Lincoln 1991; Viscomi
    1993, pp. 84-85, 241-251; Mané Garzón 1995; Caracciolo
    Trejo 1995.
    Syndics of the Fitzwilliam Museum, Cambridge

17b. *The Little Black Boy* (second plate, verso)
Relief etching printed in pale green ink 111 x 68 mm. finished with watercolour on wove paper 189 x 136 mm.
Lit: Gilchrist 1860, vol. I, pp. 68-75; Damon 1924, pp. 268-273; Erdman 1965, pp. 41-68; Bentley 1977, no. 139 (copy X); Bindman 1977, pp. 58-63; Bindman 1978, nos. 40-69; Essick 1980, pp. 84-120; Carames and Corugedo 1987; Butlin and Gott 1989, pp. 91-98; nos. 39a-39n; Lincoln 1991; Viscomi 1993, pp. 84-85, 241-251; Mané Garzón 1995; Caracciolo Trejo 1995.
Syndics of the Fitzwilliam Museum, Cambridge

17c. *The Little Girl Lost* and *The Little Girl Found* (first and second plate, recto)
Relief etching printed in pale green ink finished with watercolour 110 x 72 mm. on wove paper 188 x 137 mm.
Lit: Gilchrist 1860, vol. I, pp. 68-75; Damon 1924, pp. 268-273; Erdman 1965, pp. 41-68; Bentley 1977, no. 139 (copy X); Bindman 1977, pp. 58-63; Bindman 1978, nos. 40-69; Essick 1980, pp. 84-120; Carames and Corugedo 1987; Butlin and Gott 1989, pp. 91-98; nos. 39a-39n; Lincoln 1991; Viscomi 1993, pp. 84-85, 241-251; Mané Garzón 1995; Caracciolo Trejo 1995.
Felton Bequest, 1988. National Gallery of Victoria, Melbourne

17d. *The Little Girl Found* (second plate, verso)
Relief etching printed in pale green ink, with some letters strengthened with blue-green watercolour, 109 x 69 mm. on wove paper 188 x 137 mm.
Lit: Gilchrist 1860, vol. I, pp. 68-75; Damon 1924, pp. 268-273; Erdman 1965, pp. 41-68; Bentley 1977, no. 139 (copy X); Bindman 1977, pp. 58-63; Bindman 1978, nos. 40-69; Essick 1980, pp. 84-120; Carames and Corugedo 1987; Butlin and Gott 1989, pp. 91-98; nos. 39a-39n; Lincoln 1991; Viscomi 1993, pp. 84-85, 241-251; Mané Garzón 1995; Caracciolo Trejo 1995.
Felton Bequest, 1988. National Gallery of Victoria, Melbourne

17e. Electrotype of the plate for *The Divine Image*, c. 1862 / 1941
Copper on lead mounted on hardwood block
102 x 77 x 24 mm.
Lit: Gilchrist 1863, vol. 2, p. 267; Essick 1980, pp. 84-120; Viscomi 1993, pp. 84-5.
The Board of Trustees of the Victoria and Albert Museum, London

17f. *The Divine Image* (recto)
Relief etching printed in pale green ink finished with watercolour 111 x 70 mm. on wove paper 189 x 136 mm.
Lit: Gilchrist 1860, vol. I, pp. 68-75; Damon 1924, pp. 268-273; Erdman 1965, pp. 41-68; Bentley 1977, no. 139 (copy X); Bindman 1977, pp. 58-63; Bindman 1978, nos. 40-69; Essick 1980, pp. 84-120; Carames and Corugedo 1987; Butlin and Gott 1989, pp. 91-98; nos. 39a-39n; Lincoln 1991; Viscomi 1993, pp. 84-85, 241-251; Mané Garzón 1995; Caracciolo Trejo 1995.
Felton Bequest, 1988. National Gallery of Victoria, Melbourne

17g. *Infant Joy* (verso)
Relief etching printed in pale green ink finished with watercolour 106 x 68 mm. on wove paper 189 x 136 mm.
Lit: Gilchrist 1860, vol. I, pp. 68-75; Damon 1924, pp. 268-273; Erdman 1965, pp. 41-68; Bentley 1977, no. 139 (copy X); Bindman 1977, pp. 58-63; Bindman 1978, nos. 40-69; Essick 1980, pp. 84-120; Carames and Corugedo 1987; Butlin and Gott 1989, pp. 91-98; nos. 39a-39n; Lincoln 1991; Viscomi 1993, pp. 84-85, 241-251; Mané Garzón 1995; Caracciolo Trejo 1995.
Felton Bequest, 1988. National Gallery of Victoria, Melbourne

17h. *A Cradle Song* (first plate, recto)
Relief etching printed in pale green ink, with some letters strengthened with blue-green watercolour, finished with watercolour 112 x 73 mm. on wove paper 189 x 136 mm.
Lit: Gilchrist 1860, vol. I, pp. 68-75; Damon 1924, pp. 268-273; Erdman 1965, pp. 41-68; Bentley 1977, no. 139 (copy X); Bindman 1977, pp. 58-63; Bindman 1978, nos. 40-69; Essick 1980, pp. 84-120; Carames and Corugedo 1987; Butlin and Gott 1989, pp. 91-98; nos. 39a-39n; Lincoln 1991; Viscomi 1993, pp. 84-85, 241-251; Mané Garzón 1995; Caracciolo Trejo 1995.
Felton Bequest, 1988. National Gallery of Victoria, Melbourne

17i. *A Cradle Song* (second plate, verso)
Relief etching printed in pale green ink finished with watercolour 108 x 68 mm. on wove paper 189 x 136 mm.
Lit: Gilchrist 1860, vol. I, pp. 68-75; Damon 1924, pp. 268-273; Erdman 1965, pp. 41-68; Bentley 1977, no. 139 (copy X); Bindman 1977, pp. 58-63; Bindman 1978, nos. 40-69; Essick 1980, pp. 84-120; Carames and Corugedo 1987; Butlin and Gott 1989, pp. 91-98; nos. 39a-39n; Lincoln 1991; Viscomi 1993, pp. 84-85, 241-251; Mané Garzón 1995; Caracciolo Trejo 1995.
Felton Bequest, 1988. National Gallery of Victoria, Melbourne

17j. *The Little Boy Lost* (recto)
Relief etching printed in pale ink finished with watercolour 115 x 71 mm. on wove paper 189 x 135 mm.
Lit: Gilchrist 1860, vol. I, pp. 68-75; Damon 1924, pp. 268-273; Erdman 1965, pp. 41-68; Bentley 1977, no. 139 (copy X); Bindman 1977, pp. 58-63; Bindman 1978, nos. 40-69; Essick 1980, pp. 84-120; Carames and Corugedo 1987; Butlin and Gott 1989, pp. 91-98; nos. 39a-39n; Lincoln 1991; Viscomi 1993, pp. 84-85, 241-251; Mané Garzón 1995; Caracciolo Trejo 1995.
Felton Bequest, 1988. National Gallery of Victoria, Melbourne

17k. *The Little Boy Found* (verso)
Relief etching printed in pale green ink finished with watercolour 113 x 72 mm. on wove paper 189 x 135 mm.
Lit: Gilchrist 1860, vol. I, pp. 68-75; Damon 1924, pp. 268-273; Erdman 1965, pp. 41-68; Bentley 1977, no. 139 (copy X); Bindman 1977, pp. 58-63; Bindman 1978, nos. 40-69; Essick 1980, pp. 84-120; Carames and Corugedo 1987; Butlin and Gott 1989, pp. 91-98; nos. 39a-39n; Lincoln 1991; Viscomi 1993,

pp. 84-85, 241-251; Mané Garzón 1995; Caracciolo Trejo 1995.
Felton Bequest, 1988. National Gallery of Victoria, Melbourne

17l. *Nurse's Song* (recto)
Relief etching printed in pale green ink, with some letters
strengthened with blue-green watercolour, finished with
watercolour 113 x 77 mm. on wove paper 189 x 135 mm.
Lit: Gilchrist 1860, vol. I, pp. 68-75; Damon 1924, pp. 268-273;
Erdman 1965, pp. 41-68; Bentley 1977, no. 139 (copy X);
Bindman 1977, pp. 58-63; Bindman 1978, nos. 40-69; Essick
1980, pp. 84-120; Carames and Corugedo 1987; Butlin and Gott
1989, pp. 91-98; nos. 39a-39n; Lincoln 1991; Viscomi 1993,
pp. 84-85, 241-251; Mané Garzón 1995; Caracciolo Trejo 1995.
Felton Bequest, 1988. National Gallery of Victoria, Melbourne

17m. *On Another's Sorrow* (verso)
Relief etching printed in pale green ink, with some letters
strengthened with blue-green watercolour, finished with
watercolour 112 x 71 mm. on wove paper 189 x 135 mm.
Lit: Gilchrist 1860, vol. I, pp. 68-75; Damon 1924, pp. 268-273;
Erdman 1965, pp. 41-68; Bentley 1977, no. 139 (copy X);
Bindman 1977, pp. 58-63; Bindman 1978, nos. 40-69; Essick
1980, pp. 84-120; Carames and Corugedo 1987; Butlin and Gott
1989, pp. 91-98; nos. 39a-39n; Lincoln 1991; Viscomi 1993,
pp. 84-85, 241-251; Mané Garzón 1995; Caracciolo Trejo 1995.
Felton Bequest, 1988. National Gallery of Victoria, Melbourne

17n. *Holy Thursday* (recto)
Relief etching printed in pale green ink, with some letters
strengthened with blue-green watercolour, finished with
watercolour 114 x 78 mm. on wove paper 189 x 136 mm.
Lit: Gilchrist 1860, vol. I, pp. 68-75; Damon 1924, pp. 268-273;
Erdman 1965, pp. 41-68; Bentley 1977, no. 139 (copy X);
Bindman 1977, pp. 58-63; Bindman 1978, nos. 40-69; Essick
1980, pp. 84-120; Carames and Corugedo 1987; Butlin and Gott
1989, pp. 91-98; nos. 39a-39n; Lincoln 1991; Viscomi 1993,
pp. 84-85, 241-251; Mané Garzón 1995; Caracciolo Trejo 1995.
Felton Bequest, 1988. National Gallery of Victoria, Melbourne

17o. *The Voice of the Ancient Bard* (verso)
Relief etching printed in pale green ink, with some letters
strengthened with blue-green watercolour, finished with
watercolour 107 x 63 mm. on wove paper 189 x 136 mm.
Lit: Gilchrist 1860, vol. I, pp. 68-75; Damon 1924, pp. 268-273;
Erdman 1965, pp. 41-68; Bentley 1977, no. 139 (copy X);
Bindman 1977, pp. 58-63; Bindman 1978, nos. 40-69; Essick
1980, pp. 84-120; Carames and Corugedo 1987; Butlin and Gott
1989, pp. 91-98; nos. 39a-39n; Lincoln 1991; Viscomi 1993,
pp. 84-85, 241-251; Mané Garzón 1995; Caracciolo Trejo 1995.
Felton Bequest, 1988. National Gallery of Victoria, Melbourne

17p. *Spring* (second plate, recto)
Relief etching printed in pale green ink finished with watercolour
103 x 78 on wove paper 189 x 136
Lit: Gilchrist 1860, vol. I, pp. 68-75; Damon 1924, pp. 268-273;
Erdman 1965, pp. 41-68; Bentley 1977, no. 139 (copy X);

Bindman 1977, pp. 58-63; Bindman 1978, nos. 40-69; Essick
1980, pp. 84-120; Carames and Corugedo 1987; Butlin and Gott
1989, pp. 91-98; nos. 39a-39n; Lincoln 1991; Viscomi 1993,
pp. 84-85, 241-251; Mané Garzón 1995; Caracciolo Trejo 1995.
Felton Bequest, 1988. National Gallery of Victoria, Melbourne

17q. *The School-Boy* (verso)
Relief etching printed in pale green ink finished with watercolour
108 x 67 mm. on wove paper 189 x 136 mm.
Lit: Gilchrist 1860, vol. I, pp. 68-75; Damon 1924, pp. 268-273;
Erdman 1965, pp. 41-68; Bentley 1977, no. 139 (copy X);
Bindman 1977, pp. 58-63; Bindman 1978, nos. 40-69; Essick
1980, pp. 84-120; Carames and Corugedo 1987; Butlin and Gott
1989, pp. 91-98; nos. 39a-39n; Lincoln 1991; Viscomi 1993,
pp. 84-85, 241-251; Mané Garzón 1995; Caracciolo Trejo 1995.
Felton Bequest, 1988. National Gallery of Victoria, Melbourne

The Book of Thel, 1789 / 1794
18. *Pl.5: Thel, the Clod of Clay and the Worm*
Colour printed releif etching with watercolour strengthened with pen
and black ink 81 x 108 mm. on wove paper 260 x 190 mm.
Lit: Damon 1924, pp. 310-313; Erdman 1965, pp. 33-40; Bentley
1977, no. 18; Bindman 1977, no. 63-65; Bindman 1978, nos. 71-78;
Butlin 1981, no. 260.22; Viscomi 1993, pp. 252-258; Mané Garzón
1995, pp. 115-127; Caracciolo Trejo 1995, pp. 97-109.
Trustees of the British Museum, London

The Marriage of Heaven and Hell, 1790 / 1794
19a. *Pl.1: Title Page*
Colour printed releif etching printed in orange-brown ink
finished with watercolour 152 x 104.5 mm. on wove paper
266 x 195 mm.
Lit: Damon 1924, pp. 316-328; Erdman 1965, pp. 97-124;
Bentley 1977, no. 98 (copy E); Bindman 1977, pp. 66-71;
Bindman 1978, nos. 81-108; Viscomi 1993, pp. 233-240, 289;
Eaves, Essick, Viscomi 1993; Mané Garzón 1995, pp. 410-441;
Caracciolo Trejo 1995, pp. 113-143.
Syndics of the Fitzwilliam Museum, Cambridge

19b. *Pl. 3: 'As a new heaven is begun...'*
Colour printed relief etching printed in green-brown ink finished
with watercolour in ruled framing line 153 x 110 mm. on wove
paper 267 x 195 mm.
Lit: Damon 1924, pp. 316-328; Erdman 1965, pp. 97-124;
Bentley 1977, no. 98 (copy E); Bindman 1977, pp. 66-71;
Bindman 1978, nos. 81-108; Viscomi 1993, pp. 233-240, 289;
Eaves, Essick, Viscomi 1993; Mané Garzón 1995, pp. 410-441;
Caracciolo Trejo 1995, pp. 113-143.
Syndics of the Fitzwilliam Museum, Cambridge

19c. *Pl.10: 'Proverbs of Hell'*
Colour printed relief etching printed in green-brown ink finished
with watercolour 149 x 102 mm. on wove paper 267 x 194 mm.
Lit: Damon 1924, pp. 316-328; Erdman 1965, pp. 97-124;
Bentley 1977, no. 98 (copy E); Bindman 1977, pp. 66-71;
Bindman 1978, nos. 81-108; Viscomi 1993, pp. 233-240, 289;

Eaves, Essick, Viscomi 1993; Mané Garzón 1995, pp. 410-441;
Caracciolo Trejo 1995, pp. 113-143.
Syndics of the Fitzwilliam Museum, Cambridge

19d. *Pl.14: "The ancient tradition…'*
Colour printed relief etching printed in green-brown ink finished
with watercolour in ruled framing lines 150 x 104 mm. on wove
paper 268 x 195 mm.
Lit: Damon 1924, pp. 316-328; Erdman 1965, pp. 97-124;
Bentley 1977, no. 98 (copy E); Bindman 1977, pp. 66-71;
Bindman 1978, nos. 81-108; Viscomi 1993, pp. 233-240, 289;
Eaves, Essick, Viscomi 1993; Mané Garzón 1995, pp. 410-441;
Caracciolo Trejo 1995, pp. 113-143.
Syndics of the Fitzwilliam Museum, Cambridge

Illustrations to Mary Wollstonecraft, *Original Stories from Real Life;
with Conversations, calculated to Regulate the Affections, and Form the
Mind to Truth and Goodness* (1788), 1791
20a. *Frontispiece. 'Look what a fine morning it is…'*
Etching and engraving 116 x 64.5 mm. on laid paper
Engr. inscriptions 'Frontispiece', t.r. and 'Blake . inv . & sc.' b.r.
Imprint 'Published by J.Johnson, Sept.ʳ 1.ˢᵗ 1791' below image.
Tate Gallery, London

20b. *Plate 2. 'The Dog strove to attract his attention…'*
Etching and engraving 114 x 66 mm. on laid paper
Engr. inscriptions 'P.24' t.r. and 'Blake . inv . & sculp.' Imprint
'Published by J.Johnson, Sept.ʳ 1.ˢᵗ 1791' below image.
Tate Gallery, London

21. *Los and Orc*, c. 1792-3
Pen and black ink and watercolour on wove paper 217 x 295 mm.
Signed 'W. Blake' in black ink b.l.
Lit: Damon 1965, pp. 246-253, 309-311; Butlin 1981, no. 255;
Butlin 1990, no. 13.
Tate Gallery, London, Presented by Mrs Howard Samuel in memory
of her husband 1962

22. *Gregory and the British Slaves: 'Non Angli sed Angeli',*
(?) c. 1790-3
Pen and black ink and watercolour over some pencil 182 x 271 mm.
(ruled framing lines) on wove paper 185 x 272 mm.
Lit: Bindman 1977, p. 26; Butlin 1981, no. 55.
The Board of Trustees of the Victoria and Albert Museum, London

23. *The Complaint of Job: 'What is Man that Thou Shouldest Try
him every Moment?'*, c. 1793
Etching and line engraving printed in black ink 348 x 267 mm. on
wove paper 410 x 541 mm.
Lit: Bindman 1977, pp. 35-36; Bindman 1978, no. 6; Essick 1983, no. V.
The Keynes Family Trust on deposit at the Fitzwilliam Museum,
Cambridge

Visions of the Daughters of Albion, 1793 / c.1795
24a. *Pl.1: Frontispiece*, c. 1795
Colour printed relief etching printed in brown ink finished with

watercolour and pen and black ink 170 x 120 mm. on
wove paper.
Lit: Damon 1924, pp. 329-333; Erdman 1965, pp. 125-136;
Bentley 1977, no. 213; Bindman 1977, pp. 73-74; Bindman 1978,
nos. 133-143; Butlin 1981, nos. 261.7, 264; Butlin 1990, no. 21;
Viscomi 1993, pp. 112-113, 262-263; Eaves, Essick, Viscomi
1993; Mané Garzón 1995, pp. 443-463.
Tate Gallery, London. Purchased with the assistance of a special
grant from the National Gallery and donations from the National
Art Collections Fund, Lord Duveen and others, and presented
through the National Art Collections Fund 1919

24b. *Pl.10: 'Wait Sisters'*, 1796
Colour printed relief etching finished with watercolour and
pen and black ink 58 x 120 mm. on wove paper
268 x 184 mm.
Inscr. '"Wait sisters" / "Tho all is Lost"' in pen and black ink
below image.
Lit: Damon 1924, pp. 329-333; Erdman 1965, pp. 125-136;
Bentley 1977, no. 213; Bindman 1977, pp. 73-74; Bindman 1978,
nos. 133-143; Butlin 1981, nos. 261.7, 264; Butlin 1990, no. 21;
Viscomi 1993, pp. 112-113, 262-263; Eaves, Essick, Viscomi
1993; Mané Garzón 1995, pp. 443-463.
Syndics of the Fitzwilliam Museum, Cambridge

For the Sexes: The Gates of Paradise, 1793 / c. 1820
25a. *Pl.6: Air*
Line engraving 66 x 60.5 mm. on wove paper 79 x 71 mm.
Engraved inscriptions '- Air-', '4' and 'On Cloudy Doubts &
Reasoning Cares. / Publishd 17 May 1793 by W Blake Lambeth'
below image.
Lit: Damon 1924, pp. 82-87; Bentley 1977, no. 45; Bindman
1977, p. 86; Bindman 1978, nos. 580-600; Viscomi 1993,
pp. 263-264, 366-367.
Syndics of the Fitzwilliam Museum, Cambridge

25b. *Pl.7: Fire*
Line engraving 81 x 65 mm. on wove paper 89 x 71 mm.
Engraved inscriptions '5', 'Fire' and 'That end in endless Strife
/ Pubᵈ by W Blake 17 May 1793' below image.
Lit: Damon 1924, pp. 82-87; Bentley 1977, no. 45; Bindman
1977, p. 86; Bindman 1978, nos. 580-600; Viscomi 1993,
pp. 263-264, 366-367.
Syndics of the Fitzwilliam Museum, Cambridge

America a Prophecy, 1793 / 1821
26a. *Pl.1: Frontispiece*
Relief etching printed in orange-brown ink finished with
watercolour and strengthened with pen and black ink
232 x 169 mm. in framing lines of dark red watercolour
over ruled pencil 248 x 185 mm. on wove paper
303 x 229 mm.
Inscr. '1' in pen and black ink above image t.r.
Lit: Gilchrist 1863, vol. 1, pp. 109-113; Damon 1924,
pp. 334-341; Erdman 1954; Damon 1965, pp. 19-21; Erdman
1965, pp. 137-155; Bentley 1977, no. 6 (copy 0); Bindman 1977,

pp. 72-79; Bindman 1978, nos. 146-66; Viscomi 1993, pp. 265-266; Dörrbecker 1995; Caracciolo Trejo 1995, pp. 147-167.
Syndics of the Fitzwilliam Museum, Cambridge

26b. *Pl.2: Title Page*
Relief etching printed in orange-brown ink finished with watercolour heightened with gold and strengthened with pen and black ink 233 x 166 mm. in framing lines of dark red watercolour over ruled pencil 249 x 180 mm. on wove paper 304 x 227 mm.
Inscr. '2' in pen and black ink above image t.r.
Lit: Gilchrist 1863, vol. 1, pp. 109-113; Damon 1924, pp. 334-341; Erdman 1954; Damon 1965, pp. 19-21; Erdman 1965, pp. 137-155; Bentley 1977, no. 6 (copy 0); Bindman 1977, pp. 72-79; Bindman 1978, nos. 146-66; Viscomi 1993, pp. 265-266; Dörrbecker 1995; Caracciolo Trejo 1995, pp. 147-167.
Syndics of the Fitzwilliam Museum, Cambridge

26c. *Pl.12: 'Thus wept the Angel voice…'*
Relief etching printed in orange-brown ink finished with watercolour heightened with gold and strengthened with pen and black ink 234 x 170 mm. in framing lines of dark red watercolour over ruled pencil 246 x 185 mm. on wove paper 304 x 231 m.
Inscr. '12' in pen and black ink above image t.r.
Lit: Gilchrist 1863, vol. 1, pp. 109-113; Damon 1924, pp. 334-341; Erdman 1954; Damon 1965, pp. 19-21; Erdman 1965, pp. 137-155; Bentley 1977, no. 6 (copy 0); Bindman 1977, pp. 72-79; Bindman 1978, nos. 146-66; Viscomi 1993, pp. 265-266; Dörrbecker 1995; Caracciolo Trejo 1995, pp. 147-167.
Syndics of the Fitzwilliam Museum, Cambridge

Songs of Experience, 1794
27a. *The Human Abstract*
Colour printed relief etching printed in green ink finished with watercolour 113 x 65 m. on wove paper 181 x 119 mm.
Lit: Gilchrist 1860, vol. I, pp. 118-126; Damon 1924, pp. 274-286; Erdman 1965, pp. 71-96; Bentley 1977, no. 139; Bindman 1977, pp. 86-88; Bindman 1978, nos. 214-269; Lincoln 1991; Viscomi 1993, pp. 267-275.
The Keynes Family Trust on deposit at the Fitzwilliam Museum, Cambridge

27b. *The Tyger*
Colour printed relief etching printed in green ink finished with watercolour 110 x 63 mm. on wove paper 181 x 103 mm.
Lit: Gilchrist 1860, vol. I, pp. 118-126; Damon 1924, pp. 274-286; Erdman 1965, pp. 71-96; Bentley 1977, no. 139; Bindman 1977, pp. 86-88; Bindman 1978, nos. 214-269; Lincoln 1991; Viscomi 1993, pp. 267-275.
The Keynes Family Trust on deposit at the Fitzwilliam Museum, Cambridge

Europe a Prophecy, 1794
28a. *Pl. 1. Frontispiece*
Relief etching printed in brown, blue and green ink and colour-printed and finished with watercolour 233 x 168 on wove paper approx. 373 x 267 mm.
Lit: Damon 1924, pp. 342-351; Erdman 1954; Bentley 1977, no. 33 (copy B), pp. 141-164; Bindman 1977, pp. 79-83; Viscomi 1993, pp. 276-279; Dörrbecker 1995, pp. 139-283; Bentley 1995, pp. 66-70.
Special Collections Department, Glasgow University Library (shelf mark RX 132), Glasgow

28b. *Pl. 2. Title Page*
Relief etching printed in brown, blue and green ink and colour-printed and finished with watercolour 225 x 177 mm. on wove paper approx. 373 x 267 mm.
Lit: Damon 1924, pp. 342-351; Erdman 1954; Bentley 1977, no. 33 (copy B), pp. 141-164; Bindman 1977, pp. 79-83; Viscomi 1993, pp. 276-279; Dörrbecker 1995, pp. 139-283; Bentley 1995, pp. 66-70.
Special Collections Department, Glasgow University Library (shelf mark RX 132), Glasgow

28c. *Pl. 3 (1). 'PRELUDIUM'*
Relief etching printed in brown, blue and green ink and colour-printed and finished with watercolour 235 x 171 mm. on wove paper approx. 373 x 267 mm.
Numbered '1' in green ink by Blake.
Lit: Damon 1924, pp. 342-351; Erdman 1954; Bentley 1977, no. 33 (copy B), pp. 141-164; Bindman 1977, pp. 79-83; Viscomi 1993, pp. 276-279; Dörrbecker 1995, pp. 139-283; Bentley 1995, pp. 66-70.
Special Collections Department, Glasgow University Library (shelf mark RX 132), Glasgow

28d. *Pl. 4 (2). 'Unwilling I look up to heaven!'*
Relief etching printed in brown, blue and green ink and colour-printed and finished with watercolour 235 x 173 mm. on wove paper approx. 373 x 267 mm.
Numbered '2' in green ink by Blake.
Lit: Damon 1924, pp. 342-351; Erdman 1954; Bentley 1977, no. 33 (copy B), pp. 141-164; Bindman 1977, pp. 79-83; Viscomi 1993, pp. 276-279; Dörrbecker 1995, pp. 139-283; Bentley 1995, pp. 66-70.
Special Collections Department, Glasgow University Library (shelf mark RX 132), Glasgow

28e. *Pl. 5 (3). 'A PROPHECY'*
Relief etching printed in brown, blue and green ink and colour-printed and finished with watercolour 230 X 165 mm. on wove paper approx. 373 x 267 mm.
Numbered '3' in green ink by Blake.
Lit: Damon 1924, pp. 342-351; Erdman 1954; Bentley 1977, no. 33 (copy B), pp. 141-164; Bindman 1977, pp. 79-83; Viscomi 1993, pp. 276-279; Dörrbecker 1995, pp.139-283; Bentley 1995, pp. 66-70.

Special Collections Department, Glasgow University Library (shelf mark RX 132), Glasgow

28f. *Pl. 6 (4). 'The shrill winds wake!'*
Relief etching printed in brown, blue and green ink and colour-printed and finished with watercolour 230 x 164 mm. on wove paper approx. 373 x 267 mm.
Numbered '4' in green ink by Blake.
Lit: Damon 1924, pp. 342-351; Erdman 1954; Bentley 1977, no. 33 (copy B), pp. 141-164; Bindman 1977, pp. 79-83; Viscomi 1993, pp. 276-279; Dörrbecker 1995, pp. 139-283; Bentley 1995, pp. 66-70.
Special Collections Department, Glasgow University Library (shelf mark RX 132), Glasgow

28g. *Pl. 7 (5). 'Now comes the night of Enitharmons joy'*
Relief etching printed in brown, blue and green ink and colour-printed and finished with watercolour 229 x 171 mm. on wove paper approx. 373 x 267 mm.
Numbered '5' in green ink by Blake.
Lit: Damon 1924, pp. 342-351; Erdman 1954; Bentley 1977, no. 33 (copy B), pp. 141-164; Bindman 1977, pp. 79-83; Viscomi 1993, pp. 276-279; Dörrbecker 1995, pp. 139-283; Bentley 1995, pp. 66-70.
Special Collections Department, Glasgow University Library (shelf mark RX 132), Glasgow

28h. *Pl. 8 (6). Famine*
Relief etching printed in brown, blue and green ink and colour-printed and finished with watercolour 236 x 172 mm. on wove paper approx. 373 x 267 mm.
Numbered '6' in green ink by Blake.
Lit: Damon 1924, pp. 342-351; Erdman 1954; Bentley 1977, no. 33 (copy B), pp. 141-164; Bindman 1977, pp. 79-83; Viscomi 1993, pp. 276-279; Dörrbecker 1995, pp. 139-283; Bentley 1995, pp. 66-70.
Special Collections Department, Glasgow University Library (shelf mark RX 132), Glasgow

28i. *Pl. 9 (7). 'Arise , Rintrah'*
Relief etching printed in brown, blue and green ink and colour-printed and finished with watercolour 239 x 170 mm. on wove paper approx. 373 x 267 mm.
Numbered '7' in green ink by Blake.
Lit: Damon 1924, pp. 342-351; Erdman 1954; Bentley 1977, no. 33 (copy B), pp. 141-164; Bindman 1977, pp. 79-83; Viscomi 1993, pp. 276-279; Dörrbecker 1995, pp. 139-283; Bentley 1995, pp. 66-70.
Special Collections Department, Glasgow University Library (shelf mark RX 132), Glasgow

28j. *Pl. 10 (8). 'Enitharmon slept'*
Relief etching printed in brown, blue and green ink and colour-printed and finished with watercolour 239 x 167 mm. on wove paper approx. 373 x 267 mm.
Numbered '8' in green ink by Blake.

Lit: Damon 1924, pp. 342-351; Erdman 1954; Bentley 1977, no. 33 (copy B), pp. 141-164; Bindman 1977, pp. 79-83; Viscomi 1993, pp. 276-279; Dörrbecker 1995, pp. 139-283; Bentley 1995, pp. 66-70.
Special Collections Department, Glasgow University Library (shelf mark RX 132), Glasgow

28k. *Pl. 11 (9). 'In thoughts perturb'd they rose'*
Relief etching printed in brown, blue and green ink and colour-printed and finished with watercolour 228 x 163 mm. on wove paper approx. 373 x 267 mm.
Numbered '9' in green ink by Blake.
Lit: Damon 1924, pp. 342-351; Erdman 1954; Bentley 1977, no. 33 (copy B), pp. 141-164; Bindman 1977, pp. 79-83; Viscomi 1993, pp. 276-279; Dörrbecker 1995, pp. 139-283; Bentley 1995, pp. 66-70.
Special Collections Department, Glasgow University Library (shelf mark RX 132), Glasgow

28l. *Pl. 12 (10). 'Albion's Angel rose'*
Relief etching printed in brown, blue and green ink and colour-printed and finished with watercolour 231 x 166 mm. on wove paper approx. 373 x 267 mm.
Numbered '10' in green ink by Blake.
Lit: Damon 1924, pp. 342-351; Erdman 1954; Bentley 1977, no. 33 (copy B), pp. 141-164; Bindman 1977, pp. 79-83; Viscomi 1993, pp. 276-279; Dörrbecker 1995, pp. 139-283; Bentley 1995, pp. 66-70.
Special Collections Department, Glasgow University Library (shelf mark RX 132), Glasgow

28m. *Pl. 13 (11). Plague*
Relief etching printed in brown, blue and green ink and colour-printed and finished with watercolour 233 x 169 mm. on wove paper approx. 373 x 267 mm.
Numbered '11' in green ink by Blake.
Lit: Damon 1924, pp. 342-351; Erdman 1954; Bentley 1977, no. 33 (copy B), pp. 141-164; Bindman 1977, pp. 79-83; Viscomi 1993, pp. 276-279; Dörrbecker 1995, pp. 139-283; Bentley 1995, pp. 66-70.
Special Collections Department, Glasgow University Library (shelf mark RX 132), Glasgow

28n. *Pl. 14 (12). 'And the clouds & fires pale…'*
Relief etching printed in brown, blue and green ink and colour-printed and finished with watercolour 235 x 172 mm. on wove paper approx. 373 x 267 mm.
Numbered '12' in green ink by Blake.
Lit: Damon 1924, pp. 342-351; Erdman 1954; Bentley 1977, no. 33 (copy B), pp. 141-164; Bindman 1977, pp. 79-83; Viscomi 1993, pp. 276-279; Dörrbecker 1995, pp. 139-283; Bentley 1995, pp. 66-70.
Special Collections Department, Glasgow University Library (shelf mark RX 132), Glasgow

28o. *Pl. 15 (13). 'The red limbed Angel seiz'd...'*
Relief etching printed in brown, blue and green ink and colour-printed and finished with watercolour 230 x 168 mm. on wove paper approx. 373 x 267 mm.
Numbered '13' in green ink by Blake.
Lit: Damon 1924, pp. 342-351; Erdman 1954; Bentley 1977, no. 33 (copy B), pp. 141-164; Bindman 1977, pp. 79-83; Viscomi 1993, pp. 276-279; Dörrbecker 1995, pp. 139-283; Bentley 1995, pp. 66-70.
Special Collections Department, Glasgow University Library (shelf mark RX 132), Glasgow

28p. *Pl. 16 (14). 'Ethinthus queen of waters...'*
Relief etching printed in brown, blue and green ink and colour-printed and finished with watercolour 230 x 161 mm. on wove paper approx. 373 x 267 mm.
Numbered '14' in green ink by Blake.
Lit: Damon 1924, pp. 342-351; Erdman 1954; Bentley 1977, no. 33 (copy B), pp. 141-164; Bindman 1977, pp. 79-83; Viscomi 1993, pp. 276-279; Dörrbecker 1995, pp. 139-283; Bentley 1995, pp. 66-70.
Special Collections Department, Glasgow University Library (shelf mark RX 132), Glasgow

28q. *Pl. 17 (15). 'Shot from the heights of Enitharmon'*
Relief etching printed in brown, blue and green ink and colour-printed and finished with watercolour 230 x 165 mm. on wove paper approx. 373 x 267 mm.
Numbered '15' in green ink by Blake.
Lit: Damon 1924, pp. 342-351; Erdman 1954; Bentley 1977, no. 33 (copy B), pp. 141-164; Bindman 1977, pp. 79-83; Viscomi 1993, pp. 276-279; Dörrbecker 1995, pp. 139-283; Bentley 1995, pp. 66-70.
Special Collections Department, Glasgow University Library (shelf mark RX 132), Glasgow

29. *Albion Rose (or 'Glad Day'),* 1780 / c. 1796
Colour printed etching and engraving finished with some pen and black ink and watercolour 272 x 199 mm. on wove paper 368 x 263 mm.
Lit: Bentley 1977, no. 2; Bindman 1977, p. 179; Essick 1980, pp. 70-75; Butlin 1981, no. 284; Essick 1983, no. VII; Viscomi 1993, pp. 173, 302-303.
The Henry E. Huntington Library and Art Gallery, San Marino (California)

The [First] Book of Urizen, 1794 / 1796
30a. *Pl. 1: Title Page: 'Urizen'*
Colour printed relief etching with some watercolour strengthened with pen and sepia ink 91 x 103 mm. on wove paper 259 x 182 mm.
Inscr. 'LAMBETH, Printed by Will Blake 1796' b.l. and '"Which is the Way" / "The Right or the Left"' in pen and black ink beneath framing lines.
Lit: Damon 1924, pp. 352-358; Erdman 1965, pp. 182-210; Bentley 1977, no. 38; Bindman 1977, pp. 89-95; Bindman 1978,

nos. 186-213; Butlin 1981, nos. 261.1,4; 281; Butlin and Gott 1989, no. 43; Viscomi 1993, pp. 279-286; Caracciolo Trejo 1995, pp. 171-203; Worrall 1995.
The Keynes Family Trust, on deposit at the Fitzwilliam Museum, Cambridge

30b. *Pl. 3: 'O Flames of Furious Desire'*
Colour printed relief etching with some watercolour strengthened with pen and sepia ink 61.5 x 99 mm. on wove paper 99.5 x 149 mm.
Inscr. 'Oh / Flames of Furious Desire' in pen and black ink on verso.
Lit: Damon 1924, pp. 352-358; Erdman 1965, pp. 182-210; Bentley 1977, no. 38; Bindman 1977, pp. 89-95; Bindman 1978, nos. 186-213; Butlin 1981, nos. 261.1,4; 281; Butlin and Gott 1989, no. 43; Viscomi 1993, pp. 279-286; Caracciolo Trejo 1995, pp. 171-203; Worrall 1995.
Syndics of the Fitzwilliam Museum, Cambridge

30c. *Pl. 21: 'Los, Enitharmon and Orc'*
Colour printed relief etching with some watercolour strengthened with pen and black ink 166 x 122 mm. on wove paper 313 x 250 mm.
Lit: Damon 1924, pp. 352-358; Erdman 1965, pp. 182-210; Bentley 1977, no. 38; Bindman 1977, pp. 89-95; Bindman 1978, nos. 186-213; Butlin 1981, nos. 261.1,4; 281; Butlin and Gott 1989, no. 43; Viscomi 1993, pp. 279-286; Caracciolo Trejo 1995, pp. 171-203; Worrall 1995.
National Gallery of Victoria, Melbourne

Illustrations to Edward Young's Night Thoughts, c. 1795-7
31a. *Night the Second, On Time, Death Friendship: 'Time's Omnipotence'*
Pen and black ink and watercolour over pencil on wove paper 420 x 324 mm. (sight size 414 x 318 mm.) with cut-out with ruled red ink lines 225 x 152 mm. framing letterpress page.
Lit: Bentley 1969, pp. 56-57; Bentley 1977, no. 515; Bindman 1977, pp. 109-113; Bindman 1978, nos. 337-379; Erdman and Grant 1980; Butlin 1981, no. 330.49.
Trustees of the British Museum, London

31b. *Night the Seventh, Being the Second Part of the Infidel Reclaim'd: "Our Doom decreed demands a mournful scene; / ... Why not the Dragon's subterranean Den, / For Man to howl in?'*
Pen and black ink and watercolour over pencil on wove paper 414 x 325 mm. (sight size 408 x 319 mm.) with cut-out with ruled red ink lines 223 x 145 mm. framing letterpress page.
Lit: Bentley 1969, pp. 56-57; Bentley 1977, no. 515; Bindman 1977, pp. 109-113; Bindman 1978, nos. 337-379; Erdman and Grant 1980; Butlin 1981, no. 312.
Trustees of the British Museum, London

31c. *Night the Seventh, Being the Second Part of the Infidel Reclaim'd: '...this Spirit, / This all-pervading, this all-conscious Soul, / This Particle of Energy divine, / Which travels Nature,*

flies from Star to Star, / and visits Gods, and emulates their Powers, / For ever is extinguisht...'
Pen and black ink and watercolour over pencil on wove paper
413 x 318 mm. with cut-out with ruled red ink lines
222 x 144 mm. framing letterpress page.
Lit: Bentley 1969, pp. 56-57; Bentley 1977, no. 515; Bindman
1977, pp. 109-113; Bindman 1978, nos. 337-379; Erdman and
Grant 1980; Butlin 1981, no. 313.
Trustees of the British Museum, London

31d. *Night the Ninth, The Consolation: 'What Hand behind the Scene, / ... rounded in his Palm these spacious Orbs (?) / Who bowl'd them flaming thro' the dark Profound'*
Pen and black ink and watercolour over some pencil on wove
paper 415 x 325 mm. (sight size 414 x 321 mm.) with cut-out
with ruled red ink lines 221 x 145 m. framing letterpress page.
Lit: Bentley 1969, pp. 56-57; Bentley 1977, no. 515; Bindman
1977, pp. 109-113; Bindman 1978, nos. 337-379; Erdman and
Grant 1980; Butlin 1981, no. 482.
Trustees of the British Museum, London

32a. Sketch for *Pity*, c. 1795
Pencil approx. 294 x 280 mm. on wove paper (trimmed)
418 x 284 mm.
Inscr. (by Frederick Tatham) 'Shakespeares Pity / and pity like
a naked newborn babe / &c &c / F.Tatham' in pencil beneath.
Lit: Butlin 1981, no. 314.
Trustees of the British Museum, London

32b. *Pity*, c. 1795
Colour print finished with pen and black ink and watercolour
196 x 274 mm. on wove paper 278 x 361 mm.
Lit: Bindman 1978, no. 327; Butlin 1981, no. 313.
Trustees of the British Museum, London

33a. Sketch for *Newton*, c. 1795
Pencil on wove paper (irregular) 204 x 262 mm.
Lit: Butlin 1981, no. 308.
The Keynes Family Trust on deposit at the Fitzwilliam Museum,
Cambridge

33b. *Newton*, 1795 / c. 1805
Colour print finished in pen and black ink and watercolour
460 x 600 mm. on wove paper approx. 545 x 760 mm.
Lit: Preston 1952, no. 10; Bindman 1978, no. 336; Butlin 1981,
no. 306; Butlin 1990, no. 29.
Tate Gallery, London. Presented by W. Graham Robertson 1939

34. *Nebuchadnezzar*, 1795 / c. 1805
Colour print finished in pen and black ink and watercolour
446 x 620 mm. on wove paper approx. 545 x 725 mm.
Lit: Preston 1952, no. 4; Bindman 1977, pp. 98, 99-100; Bindman
1978, no. 332; Butlin 1981, no. 301; Butlin 1990, no. 28.
Tate Gallery, London. Presented by W. Graham Robertson
1939

35. *The Accusers of Theft, Adultery, Murder*, c. 1795
Colour printed etching finished with some pen and black ink and
watercolour 215 x 118 mm. on wove paper 345 x 247 mm.
Lit: Bentley 1977, no. 1; Bindman 1978, no. 316; Butlin 1981,
no. 262.2; Essick 1983, no. VIII; Viscomi 1993, pp. 302-303.
Trustees of the British Museum, London

William Blake after John Gabriel Stedman (1744-1797)
  36a. *A Negro hung alive by the Ribs to a Gallows*, 1791 / 1792
Etching and line engraving finished with watercolour
180 x 130 mm. (framing lines) on wove paper; plate mark
273 x 201 mm.
Engraved signature b.r. 'Blake Sculp.', and title and imprint
'London, Published Dec. 1. 1792, by J. Johnson, S. Pauls
Church Yard./ 11' b.c.
Lit: Thompson 1962; Essick 1991, no. XXXIII.
The British Library Board (press mark 145.f.15), London

  36b. *The Execution of Breaking on the Rack*, 1793
Etching and line engraving finished with watercolour
176.5 x 129 mm. (framing lines) on wove paper; plate mark
273 x 204 mm.
Engraved title and imprint 'London, Published Dec. 2. 1793,
by J. Johnson, S. Pauls Church Yard./ 71' b.c.
Lit: Thompson 1962; Essick 1991, no. XXXIII.
The British Library Board (press mark 145.f.16), London

37. *The Body of Christ Borne to the Tomb*, c. 1799-1800
Tempera on canvas mounted on cardboard 276 x 378 mm.
Lit: Bindman 1977, pp. 115-131; Butlin 1981, no. 46.
Tate Gallery, London. Presented to the National Gallery by F.T.
Palgrave 1884

38. *Alonso de Ercilla y Zúñiga*, c. 1800-1
Pen and black ink and tempera on canvas 418 x 517 mm.
Lit: Bishop 1951, pp. 265-266; Wells and Johnston 1969; Bentley
1969, pp. 69-70; Butlin 1981, no. 343-347.
Manchester City Art Galleries, Manchester

39. *The Soldiers Casting lots for Christ's Garment*, 1800
Pen and black ink and watercolour over pencil with some
scratching-out 420 x 314 mm. on wove paper 440 x 335 mm.
Signed 'WB inv' [in monogram] 1800' in black ink b.c.
Lit: Preston 1952, pp. 102-103 [no. 31]; Keynes 1969, p. 584;
Butlin 1981, no. 495.
Syndics of the Fitzwilliam Museum, Cambridge

William Blake after Maria Flaxman (1768-1833)
from William Hayley, *The Triumphs of Temper*, London 1803
40. *Serena enters the Cave of Spleen*, 1803
Etching and line engraving 104 x 79 mm. on wove paper
Engraved inscriptions 'Canto III. Verse.201.' and 'Maria Flaxman.inv
& del:' (l.) and 'W Blake.sc' (r.) and imprint 'Published May 1.1803
by Cadell & Davies. Strand' below image.
Lit: Essick 1991, no. XLIII.
Syndics of the Fitzwilliam Museum, Cambridge

41. *Ruth the Dutiful Daughter-in-Law*, 1803
Watercolour and black chalk over pencil on wove paper
323.5 x 349 mm. mounted on Turnbull's crayon board
496 x 445.6 mm.
Signed 'WB inv [in monogram] 1803' in black ink b.l.
Lit: Preston 1952, pp. 122-123; Keynes 1969, pp. 584-585; Bindman
1977, pp. 137-8; Keynes 1980, pp. 56-7; Butlin 1981, no. 456.
Southampton City Art Gallery, Southampton

42. *The Third Temptation*, c. 1803-5
Pen and black ink and watercolour over pencil on wove paper
407 x 324 mm.
Signed 'W B inv' (monogram) in pen and black ink b.l.
Lit: Preston 1952, no. 27; Butlin 1981, no. 476.
The Board of Trustees of the Victoria and Albert Museum, London

43. *The Crucifixion: 'Behold thy Mother'*, c. 1805
Pen and black ink and watercolour on wove paper 413 x 300 mm.
Signed 'WB inv' (monogram) in pen and black ink b.l.
Lit: Preston 1952, no. 14; Bindman 1977, pp. 130-131; Butlin 1981,
no. 497; Butlin 1990, no. 47.
Tate Gallery, London. Presented by the Executors of W. Graham
Robertson through the National Art Collections Fund

44. *The Entombment*, c. 1805
Pen and black ink and watercolour on wove paper
417 x 310 mm.
Signed 'WB inv' (monogram) in pen and black ink b.r.
Lit: Preston 1952, no. 15; Bindman 1977, pp. 130-131; Butlin 1981,
no. 498; Butlin 1990, no. 48.
Tate Gallery, London. Presented by the Executors of W. Graham
Robertson through the National Art Collections Fund 1949

45. *The Angel Rolling the Stone Away from the Sepulchre*,
c. 1805
Pen and black ink and watercolour over some pencil on wove paper
411 x 308 mm. mounted on crayon board 552 x 443 mm.
Signed 'WB' in pen and black ink b.r.
Lit: Butlin 1981, no. 501.
The Board of Trustees of the Victoria and Albert Museum, London

46. *Saint Paul and the Viper*, c. 1803-1805
Pen and black ink and watercolour over pencil on wove paper
390 x 300 mm. (sight size)
Signed 'WB inv' (monogram) in ink b.l.
Lit: Preston 1952, no. 63; Butlin 1981, no. 510.
The Britten-Pears Library, Aldeburgh

47. *The Number of the Beast is 666*, c. 1805
Pen and black ink and watercolour over some pencil on wove
paper 412 x 335 mm.
Signed 'WB inv' (in monogram) l.r.
Lit: Bindman 1977, pp. 164-165: Butlin 1981, no. 522;
Bindman 1982, pp. 138-143.
The Rosenbach Museum and Library, Philadelphia

48. *Moses Striking the Rock*, 1805
Pen and black ink and watercolour over pencil on wove paper
366 x 306.5 mm. mounted on Turnbull's crayon board.
Lit: Preston 1952; Bindman 1977, pp. 143-144; Butlin 1981, no. 445.
Philadelphia Museum of Art, Philadelphia. On permanent long term
loan from The Lutheran Church in America, the gift of Florence
Foerderer Tonner in memory of her dear parents Robert H. Foerderer
and Caroline Fischer Foerderer

49. *Christ Baptising*, 1805
Pen and black ink watercolour and grey wash over some pencil on
wove paper 319 x 384 mm.
Signed 'W B inv' (monogram) in pen and black ink b.l.
Lit: Preston 1952, no. 55; Butlin 1981, no. 485.
Philadelphia Museum of Art, Philadelphia. Gift of Mrs. William
T. Tonner

Illustrations for Robert Blair's 'The Grave' 1805-8 from José
Joaquín de Mora, *Meditaciones Poéticas*, London 1826
  50a. *The Soul Hovering over the Body Reluctantly Parting
  with Life*, c. 1805
  Pencil on wove paper 272 x 456 mm.
  Tate Gallery, London. Bequeathed by Sir Hugh Walpole 1941

  50b. *Death of the Strong Wicked Man*, 1805-1808 / 1826
  La Muerte del Impío
  Etching and line engraving printed in black ink 204 x 262 mm.
  on wove paper.
  Engr. inscriptions 'Drawn by W.Blake.' b.l., 'Engraved by
  L.Schiavonetti' b.r. and 'LA MUERTE DEL IMPIO. / Pub. por
  R.Ackermann, Londres, y en Megico' b.c. below image.
  Biblioteca Nacional (press mark R-35836), Madrid

  50c. *The Day of Judgement*, 1805-1808 / 1826
  El Juico
  Etching and line engraving printed in black ink 274 x 222.5 mm.
  on wove paper.
  Engr. inscriptions 'Drawn by W. Blake' b.l., 'Etched by
  L.Schiavonetti' b.r. and 'EL JUICIO.' / Pub. por R.Ackermann,
  Londres, y en Megico' b.c. below image.
  Biblioteca Nacional (press mark ER-2444), Madrid

  50d. *Death's Door,* 1805-1808 / 1826
  La Puerta de la Muerte
  Etching and line engraving printed in black ink 241 x 139 mm.
  on wove paper.
  Engr. inscriptions 'Drawn by W. Blake.' b.l., 'Etched by
  L.Schiavonetti' b.r. and '*LA PUERTA DE LA MUERTE.* / Pub.
  por R.Ackermann, Londres, y en Megico' b.c. below image.
  Biblioteca Nacional (press mark ER-2444 y R-35836), Madrid

51. *The Fall of Man*, 1807
Pen and black ink and watercolour over some pencil with some
scraping out 489 x 386 mm. in framing lines on thin card
495 x 392 mm.

Inscr. '1807 W Blake inv' in pen and black ink b.r.
Lit: Bindman1977, pp. 165-166; Butlin 1981, no. 641.
The Board of Trustees of the Victoria and Albert Museum, London

Milton a Poem, 1804-1810 / c. 1818
52. *Pl. 13: Milton Descending*
Relief etching and white line etching printed in dark blue and
orange-brown ink 160 x 111 mm. on wove paper 213 x 154 mm.
Lit: Damon 1924, pp. 403-432; Damon 1965, pp. 275-280; Erdman
1965, pp. 216-267; Bentley 1977, no. 118; Bindman 1977,
pp. 172-176; Essick and Viscomi 1993; Viscomi 1993, pp. 315-329;
Bentley 1995, no. 118.
Philadelphia Museum of Art, Philadelphia. Gift of Carl Zigrosser

Jerusalem. The Emanation of the Giant Albion, 1804 / c. 1807-20
53a. *Frontispiece*
Relief etching and white line engraving printed in orange-brown
ink 221 x 161 mm. on wove paper 256 x 192.5 mm.
Lit: Damon 1924, pp. 434-475; Erdman 1965, pp. 280-379;
Bentley 1977, no. 75; Bindman 1977, pp. 177-184; Bindman
1978, nos. 480-579; Paley 1991; Viscomi 1993, pp. 338-361.
The Keynes Family Trust on deposit at the Fitzwilliam Museum,
Cambridge

53b. *Pl. 9: 'Condens'd his Emanations into Hard opake*
substances' (recto)
Relief etching printed in blue-green ink finished with watercolour
and some pen and black ink 224 x 162 mm. on wove paper
350 x 289 mm.
Lit: Damon 1924, pp. 434-475; Erdman 1965, pp. 280-379;
Bentley 1977, no. 75; Bindman 1977, pp. 177-184; Bindman
1978, nos. 480-579; Paley 1991; Viscomi 1993, pp. 338-361.
The Board of Trustees of the Victoria and Albert Museum,
London

53c. *Pl. 11: 'To labours mighty…'* (verso)
Relief etching and white line engraving printed in blue ink and
finished in watercolour 224 x 162 mm. on wove paper
350 x 289 mm.
Lit: Damon 1924, pp. 434-475; Erdman 1965, pp. 280-379;
Bentley 1977, no. 75; Bindman 1977, pp. 177-184; Bindman
1978, nos. 480-579; Paley 1991; Viscomi 1993, pp. 338-361.
The Board of Trustees of the Victoria and Albert Museum,
London

53d. *Pl. 5: 'Chapter I / The Banks of the Thames…'* (recto)
Relief etching printed in blue-green ink finished with watercolour
225 x162 mm. on wove paper 352 x 285 mm.
Lit: Damon 1924, pp. 434-475; Erdman 1965, pp. 280-379;
Bentley 1977, no. 75; Bindman 1977, pp. 177-184; Bindman
1978, nos. 480-579; Paley 1991; Viscomi 1993, pp. 338-361.
Trustees of the British Museum, London

53e. *Pl. 53: 'Jerusalem / Chap.3 / But Los, who is the*
Vehicular Form of strong Urthona…'
Relief etching and white line engraving printed in blue and black

ink and finished with watercolour 222 x 163 mm. on wove paper
353 x 285 mm.
Lit: Damon 1924, pp. 434-475; Erdman 1965, pp. 280-379;
Bentley 1977, no. 75; Bindman 1977, pp. 177-184; Bindman
1978, nos. 480-579; Paley 1991; Viscomi 1993, pp. 338-361.
Trustees of the British Museum, London

54. *Chaucer's Canterbury Pilgrims*, 1810 / c. 1820
Etching and line engraving printed in black ink and finished with
watercolour 299 x 927 mm. on wove paper 490 x 990 mm. (approx.);
plate mark 351 x 949 mm.
Engraved inscriptions 'CHAUCERS CANTERBURY PILGRIMS'
below image c. and imprint 'Painted in Fresco by William Blake & by
him Engraved & Published October 8.1810, at No 28. Corner of Broad
Street / Golden Square' together with the names of the pilgrims.
Lit: Keynes 1969, pp. 566-575; Bindman 1977, pp. 154-155; Bindman
1978, no. 477; Essick 1980, pp. 188-190; Butlin 1981, nos. 653-654;
Essick 1983, no. XV (2B); Bentley 1988, pp. 132-133.
The Keynes Family Trust on deposit at the Fitzwilliam Museum,
Cambridge

55. (?) John Linnell ((1792 - 1882) after William Blake
The Man who taught Blake Painting in his Dreams, c. 1819-20 (?)
Pencil 230 x 220 mm. (approx.) on wove paper 260 x 206 mm.
Inscr. by John Linnell 'The Portrait of a Man who instructed M. Blake
&c.. in his Dreams' b.l. and 'Imagination of a Man who. Mr Blake has
rec. instruction in Painting &c from' b.r. in pencil.
Lit: Gilchrist 1863, I, pp. 249-255; Mellor 1978; Butlin 1981, no. 755;
Butlin 1990 no. 67.
Tate Gallery, London. Bequeathed by Miss Alice Carthew 1940

Illustrations to John Milton's 'Paradise Regained',
c. 1816-20
56a. *The Second Temptation: Satan Tempts Christ with the*
Kingdoms of the Earth
Pen and black ink and watercolour over some pencil
165 x 132 mm. on wove paper 182 x 148 mm.
Signed 'W Blake inv' in pen and black ink b.r. and inscr. '7'
in pen and black ink beneath image b.r.
Lit: Bindman 1977, p. 196; Butlin 1981, nos. 544.7.
Syndics of the Fitzwilliam Museum, Cambridge

56b. *Christ's Troubled Dream*
Pen and black ink and watercolour over some pencil
167 x 132 mm. on wove paper 185 x 149 mm.
Signed 'W Blake inv' in pen and black ink b.r. and inscr. '8'
in pen and black ink beneath image b.r.
Lit: Bindman 1977, p. 196; Butlin 1981, nos. 544.8.
Syndics of the Fitzwilliam Museum, Cambridge

57. *The Laocoon as Jehovah and his two sons Satan and Adam*,
c. 1820
Etching and line engraving 263 x 216 mm. on wove paper
382 x 275 mm.; plate mark 276 x 229 mm.
Engraved inscriptions including 'Drawn & Engraved by William
Blake' l.c.

Lit: Bentley 1977, no. 84; Bindman 1977, pp. 142, 203;
Bindman 1978, no. 623; Essick 1983, no. XIX.

58. *Mirth*, c. 1820-27
Line engraving 161 x 122 mm. within framing lines 176 x 136 mm.
on wove paper 217 x 175 mm.
Engraved inscriptions 'SPORT / that wrinkled / CARE' u.l. and
'LAUGHTER holding both his sides' c.r. within the image and
'Solomon says Vanity of Vanity all is Vanity & what can be Foolisher
than this' beneath image.
Lit: Bindman 1978, no. 601; Essick 1980, pp. 192-193; Essick 1983,
no. XVIII.

Illustrations to the *Imitation* of Virgil's First Eclogue by
Ambrose Philips in Robert J. Thornton's *The Pastorals of Virgil*,
1820-1821 / c. 1830

59a. Robert J Thornton M.D., *The Pastorals of Virgil, with a
Course of English Reading, Adapted for Schools: In which all
The Proper facilities are given, enabling youth to acquire The
Latin Language in the Shortest Period of Time. Illustrated by
230 Engravings*, London. Stereotyped and Printed by J
McGowan, Great Windmill Street. Published by F.C. &
J.Rivingtons..., 2 vols 1821 (3rd edition). Volume I displayed,
open at p. 15 and facing leaf.

59b. *Plate 1: Frontispiece: Thenot and Colinet*
Wood-engraving 62 x 84 mm. on wove paper 65 x 87 mm.
Lit: Gilchrist 1863, vol. I, pp. 270-275; Bentley 1969, pp.
266-268, 271-273; Bindman 1974, pp. 204-205; Bentley 1977,
no. 504, pp. 627-631; Bain et al. 1977; Essick 1980, pp. 224-233;
Butlin 1981, no. 769; Butlin 1990, nos. 73-89; Essick 1991, no. LIII.

59c. *Plate 2*
Wood-engraving 38 x 74 mm. on wove paper 40 x 76 mm.
Lit: Gilchrist 1863, vol. I, pp. 270-275; Bentley 1969, pp.
266-268, 271-273; Bindman 1974, pp. 204-205; Bentley 1977,
no. 504, pp. 627-631; Bain et al. 1977; Essick 1980, pp. 224-233;
Butlin 1981, no. 769; Butlin 1990, nos. 73-89; Essick 1991, no. LIII.

59d. *Plate 3*
Wood-engraving 33 x 75 mm. on wove paper 35 x 77 mm.
Lit: Gilchrist 1863, vol. I, pp. 270-275; Bentley 1969,
pp. 266-268, 271-273; Bindman 1974, pp. 204-205; Bentley 1977,
no. 504, pp. 627-631; Bain et al. 1977; Essick 1980, pp. 224-233;
Butlin 1981, no. 769; Butlin 1990, nos. 73-89; Essick 1991,
no. LIII.

59e. *Plate 4*
Wood-engraving 33 x 73 mm. on wove paper 35 x 75 mm.
Lit: Gilchrist 1863, vol. I, pp. 270-275; Bentley 1969,

pp. 266-268, 271-273; Bindman 1974, pp. 204-205; Bentley 1977,
no. 504, pp. 627-631; Bain et al. 1977; Essick 1980, pp. 224-233;
Butlin 1981, no. 769; Butlin 1990, nos. 73-89; Essick 1991,
no. LIII.

59f. *Plate 5*
Wood-engraving 36 x 73 mm. on wove paper
39 x 76 mm.
Lit: Gilchrist 1863, vol. I, pp. 270-275; Bentley 1969,
pp. 266-268, 271-273; Bindman 1974, pp. 204-205; Bentley 1977,
no. 504, pp. 627-631; Bain et al. 1977; Essick 1980, pp. 224-233;
Butlin 1981, no. 769; Butlin 1990, nos. 73-89; Essick 1991,
no. LIII.

59g. *'The Blighted Corn'*, c. 1820
Pencil, pen and ink and grey wash on wove paper approx.
41 x 96 mm.
Lit: Gilchrist 1863, vol. I, pp. 270-275; Bentley 1969,
pp. 266-268, 271-273; Bindman 1974, pp. 204-205; Bentley 1977,
no. 504, pp. 627-631; Bain et al. 1977; Essick 1980, pp. 224-233;
Butlin 1981, no. 769; Butlin 1990, nos. 73-89; Essick 1991,
no. LIII.

59h. *Plate 6*
Wood-engraving 34 x 73 mm. on wove paper 36 x 74 mm.
Lit: Gilchrist 1863, vol. I, pp. 270-275; Bentley 1969,
pp. 266-268, 271-273; Bindman 1974, pp. 204-205; Bentley 1977,
no. 504, pp. 627-631; Bain et al. 1977; Essick 1980, pp. 224-233;
Butlin 1981, no. 769; Butlin 1990, nos. 73-89; Essick 1991,
no. LIII.

59i. *Plate 7*
Wood-engraving 35 x 73 mm. on wove paper 37 x 76 mm.
Lit: Gilchrist 1863, vol. I, pp. 270-275; Bentley 1969,
pp. 266-268, 271-273; Bindman 1974, pp. 204-205; Bentley 1977,
no. 504, pp. 627-631; Bain et al. 1977; Essick 1980, pp. 224-233;
Butlin 1981, no. 769; Butlin 1990, nos. 73-89; Essick 1991,
no. LIII.

59j. *Plate 8*
Wood-engraving 33 x 72 mm. on wove paper 35 x 75 mm.
Lit: Gilchrist 1863, vol. I, pp. 270-275; Bentley 1969,
pp. 266-268, 271-273; Bindman 1974, pp. 204-205; Bentley 1977,
no. 504, pp. 627-631; Bain et al. 1977; Essick 1980, pp. 224-233;
Butlin 1981, no. 769; Butlin 1990, nos. 73-89; Essick 1991,
no. LIII.

59k. *Plate 9*
Wood-engraving 37 x 74 mm. on wove paper 37 x 74 mm.
Lit: Gilchrist 1863, vol. I, pp. 270-275; Bentley 1969,

pp. 266-268, 271-273; Bindman 1974, pp. 204-205; Bentley 1977, no. 504, pp. 627-631; Bain et al. 1977; Essick 1980, pp. 224-233; Butlin 1981, no. 769; Butlin 1990, nos. 73-89; Essick 1991, no. LIII.
Tate Gallery, London. Presented by Herbert Linnell 1924

59l. *Plate 10*
Wood-engraving 33 x 77 mm. on wove paper 34 x 78 mm.
Lit: Gilchrist 1863, vol. I, pp. 270-275; Bentley 1969, pp. 266-268, 271-273; Bindman 1974, pp. 204-205; Bentley 1977, no. 504, pp. 627-631; Bain et al. 1977; Essick 1980, pp. 224-233; Butlin 1981, no. 769; Butlin 1990, nos. 73-89; Essick 1991, no. LIII.
Tate Gallery, London. Presented by Herbert Linnell 1924

59m. *Plate 11*
Wood-engraving 33 x 75 mm. on wove paper 35 x 77 mm.
Lit: Gilchrist 1863, vol. I, pp. 270-275; Bentley 1969, pp. 266-268, 271-273; Bindman 1974, pp. 204-205; Bentley 1977, no. 504, pp. 627-631; Bain et al. 1977; Essick 1980, pp. 224-233; Butlin 1981, no. 769; Butlin 1990, nos. 73-89; Essick 1991, no. LIII.
Tate Gallery, London. Presented by Herbert Linnell 1924

59n. *Plate 12*
Wood-engraving 36 x 77 mm. on wove paper 39 x 78 mm.
Lit: Gilchrist 1863, vol. I, pp. 270-275; Bentley 1969, pp. 266-268, 271-273; Bindman 1974, pp. 204-205; Bentley 1977, no. 504, pp. 627-631; Bain et al. 1977; Essick 1980, pp. 224-233; Butlin 1981, no. 769; Butlin 1990, nos. 73-89; Essick 1991, no. LIII.
Tate Gallery, London. Presented by Herbert Linnell 1924

59o. *Plate 13*
Wood-engraving 35 x 75 mm. on wove paper 38 x 78 mm.
Lit: Gilchrist 1863, vol. I, pp. 270-275; Bentley 1969, pp. 266-268, 271-273; Bindman 1974, pp. 204-205; Bentley 1977, no. 504, pp. 627-631; Bain et al. 1977; Essick 1980, pp. 224-233; Butlin 1981, no. 769; Butlin 1990, nos. 73-89; Essick 1991, no. LIII.
Tate Gallery, London. Presented by Herbert Linnell 1924

59p. *Plate 17*
Wood-engraving 36 x 76 mm. on wove paper 38 x 78 mm.
Lit: Gilchrist 1863, vol. I, pp. 270-275; Bentley 1969, pp. 266-268, 271-273; Bindman 1974, pp. 204-205; Bentley 1977, no. 504, pp. 627-631; Bain et al. 1977; Essick 1980, pp. 224-233; Butlin 1981, no. 769; Butlin 1990, nos. 73-89; Essick 1991, no. LIII.
Tate Gallery, London. Presented by Herbert Linnell 1924

59q. *Plate 18*
Wood-engraving 35 x 76 mm. on wove paper 37 x 78 mm.
Lit: Gilchrist 1863, vol. I, pp. 270-275; Bentley 1969, pp. 266-268, 271-273; Bindman 1974, pp. 204-205; Bentley 1977, no. 504, pp. 627-631; Bain et al. 1977; Essick 1980, pp. 224-233;

Butlin 1981, no. 769; Butlin 1990, nos. 73-89; Essick 1991, no. LIII.
Tate Gallery, London. Presented by Herbert Linnell 1924

59r. *Plate 19*
Wood-engraving 35 x 75 mm. on wove paper 37 x 77 mm.
Lit: Gilchrist 1863, vol. I, pp. 270-275; Bentley 1969, pp. 266-268, 271-273; Bindman 1974, pp. 204-205; Bentley 1977, no. 504, pp. 627-631; Bain et. al. 1977; Essick 1980, pp. 224-233; Butlin 1981, no. 769; Butlin 1990, nos. 73-89; Essick 1991, no. LIII.
Tate Gallery, London. Presented by Herbert Linnell 1924

59s. *Plate 20*
Wood-engraving 33 x 77 mm. on wove paper 34 x 78 mm.
Lit: Gilchrist 1863, vol. I, pp. 270-275; Bentley 1969, pp. 266-268, 271-273; Bindman 1974, pp. 204-205; Bentley 1977, no. 504, pp. 627-631; Bain et. al. 1977; Essick 1980, pp. 224-233; Butlin 1981, no. 769; Butlin 1990, nos. 73-89; Essick 1991, no. LIII.
Tate Gallery, London. Presented by Herbert Linnell 1924

60. *Epitome of James Hervey's 'Meditations among the Tombs',* c. 1820-1825
Pen and black ink, watercolour with some shell-gold and some scratching out on laid paper 431 x 292 mm.
Signed 'W BLAKE INV...' b.1.
Lit: Damon 1965, pp. 183-185; Bindman 1977, pp. 118, 120-121: Butlin 1981, no. 770; Butlin 1990, no. 71.
Tate Gallery, London. Given by G.T. Saul to the National Gallery 1878

61. *The Man Sweeping the Interpreter's Parlour,* c. 1822
White-line metal cut printed in black ink 80 x 162 mm. on wove paper 339 x 245 mm.
Signed 'WB inv & s' (monogram) in image b.1.
Lit: Gilchrist 1863, pp. 300, 306; Bentley 1969, pp. 294-295; Bindman 1978, no. 619; Essick 1980, pp. 160-161; Viscomi 1993, pp. 68-69.
Trustees of the British Museum, London

62. *Christian with the Shield of Faith taking leave of his Companions,* 1824-7
Watercolour and some pen and black ink over pencil 180 x 125 mm. approx. (framing lines) on wove paper 189 x 247 mm.
Inscr. '20' in pencil over '21' t.r. above image.
Lit: Bindman 1977, pp. 215-216; Butlin 1981, no. 829.20.
National Gallery of Art, Washington

63. James S. Deville (1776-1846)
William Blake, 1823 / 1953
Bronze, 292 mm. high.
Lit: Bentley 1969, p. 278.
Trustees of the National Portrait Gallery, London

Illustrations of The Book of Job, 1823-6 / 1826
    64a. *Title Page: ILLUSTRATIONS of the BOOK of JOB / Invented & Engraved / by William Blake / 1825*

Line engraving printed in black ink 191 x 147 mm. on india paper 210 x 159 mm. laid on wove paper 428 x 333 mm.; plate mark 213 x 164 mm.
Felsted School, England

64b. *Job and his Familiy: 'Thus did Job continually'*
Line engraving printed in black ink 182 x 149 mm. on india paper 196 x 160 mm. laid on wove paper 436 x 305 mm.; plate mark 199 x 165 mm.
Felsted School, England

64c. *Satan before the Throne of God: 'When the Almighty was yet with me…'*
Line engraving printed in black ink 198 x 151 mm. on india paper 211 x 164 mm. laid on wove paper 431 x 335 mm.; plate mark 217 x 170 mm.
Felsted School, England

64d. *Job's Sons and Daughters Overwhelmed by Satan: 'Thy Sons and Thy Daughters were eating and drinking…'*
Line engraving printed in black ink 199 x 154 m. on india paper, 209 x 164 mm. laid on wove paper 436 x 339 mm.; plate mark 218 x 171 mm.
Felsted School, England

64e. *The Messenger tells Job of his Misfortunes: 'And I only am escaped alone to tell thee'*
Line engraving printed in black ink 200 x 150 mm. on india paper 213 x 164 mm. laid on wove paper 429 x 333 mm.; plate mark 218 x 170 mm.
Felsted School, England

64f. *Satan Going forth from the Presence of the Lord, and Job's Charity: 'Then went Satan forth…'*
Line engraving printed in black ink 197 x 151 mm. on india paper 212 x 166 mm. laid on wove paper 431 x 335 mm.; plate mark 218 x 170 mm.
Felsted School, England

64g. *Satan Smiting Job with Sore Boils: 'And smote Job with sore Boils'*
Line engraving printed in black ink 199 x 152 mm. on india paper 213 x 165 mm. laid on wove paper 426 x 335 mm; plate mark 218 x 172 mm.
Felsted School, England

64h. *Job's Comforters: 'And when they lifted up their eyes afar off & knew him not…'*
Line engraving printed in black ink 198 x 153 mm. on india paper 213 x 166 mm. laid on wove paper 430 x 335 mm; plate mark 218 x 171 mm.
Felsted School, England

64i. *Job's Despair: 'Let the Day perish wherein I was Born'*
Line engraving printed in black ink 198 x 150 mm. on india

paper 213 x 163 mm. laid on wove paper 432 x 330 mm; plate mark 218 x 169 mm.
Felsted School, England

64j. *The Vision of Eliphaz: 'Then a Spirit passed before my face…'*
Line engraving printed in black ink 197 x 150 mm. on india paper 211 x 164 mm. laid on wove paper 434 x 334 mm; plate mark 218 x 169 mm.
Felsted School, England

64k. *Job Rebuked by his Friends: 'The Just Upright Man is laughed to scorn'*
Line engraving printed in black ink 198 x 151 mm. on india paper 211 x 163 mm. laid on wove paper 430 x 335 mm; plate mark 219 x 171 mm.
Felsted School, England

64l. *Job's Evil Dreams: 'With Dreams upon my bed thou scarest me…'*
Line engraving printed in black ink 196 x 150 mm. on india paper 213 x 163 mm. laid on wove paper 426 x 330 mm; plate mark 216 x 170 mm.
Felsted School, England

64m. *The Wrath of Elihu: 'I am Young & ye are very Old wherefore I was afraid'*
Line engraving printed in black ink 200 x 151 mm. on india paper 212 x 164 mm. laid on wove paper 425 x 335 mm; plate mark 219 x 169 mm.
Felsted School, England

64n. *The Lord Answering Job out of the Whirlwind: 'Then the Lord answered Job out of the Whirlwind'*
Line engraving printed in black ink 196 x 149 mm. on india paper 212 x 164 mm. laid on wove paper 427 x 335 mm; plate mark 218 x 170 mm.
Felsted School, England

64o. *The Creation: 'When the morning Stars sang together…'*
Line engraving printed in black ink 193 x 150 mm. on india paper 203 x 162 mm. laid on wove paper 431 x 335 mm; plate mark 207 x 165 mm.
Felsted School, England

64p. *Behemoth and Leviathan: 'Behold now Behemoth which I made with thee'*
Line engraving printed in black ink 200 x 151 mm. on india paper 214 x 162 mm. laid on wove paper 431 x 337 mm; plate mark 216 x 170 mm.
Felsted School, England

64q. *The Fall of Satan: 'Thou hast fulfilled the Judgement of the Wicked'*
Line engraving printed in black ink 185 x 150 mm. on india

paper 198 x 162 mm. laid on wove paper 429 x 332 mm;
plate mark 199 x 164 mm.
Felsted School, England

64r. *The Vision of God: 'I have heard thee with the hearing*
of the Ear but now my Eye seeth thee'
Line engraving printed in black ink 199 x 150 mm. on india
paper 213 x 164 mm. laid on wove paper 433 x 331 mm;
plate mark 218 x 170 mm.
Felsted School, England

64s. *Job's Sacrifice: 'And my Servant Job shall pray for you'*
Line engraving printed in black ink 196 x 148 mm. on india
paper 211 x 165 mm. laid on wove paper 435 x 335 mm;
plate mark 218 x 171 mm.
Felsted School, England

64t. *Job Accepting Charity: 'Every one also gave him a piece*
of Money'
Line engraving printed in black ink 195 x 150 mm. on india
paper 212 x 164 mm. laid on wove paper 431 x 330 mm;
plate mark 219 x 170 mm.
Felsted School, England

64u. *Job and his Daughters: 'There were not found Women fair*
as the Daughters of Job…'
Line engraving printed in black ink 200 x 157 mm. on india
paper 213 x 162 mm. laid on wove paper 433 x 335 mm;
plate mark 218 x 170 mm.
Felsted School, England

64v. *Job and his Family restored to Prosperity: 'So the Lord*
blessed the latter end of Job more than the beginning'
Line engraving printed in black ink 197 x 148 mm. on india
paper 211 x 163 mm. laid on wove paper 425 x 335 mm;
plate mark 218 x 169 mm.
Felsted School, England

Illustrations to Dante's *Divine Comedy,* 1824-1827
65a. *Dante Running from the Three Beasts*
Pen and black ink and watercolour over pencil on laid paper
370 x 528 mm.
Inscr. 'HELL Canto I W B' in pen and black ink b.l. and 'LAGO
de Cuor' in the water
Inferno I, ll. 1-90.
Lit: Roe 1967; Bindman 1977, pp. 216-220; Klonsky 1980;
Butlin 1981, nos. 812-826; Fuller 1988; Butlin and Gott 1989,
pp. 36-44, 52-87; Butlin 1990, pp. 202-204.
Felton Bequest, 1920. National Gallery of Victoria, Melbourne

65b. *The Mission of Virgil*
Pen and black ink and watercolour over pencil with some
scratching out on laid paper 523 x 363 mm. (sight size)
Signed 'W B' and inscr. 'HELL Canto 2' in pen and black ink
over an erasure b.l. and 'The Angry God of this World &' in
pencil with other inscriptions t.r.

Inferno II, ll. 10-126.
Lit: Roe 1967; Bindman 1977, pp. 216-220; Klonsky 1980;
Butlin 1981, nos. 812-826; Fuller 1988; Butlin and Gott 1989,
pp. 36-44, 52-87; Butlin 1990, pp. 202-204.
Birmingham Museum and Art Gallery, Birmingham

65c. *The Inscription over Hell Gate*
Pen and black ink and watercolour over pencil and some black
chalk on laid paper 527 x 374 mm.
signed 'WB' b.l. and inscr. 'HELL Canto 3' in pen and black
ink b.r.
Inferno III, ll. 1-24.
Lit: Roe 1967; Bindman 1977, pp. 216-220; Klonsky 1980;
Butlin 1981, nos. 812-826; Fuller 1988; Butlin and Gott 1989,
pp. 36-44, 52-87; Butlin 1990, pp. 202-204.
Tate Gallery, London. Purchase with the assistance of a special
grant from the National Gallery and donations from the National
Art Collections Fund, Lord Duveen and others, and presented
through the National Art Collections Fund 1919

65d. *The Vestibule of Hell and the Souls mustering*
to cross Acheron
Pen and black ink and watercolour over pencil on laid paper
528 x 370 mm.
Signed 'WB' and inscr. 'HELL Canto 3' in pen and black
ink b.l.
Inferno III, ll. 22-83.
Lit: Roe 1967; Bindman 1977, pp. 216-220; Klonsky 1980;
Butlin 1981, nos. 812-826; Fuller 1988; Butlin and Gott 1989,
pp. 36-44, 52-87; Butlin 1990, pp. 202-204.
Felton Bequest, 1920. National Gallery of Victoria, Melbourne

65e. *The Circle of the Lustful: Paolo and Francesca da Rimini*
Pen and black ink and watercolour over pencil with some
scratching out on laid paper 372 x 522 mm.
Inscr. 'HELL Canto 5' in pen and black ink over pencil b.c.
Inferno V, ll. 25-45, 127-142.
Lit: Roe 1967; Bindman 1977, pp. 216-220; Klonsky 1980;
Butlin 1981, nos. 812-826; Fuller 1988; Butlin and Gott 1989,
pp. 36-44, 52-87; Butlin 1990, pp. 202-204.
Birmingham Museum and Art Gallery, Birmingham

65f. *The Circle of the Lustful: Paolo and Francesca da Rimini*
Line engraving 239 x 337 mm. on india paper 268 x 346 mm.
on laid paper 386 x 539 mm.; plate mark 276 x 355 mm.
Inscr. 'The Whirlwind of Lovers from Dantes Inferno Canto V'
in reverse writing in image b.r.
Inferno V, ll. 25-45, 127-142.
Lit: Roe 1967; Bindman 1977, pp. 216-220; Klonsky 1980;
Butlin 1981, nos. 812-826; Fuller 1988; Butlin and Gott 1989,
pp. 36-44, 52-87; Butlin 1990, pp. 202-204.
Birmingham Museum and Art Gallery, Birmingham

65g. *The Circle of Gluttons:Cerberus*
Pen and black ink and watercolour over pencil on laid paper
372 x 528 mm.

Inscr. 'HELL Canto 6' in pen and black ink b.l.
Inferno VI, ll. 13-24.
Lit: Roe 1967; Bindman 1977, pp. 216-220; Klonsky 1980;
Butlin 1981, nos. 812-826; Fuller 1988; Butlin and Gott 1989,
pp. 36-44, 52-87; Butlin 1990, pp. 202-204.
Tate Gallery, London. Purchase with the assistance of a special
grant from the National Gallery and donations from the National
Art Collections Fund, Lord Duveen and others, and presented
through the National Art Collections Fund 1919

65h. *The Circle of Corrupt Officials: The Baffled
Devils Fighting*
Pen and black ink and watercolour over pencil with some
scratching out 360 x 519 mm.
Inferno XXII, ll. 133-40.
Lit: Roe 1967; Bindman 1977, pp. 216-220; Klonsky 1980;
Butlin 1981, nos. 812-826; Fuller 1988; Butlin and Gott 1989,
pp. 36-44, 52-87; Butlin 1990, pp. 202-204.
Birmingham Museum and Art Gallery, Birmingham

65i. *The Circle of Corrupt Officials: The Baffled
Devils Fighting*
Line engraving 242 x 331 mm. on india paper 271 x 346 mm.
on wove paper 398 x 537 mm.; plate mark 276 x 355 mm.
Inferno XXII, ll. 133-40.
Lit: Roe 1967; Bindman 1977, pp. 216-220; Klonsky 1980;
Butlin 1981, nos. 812-826; Fuller 1988; Butlin and Gott 1989,
pp. 36-44, 52-87; Butlin 1990, pp. 202-204.
Birmingham Museum and Art Gallery, Birmingham

65j. *The Circle of Thieves: Vanni Fucci 'Making Figs'
against God*
Pen and black ink over watercolour on laid paper
528 x 372 mm.
Inscr. 'HELL Canto 25' in pen and black ink b.l.
Inferno XXV, ll. 1-15.
Lit: Roe 1967; Bindman 1977, pp. 216-220; Klonsky 1980;
Butlin 1981, nos. 812-826; Fuller 1988; Butlin and Gott 1989,
pp. 36-44, 52-87; Butlin 1990, pp. 202-204.
Felton Bequest, 1920. National Gallery of Victoria, Melbourne

65k. *The Circle of Thieves: The Six-Footed Serpent
attacking Agnolo Brunelleschi*
Pen and black ink and watercolour over black chalk on laid
paper 372 x 527 mm.
Inscr. 'HELL Canto 25' in pen and black ink and 'line 45'
in pencil b.r.
Inferno XXV, ll. 49-78.
Lit: Roe 1967; Bindman 1977, pp. 216-220; Klonsky 1980;
Butlin 1981, nos. 812-826; Fuller 1988; Butlin and Gott 1989,
pp. 36-44, 52-87; Butlin 1990, pp. 202-204.
Birmingham Museum and Art Gallery, Birmingham

65l. *The Circle of Thieves: The Serpent attacking Buoso Donati*
Line engraving 244 x 337 mm. on india paper 270 x 343 mm.
on wove paper 392 x 537 mm.; plate mark 276 x 353 mm.

Inferno XXV, ll. 79-93.
Lit: Roe 1967; Bindman 1977, pp. 216-220; Klonsky 1980;
Butlin 1981, nos. 812-826; Fuller 1988; Butlin and Gott 1989,
pp. 36-44, 52-87; Butlin 1990, pp. 202-204.
Birmingham Museum and Art Gallery, Birmingham

65m. *Ulysses and Diomed Swathed in the Same Flame*
Pen and black ink, black chalk and watercolour over pencil
on laid paper 371 x 528 mm.
Inscr. 'HELL Canto 26' in pen and black ink b.l.
Inferno XXVI, ll. 31-63.
Lit: Roe 1967; Bindman 1977, pp. 216-220; Klonsky 1980;
Butlin 1981, nos. 812-826; Fuller 1988; Butlin and Gott 1989,
pp. 36-44, 52-87; Butlin 1990, pp. 202-204.
Felton Bequest, 1920. National Gallery of Victoria, Melbourne

65n. *The Circle of Traitors: Dante's Foot striking
Bocca degli Abati*
Line engraving 232 x 339 mm. on india paper 269 x 344 mm.
on paper 389 x 532 mm.; plate mark 274 x 353 mm.
Inferno XXXII, ll. 72-96.
Lit: Roe 1967; Bindman 1977, pp. 216-220; Klonsky 1980;
Butlin 1981, nos. 812-826; Fuller 1988; Butlin and Gott 1989,
pp. 36-44, 52-87; Butlin 1990, pp. 202-204.
Birmingham Museum and Art Gallery, Birmingham

65o. *The Rest on the Mountain leading to Purgatory*
Pen and black ink and watercolour over black chalk and pencil
on laid paper 527 x 372 mm.
Inscr. 'P-g Canto 4' in pen and black ink over pencil l.c.
Purgatory IV, ll. 46-57.
Lit: Roe 1967; Bindman 1977, pp. 216-220; Klonsky 1980;
Butlin 1981, nos. 812-826; Fuller 1988; Butlin and Gott 1989,
pp. 36-44, 52-87; Butlin 1990, pp. 202-204.
Felton Bequest, 1920. National Gallery of Victoria, Melbourne

65p. *Dante and Virgil Approaching the Angel who Guards
the Entrance of Purgatory*
Pen and black ink and watercolour over pencil on laid paper
527 x 373 mm.
Inscr. 'P-g Canto 9' in pen and black ink b.l. and 'Pg Canto
9v[...?]' in pencil b.r.
Purgatory IX, ll. 73-105.
Lit: Roe 1967; Bindman 1977, pp. 216-220; Klonsky 1980;
Butlin 1981, nos. 812-826; Fuller 1988; Butlin and Gott 1989,
pp. 36-44, 52-87; Butlin 1990, pp. 202-204.
Tate Gallery, London. Purchase with the assistance of a special
grant from the National Gallery and donations from the National
Art Collections Fund, Lord Duveen and others, and presented
through the National Art Collections Fund 1919

65q. *The Mountain of Purgatory: The Proud under their
Enormous Loads*
Pen and black ink and watercolour over pencil on laid paper
519 x 366 mm. (sight size)
Inscr. 'P-g Canto 10' in pen and black ink over an erasure b.l.

Purgatory X, ll. 112-35.
Lit: Roe 1967; Bindman 1977, pp. 216-220; Klonsky 1980; Butlin 1981, nos. 812-826; Fuller 1988; Butlin and Gott 1989, pp. 36-44, 52-87; Butlin 1990, pp. 202-204.
Birmingham Museum and Art Gallery, Birmingham

65r. *Dante at the Moment of Entering the Fire*
Pen and black ink and watercolour over pencil and black chalk on laid paper 527 x 372 mm.
Inscr. 'P-g Canto 27' in pen and black ink b.c.
Purgatory XXVII, ll. 19-48.
Lit: Roe 1967; Bindman 1977, pp. 216-220; Klonsky 1980; Butlin 1981, nos. 812-826; Fuller 1988; Butlin and Gott 1989, pp. 36-44, 52-87; Butlin 1990, pp. 202-204.
Felton Bequest, 1920. National Gallery of Victoria, Melbourne

65s. *Beatrice Addressing Dante from the Car*
Pen and black ink over watercolour on laid paper 372 x 527 mm.
Inscr. 'P- g Canto 29 & 30' in pen and black ink b.r.
Purgatory XXIX, ll. 92-129; XXX, ll. 31-33, 64-81.
Lit: Roe 1967; Bindman 1977, pp. 216-220; Klonsky 1980; Butlin 1981, nos. 812-826; Fuller 1988; Butlin and Gott 1989, pp. 36-44, 52-87; Butlin 1990, pp. 202-204.
Tate Gallery, London. Purchase with the assistance of a special grant from the National Gallery and donations from the National Art Collections Fund, Lord Duveen and others, and presented through the National Art Collections Fund 1919

65t. *The Recording Angel*
Pen and black ink and watercolour over pencil on laid paper 520 x 360 mm.(sight size)

Inscr. 'PAR. Canto 19' in pencil b.r. and '57 n 65' in pencil b.l.
Paradise XIX, ll. 79-81, 112-116.
Lit: Roe 1967; Bindman 1977, pp. 216-220; Klonsky 1980; Butlin 1981, nos. 812-826; Fuller 1988; Butlin and Gott 1989, pp. 36-44, 52-87; Butlin 1990, pp. 202-204.
Birmingham Museum and Art Gallery, Birmingham

65u. *St Peter, St James, Dante and Beatrice with St John Also*
Pen and black ink and watercolour over pencil and some black chalk on laid paper 363 x 519 mm.
Inscr. 'Canto 25' in pencil c. r. and 'Paradiso Canto [?]' in pencil l.r.
Paradise XXV, ll. 97-121.
Lit: Roe 1967; Bindman 1977, pp. 216-220; Klonsky 1980; Butlin 1981, nos. 812-826; Fuller 1988; Butlin and Gott 1989, pp. 36-44, 52-87; Butlin 1990, pp. 202-204.
Trustees of the British Museum, London

65v. *Dante in the Empyrean at the River of Light*
Watercolour over pencil on laid paper 528 x 371 mm.
Inscr. 'Par. Canto 30' in pen and black ink over 'Paradiso Canto 30' in pencil b.r.
Paradise XXX, ll. 61-96.
Lit: Roe 1967; Bindman 1977, pp. 216-220; Klonsky 1980; Butlin 1981, nos. 812-826; Fuller 1988; Butlin and Gott 1989, pp. 36-44, 52-87; Butlin 1990, pp. 202-204.
Tate Gallery, London. Purchase with the assistance of a special grant from the National Gallery and donations from the National Art Collections Fund, Lord Duveen and others, and presented through the National Art Collections Fund 1919

LITERATURE

Bain 1977
Iain Bain, David Chambers and Andrew Wilton. *The Wood Engravings of William Blake for Thornton's 'Virgil'*. London, 1977.

Bentley 1967
G.E. Bentley Jr. *William Blake, 'Tiriel'. Facsimile and transcript of the Manuscript, Reproduction of the Drawings and a Commentary on the Poem*. Oxford, 1967.

Bentley 1969
G.E. Bentley Jr. *Blake: Records*. Oxford, 1988.

Bentley 1977
G.E. Bentley Jr. *Blake: Books. Annotated Catalogues of William Blake's Writings*. Oxford, 1977.

Bentley 1988
G.E. Bentley Jr. *Blake: Records Supplement*. Oxford, 1988.

Bentley 1995
G.E. Bentley Jr. *Blake: Books Supplement*. Oxford, 1995.

Bindman 1973
David Bindman, 'Blake's Gothicised Imagination and the History of England', in *William Blake: Essays in Honour of Sir Geoffrey Keynes*. Ed. M. Paley and M. Phillips. Oxford, 1973.

Bindman 1977
David Bindman. *Blake as an Artist*. London, 1977.

Bindman 1978
David Bindman and Deidre Toomey. *The Complete Graphic Works of William Blake*. London, 1978.

Bindman 1987
David Bindman (ed.). *William Blake's Illustrations of the Book of Job*. London, 1987.

Bishop 1951
Morchard Bishop. *Blake's Hayley*. London, 1951.

Butlin 1981
Martin Butlin. *The Paintings and Drawings of William Blake*. 2 vols. New Haven and London, 1981.

Butlin 1990
Martin Butlin. *The Tate Gallery Collections, Volume Five: William Blake 1757-1827*. London, 1990.

Butlin and Gott 1989
Martin Butlin and Ted Gott, with an Introduction by Irena Zdanowicz. *William Blake in the Collection of the National Gallery of Victoria*. Melbourne, 1989.

Caracciolo Trejo 1995
Enrique Caracciolo Trejo. *William Blake: Antología bilingüe*. Madrid, 1995.

Carames and Corugedo 1987
J.L. Carames and S.G. Corugedo. *William Blake. Canciones de Inocencia y de Experiencia*. Madrid, 1987.

Damon 1924
S. Foster Damon. *William Blake. His Philosophy and Symbols*, Boston and New York, 1924.

Damon 1965
S. Foster Damon. *A Blake Dictionary. The Ideas and Symbols of William Blake*. Providence, 1965.

Dörrbecker 1995
D.W. Dörrbecker. *William Blake. The Continental Prophecies: 'America', 'Europe', 'The Song of Los'*. Vol. 4, *The Illuminated Books of William Blake*. General editor David Bindman. London: The William Blake Trust/The Tate Gallery, 1995.

Eaves, Essick, Viscomi 1993
M. Eaves, R.N. Essick and J. Viscomi (eds.). *William Blake. The Early Illuminated Books*. Vol. 3, *The Illuminated Books of William Blake*. General editor David Bindman. London: The William Blake Trust/The Tate Gallery, 1993.

Erdman 1954
David V. Erdman. *Blake: Prophet Against Empire*. Princeton, 1954.

Erdman 1965
David V. Erdman. *The Illuminated Blake: William Blake's Complete Illuminated Works with a Plate-by-Plate Commentary*. London, 1992.

Erdman et al. 1980
David V. Erdman (coord. ed.) et al. *William Blake's Designs for Edward Young's 'Night Thougts': A Complete Edition*. 2 vols. Oxford, 1980.

Erdman and Moore 1973
David V. Erdman and Donald K.Moore. *The Notebook of William Blake. A Photographic and Typographic Facsimile*. Oxford, 1973.

Essick 1980
Robert N. Essick. *William Blake Printmaker*. Princeton, 1980.

Essick 1983
Robert N. Essick. *The Separate Plates of William Blake. A Catalogue.* Princeton, 1983.

Essick 1991
Robert N. Essick. *William Blake's Commercial Book Illustrations*. Oxford, 1991.

Essick and Paley 1982
Robert N. Essick and Morton D. Paley. *Robert Blair's 'The Grave' illustrated by William Blake. A Study with Facsimile.* London, 1982.

Essick and Viscomi 1993
Robert N. Essick and J. Viscomi, *William Blake. Milton a Poem and the Final Illuminated Works.* Vol. 5, *The Illuminated Books of William Blake.* General editor David Bindman. London: The William Blake Trust/The Tate Gallery, 1993.

Fuller 1988
David Fuller, 'Blake and Dante', *Art History*, vol XI (1988) 349-373.

Gilchrist 1863
Alexander Gilchrist. *The Life of William Blake.* 2 vols. London, 1863.

Keynes 1969
Geoffrey Keynes (ed.). *Blake: Complete Writings.* London, 1969.

Keynes 1980
Geoffrey Keynes (ed.). *The Letters of William Blake with Related Documents.* Oxford, 1980.

Klonsky 1980
Milton Klonsky. *Blake's Dante. The Complete Illustrations to the 'Divine Comedy'.* London, 1980.

Lincoln 1991
Andrew Lincoln. *William Blake. Songs of Innocence and of Experience.* Vol. 2, *The Illuminated Books of William Blake.* General editor David Bindman. London: The William Blake Trust/The Tate Gallery, 1991.

Mané Garzón 1995
Pablo Mané Garzón. *Blake: Poesía Completa.* 4th ed. corrected and revised by E. Caracciolo Trejo. Barcelona, 1995.

Mellor 1978
Ann K. Mellor, 'Physiognomy, Phrenology, and Blake's Visionary Heads', in *Blake and his Time.* Ed. R.N. Essick and D. Pearce. Bloomington and London, 1978.

Paley 1991
Morton D.Paley. *William Blake 'Jerusalem'.* Vol. 1, *The Illuminated Books of William Blake.* General editor David Bindman. London: The William Blake Trust/The Tate Gallery, 1991.

Preston 1952
Kerrison Preston (ed.). *The Blake Collection of W. Graham Robertson, Described by the Collector.* London, 1952.

Roe 1967
Albert S. Roe. *Blake's Illustrations to the Divine Comedy.* Princeton, 1967.

Solomon 1993
Andrew Solomon. *Blake's 'Job'. A Message for our Time.* London, 1993.

Swinburne 1906
A.C. Swinburne. *William Blake. A Critical Essay.* A new ed. of a work originally published in 1868. London, 1906.

Thompson 1962
Stanbury Thompson (ed.). *The Journal of John Gabriel Stedman 1744-1797 Soldier and Author.* London, 1962.

Viscomi 1993
Joseph Viscomi. *Blake and the Idea of the Book.* Princeton, 1993.

Wells and Johnston 1969
William Wells and Elizabeth Johnston. *William Blake's 'Heads of the Poets' for the Turret House, the Residence of William Hayley, Felpham.* Manchester: Manchester City Art Gallery, 1961.

Worrall 1995
David Worrall. *William Blake. The Urizen Books.* Vol. 6, *The Illuminated Books of William Blake.* General editor David Bindman. London: The William Blake Trust/The Tate Gallery, 1995.